IRB Transforma el miedo en Amor

Para obtener más regalos y experiencias de
IRB - TRANSFORMA EL MIEDO EN AMOR,
ingrese a:
bit.ly/XimenaDuqueValencia_IRB

Quiero suscribirme y recibir el regalo:
Meditación en español: http://bit.ly/IRB_MEDITACION_PAZ
English Meditation: http://bit.ly/IRB_PEACEMEDITATION

® IRB - Transforma el miedo en Amor
Indigo Ray Balancing®
Ximena Duque Valencia
–Reservados todos los derechos–

ISBN versión impresa: 978-958-48-2738-8
ISBN versión digital: 978-958-48-2739-5

Edita: Koradi SAS
Calle 106B N.⁰ 23-17 Int. 203
Bogotá - Colombia
Tel. (571) 213 0845 - (57) 320 205 6007
Correo electrónico: info@koradi.co, ximena@koradi.co
Primera edición: Bogotá - Colombia, julio de 2014
Segunda edición, Buenos Aires - Argentina, octubre de 2015
Tercera edición, traducción al inglés: Bogotá - Colombia, 2016
Cuarta edición: Bogotá - Colombia, diciembre de 2017

Corrección de estilo: Julio Mateus
Diseño de carátula e ilustraciones internas: Astrid Murillo Aristizábal
Foto de solapa: Camila Mejía Duque
Diseño y diagramación: Janeth Albarracín G.

Si este libro le ha interesado y desea mantenerse informado
de nuestras actividades, escríbanos a través de:
Facebook: bit.ly/XimenaDuqueValencia_IRB
YouTube: bit.ly/XimenaDuqueValenciaYouTube
Blog: http://bit.ly/Blog_XDV
Sound Cloud: http://bit.ly/SoundCloud_XDV
Página web: www.ximenaduquevalencia.com

Impreso en Colombia
Printed in Colombia

Contenido

SEGUNDA PARTE. LO CONVENCIONAL

TERCERA PARTE. IRB Y EL ADN

Agradecimientos

Son tantos los seres maravillosos que se han cruzado en mi camino para permitirme ser quien soy, que nombrarlos sería interminable; gracias a todos ellos escribí esta obra, con la finalidad de aportar un gramo más de conciencia a toda la raza humana, por la que un día decidí dedicar mi espacio y mi tiempo a su servicio. Gracias les doy, porque en cada uno existe un maestro que refleja mi crecimiento, mi cambio, mi comprensión del Todo y mi Amor como fuerza fundamental del ser Uno.

Infinitas gracias a todos mis 'pacientes' —los que paz sienten— por confiar y depositar en mí su vida, su retorno a la perfección, sus más profundas intimidades; por permitirme ser el instrumento para su autosanación y, a través de ellos, crecer cada día más y más.

A Koradi y todo el equipo de trabajo que lo conforma, por ser el vehículo a través del cual he podido darme a conocer al mundo y atender a tanta gente maravillosa que ha confiado en nosotros; por darle cabida a la nueva raza que puebla el planeta y facilitar el conectarnos a ella con indescifrable transparencia.

A todos los que confían en que este, más allá de ser un libro, sea un proyecto de vida.

A Astrid, por haber dicho que sí un día… por imprimir el arte, la belleza, y plasmar en el papel lo que pienso para que el mundo lo disfrute mediante el color y la magia que aún le cuesta creer que posee; por hacer lindo todo lo que toca, incluyendo la carátula de la presente edición, y graficar la canalización de la Capa 13 y el logosímbolo de esta filosofía espléndida.

A Sergio Mejía y Santiago Mejía, magos de la música, por llevar a la métrica perfecta la melodía que hace posible que los 64 Códigos de nuestro ADN activen nuestra Capa 13, que desempeña el papel de director fundamental de esta orquesta que todo lo logra. Y por entregar sin límites su ritmo y conocimientos para que la música y los Mantras de IRB tengan siempre ese toque armónico que deleitan la magia y la meditación.

A mi hija Kmi —Camila—, por ser la maestra más importante en mi vida, por haberme enseñado el desapego, el desarraigo de lo establecido, el entendimiento de que se puede ser sin estar, de que el Amor tiene un sinfín de maneras de expresarse y, si la emoción es el Amor, todo puede existir.

A Daniel, mi 'Viejo', por haberme enseñado la humildad, la paciencia, el arte y el Amor en su esencia más pura; a Inés, mi madre, por haberme enseñado que sin disciplina no se logra lo propuesto y permitirme observar en su modo de vida el más grande ejemplo para vivir la mía de manera diferente; sin ellos, sin su maestría, sus genes no estarían en mi Capa 1 de ADN y hoy mis lectores no estarían leyendo nada de esto.

A mis hermanas Patricia, María del Pilar —quienes en el momento en que se revisa esta cuarta edición ya dejaron su vehículo físico de esta encarnación— y Adriana, pues han consentido que el entramado se complete y cada una, con su gran diferencia, me enseñan la potente sabiduría de que en la diversidad y el respeto por ella está la Verdad.

A Roger, mi compañero de camino, mi luz, mi aliciente para compartir el aire, mi todo. ¡Gracias por ser ese cómplice incansable que le da vida a cada una de mis locuras, de mis deseos, de mis proyectos; por ser un mago de potencia absoluta, el líder que puede transformar a cada ser que llega a su vida, y por ser parte fundamental de IRB y del ADN del universo!

A Janeth Albarracín García, por su sencillez, profesionalidad y exquisito dominio del arte de la diagramación y el diseño.

A Julio Mateus, corrector de estilo, por sus aportes y desvelo en lograr que la lectura de estas páginas sea más sencilla y las palabras aquí escritas lleguen de manera impecable al ADN, código genético, de cada uno de los lectores.

A Consuelo Acosta, por haber creído desde el inicio en este proyecto, dedicado su entrega, su energía y su infinito Amor en cada detalle, y abanderar su coordinación para que saliera a la luz de manera impecable.

Gracias, también, a Érica Vanina Cavallini, empresaria, editora de temas relacionados con la trascendencia de la libertad y plenitud de la mujer y la familia, titular de Mujer Íntegra. Véase: www.mujerintegra.com

Asimismo, después de tres años de la primera edición, quiero expresar un profundo agradecimiento a Diana Caro González, quien en llave con Paola León Acosta, se ha sintonizado con mi sueño de expandir este mensaje al mundo e invertir cada minuto de su día en crear nuevas maneras de comunicación para que usted, recién lector de este libro, tenga al alcance de su mano un sinfín de herramientas con las cuales pueda pasar su vida a un siguiente nivel, a través de este conocimiento ofrecido de manera sencilla, desmenuzada y poderosa.

Finalmente, aunque sé que sinnúmeros de nombres no están aquí, gracias a usted, querido lector, por interesarse en crecer y, al estar leyendo esto, asumir la responsabilidad como parte vital del Todo, para formar parte del Amor donde quiera que se encuentre en este ilimitado universo, que todo lo permite.

Introducción

Este libro es un trabajo dedicado a la humanidad. Apto para todo aquel que quiera generar un cambio de conciencia en su vida, avanzar en el Amor y la Unidad y liberarse de los viejos paradigmas que lo han mantenido encerrado en una cárcel, invisible, pero con barrotes de miedo y carencias.

En sus páginas se encuentra un resumen de muchas investigaciones profesionales, tanto a nivel histórico como científico y espiritual, que permite acceder a una herramienta contundente de vida, sustentar cualquier propósito inherente a nuestra existencia desde el Amor y la Conciencia plena y obtener los resultados que siempre anhelamos y que muchas veces han sido encasillados en el concepto de imposibles.

No se trata de una técnica de sanación, ni de un nuevo dogma, ni de más información para acumular en la mente y menos en el 'disco duro' de nuestras células, sino de un proyecto que nos brinda una trascendencia inmensa, desde un nuevo concepto de educación, hasta el fluir con la esencia más cristalina de toda forma de vida.

X
∞

Mis comienzos

Dios es el mismo, aunque tenga mil nombres;
pero tienes que escoger uno para llamarlo.

Paulo Coelho

Hace unos años aprendí que es importante no hablar en primera persona porque eso era darle poder al ego. Aún me cuesta bastante trabajo no hacerlo, pues nací en un ambiente similar al de un gran porcentaje de la raza humana, un ambiente de competencia, individualismo e importancia personal, y aunque me esforzaba por hacerlo, pocas veces me salía de forma natural; ahora entiendo que, más allá de darle poder al ego, cuando se habla en primera persona nos separamos de la Fuente y del resto de 'chispas Divinas' que conforman esta realidad universal en la que Todos Somos Uno.

Asimismo, he venido hablando con una serie de palabras y argumentos que, con seguridad, conscientemente no hubiera expresado nunca si estuviera hablando de mi conocimiento sobre la Tercera Dimensión, de la que a partir de este momento nos referiremos como 3D. Ahora comprendo que no hablo por mí, sino que se habla a través de mí. Esto no quiere decir que canalice a ser sobrenatural alguno, ni que sea la portadora de mensajes específicos de algún ángel; simplemente significa que el consciente de la Fuente se manifiesta con mi mediación. Pero también puede manifestarse a través de usted, que comienza a leer este libro, pues tengo la certeza de que él dividirá su existencia terrena en dos: cada una de las palabras aquí escritas le ayudan a dar el salto cuántico y a la evolución de conciencia que durante años ha esperado; a que recuerde quién es usted verdaderamente.

Si hablo de 'mí', o de 'nosotros', es igual; todos estamos interconectados por medio de una red electromagnética que nos permite ser parte fundamental de un sistema que mantiene en equilibrio a la Tierra, la cual, a su vez, forma parte de un sistema perfecto que mantiene el equilibrio de los millones de universos existentes en el Todo. Por eso, en algunos momentos, me 'escucharán' hablar de mí; en otros, de 'nos', y será igual lo uno y lo otro.

Después de un largo tiempo de querer hacerlo, en 2012 comencé a escribir este libro. Si bien me he caracterizado por llevar a cabo lo más rápidamente posible cuanto me propongo, siempre me pregunté por qué, anhelando divulgar lo que sé y considero importante compartir con la humanidad, mi 'saboteador' relucía cada vez que me sentaba a escribir siquiera el primer capítulo. Pues bien, hoy puedo decir con calma que todo sucede en el tiempo perfecto, ese tiempo que se aparta de la linealidad con que la 'élite' del poder nos ha querido manipular a través de sus instituciones establecidas a lo largo y ancho de este maravilloso planeta —universidad de la raza humana, o mejor, laboratorio experimental de ser dioses a pesar de los límites humanos— con la pretensión de apartarnos de nuestra perfección Divina. Sin embargo ahora, gracias a esta misma frecuencia de IRB, que no juzga, no pelea, no separa, sino que por el contrario, unifica opuestos, agradezco y bendigo a esa élite, pues comprendo la perfección de su existencia. Gracias a vernos y sentirnos manipulados en miles de formas, nos atrevemos a trascender esos obstáculos, los limitantes que nos hacen creer que esa realidad creada desde la manipulación es real, para ser capaces de transformarla en la única Verdad que existe, la de que somos dioses, al experimentar el poder de trascender la materia.

Por eso en la actualidad comprendo también que el tiempo, uno de los cuatro grandes manipuladores, no es lineal, todo converge simultáneamente en un maravilloso mar cuántico en el que a su vez todo es posible, y 2012 era el año perfecto para exponer unas ideas maduras, decantadas tras experimentos y pruebas a través de mis allegados y seres más queridos; es decir, lo que se plasma en esta obra es comprobable, cierto y tan sencillo como sencillos son el Amor, la Luz Viviente y la Verdad, que nos permiten a todos ser los artífices, arquitectos y diseñadores de nuestra existencia a partir del gran maestro que es la Conciencia; además, puede reactualizarse año tras año, según cada nivel de conciencia, indefectiblemente siempre en evolución. Y es por esa misma razón que actualizo la cuarta edición de este texto.

Se ha hablado mucho sobre el diseño del ser humano y dado grandes discusiones en el transcurso de la historia de nuestras civilizaciones en torno a la existencia de un gran diseñador de todo cuanto existe o si este es un trabajo mancomunado de varios diseñadores o dioses. En fin, la idea no es meternos en política, ni en religiones, ni en gobiernos, aunque es menester untarnos un poquito de cada uno de esos ámbitos. El fin primario y último de este ejemplar está en que podamos entender, realmente, que sea quien sea el Gran Diseñador, lo hizo de manera perfecta; esto quiere decir, sin limitantes de enfermedades, de carencias, de resentimientos, de sentimientos negativos, de pobreza y de un sinfín de 'maestros', ilusiones que hemos creado, siglo tras siglo, haciéndonos entrar en debates que nos conducen a más de lo mismo, sin obtener soluciones permanentes a cada uno de esos aspectos discordantes de la energía suprema y Divina que somos todos, sin excepción.

He intentado recordar cuándo comenzó mi afán por entender estos misterios y la memoria me lleva a momentos de mi infancia, cuando, en lugar de estar leyendo *Caperucita roja*, me encontré con *El libro de los muertos*, un texto egipcio que habla del renacer del alma, de que la muerte no es el fin del ser, sino solo el despojo del cuerpo físico para dar paso a un renacer. Por eso muchos la han llamado 'la salida al día', metáfora que nos lleva a entender que la muerte no es más que un renacimiento, igual a como el Sol marca el nacimiento de un nuevo día, cada amanecer. Para que se hagan una idea, ese libro consta de aproximadamente doscientos capítulos; tal era el volumen que me apasionaba a los 9 años de edad. ¡Y qué bien viene esta metáfora!, justo durante el fin de semana en el que trabajé para actualizar esta edición, *ad portas* del gran eclipse total de Sol, el 21 de agosto de 2017, que según los expertos no sucedía hace casi un siglo y que hoy, desde esta conciencia poderosa e indivisible, nos invita a transmutar los obstáculos oscuros que nos impiden renacer en la luz del sol interno y expandir la luz comprimida dentro de cada uno, como un gran agujero negro, al cosmos infinito e imponente. Morir lo viejo para permitir renacer la Verdad de quienes Somos.

Luego, me vi inmersa en la magia y la poesía de Kahlil Gibran, artista libanés, autor de *El profeta*; y, en lo que para mí eran temas apasionantes, escritos por Lobsang Rampa, como: *El sabio tibetano, El tercer ojo, El médico de Lhasa, La historia de Rampa, El cordón de plata, Vida con el lama, Tú para siempre, La túnica azafrán* y gran cantidad de títulos que me imbuían en el mágico mundo de la espiritualidad, de lo desconocido, de la eternidad, de lo que podía haber más allá. A esa corta edad ya me preguntaba para qué la existencia sin un objetivo más allá de nacer, crecer, reproducirnos y terminar muriéndonos. No soñaba con casarme y tener hijos, sino en poderme contactar con un platillo volador y preguntar muchas cosas que, tal vez, en esa extraña nave conocían y yo no. Hoy día, después de años de ardua experimentación con la poderosa frecuencia de IRB y testimonios poderosos que leeremos, comprendo que la nave no está afuera, que la nave está adentro de cada quien y que es en nuestro ADN donde está toda la información; que no es necesario esperar una abducción para resolver todos los misterios y crear todos los milagros.

Entre mis juguetes favoritos, además de las *Barbies*, se encontraban unas hermosas piedras y cristales multicolores que me daban la impresión de hablarme: las sentía vibrar; se ponían opacas cuando yo estaba triste; brillaban; se movían de puesto; aparecían y desaparecían, como queriendo llamar mi atención. En el afán de no parecer loca ante los ojos de los adultos, intentaba pensar que esas voces eran amigos imaginarios y, entonces, me convertí en una experta guionista de mis juegos infantiles, en los que mezclaba toda clase de historias insólitas que, ahora comprendo, eran destellos de recuerdos de quien soy verdaderamente.

Para hacer corto el resumen de mi vida y entrar en materia respecto de la nueva información que nos conduce a la cocreación perfecta desde la Conciencia, debo saltarme varios años, como lo hace la Biblia con Jesús, pero sin omitir los datos importantes, como lo hace el sagrado libro respecto de su profundo encuentro consigo mismo, con su automaestría y su Divinidad.

Me perdí con el ruido del mundo de la 3D y me distraje de mi misión, tal vez como usted o muchos de los que lean este libro y han sentido temor de este encuentro sagrado. Quizás debía prepararme y tener múltiples puntos de vista para entender la completitud que envuelve la complejidad y a la vez la simpleza de los cuerpos, las mentes, las emociones y el único Espíritu Universal que todo lo mueve.

En este extravío, me encontré con gente maravillosa que sembró en mí la curiosidad de ir siempre más allá y, como no me definía por el camino que había elegido desde el bardo de mi transición átmica, llegó ese momento de clímax en que el universo habló: "Si no has entendido mi susurro, si no has entendido mi charla, me veo en la obligación de pegarte un grito para que me escuches y te escuches en él". Fue ahí, en un accidente automovilístico, cuando mi vida pasó ante mis ojos, en cortos segundos, como una de las mejores películas de Cameron; entendí que había una 'Y' en el camino y que era importante definir por cuál sendero seguir.

En la 3D existen energías tanto emocionales como de pensamiento que tienen resonancia en bajos espectros de luz y que, cuando nuestra vibración desciende a ellas, logran penetrarnos. Fue así como me vi envuelta en la envidia, en los celos, en todo aquello con lo que una persona impulsada por este tipo de emotividades abruma a alguien. Una sabia mujer, uno de tantos ángeles con los que me he cruzado en el camino, programó para mí un cristal de cuarzo rosado porque, dijo, debía 'protegerme' de algo muy fuerte que solo el Amor podía salvar. Seguí sus instrucciones, y este poderoso cristal, en el momento del accidente, explotó ante mis ojos en mil pedazos, se pulverizó de tal forma que otorgó su vida por la mía. Es tal vez uno de los actos más grandes de amor que he vivido; a partir de ese momento mi sordera desapareció y comencé el mágico camino hacia el salto cuántico de Conciencia Universal e Infinita.

Recuerdo bien cómo esos seres cristalinos me hablaron desde niña; ahora, ya no tenía miedo de escucharlos, e inicié la gran aventura de contactarme con quien es para mí la maestra, la interlocutora, uno de los cristales personificado en un ángel femenino: Katrina Raphaell, y, después de leer su trilogía y dejar que cada cristal que se me apareciera me llamara y diera mensajes de sanación, de crecimiento y demás, decidí viajar a ese lugar pleyadiano, cargado con toda la energía de Lemuria, ubicado en Kappa, Hawái; ahí fui bendecida del poder compartir con esta extraordinaria mujer sus más íntimos secretos junto a estos dioses cristalizados, 'hablar' con un cristal catedral que le comunica todos los movimientos del planeta y a través del cual ella expande su red de energía a Lady Gaia, para hacer grandes cambios, además de brindarme lo que comenzó por ser mi *stock* de cristales para la sanación, los cuales aún conservo física y espiritualmente, con el respeto que cada uno de ellos merece en mi ser y en cada una de las personas y seres que han entrado en contacto con ellos.

A partir de esta experiencia comencé a incursionar en todo lo que tiene que ver con técnicas de sanación, como la Energía Universal, la Luz Dorada, Reiki, Sanación Pránica, y diversas técnicas de meditación. Recibí la certificación máster en Programación Neurolingüística (PNL) y, hasta ahí, ya tenía una cantidad importante de conocimientos sobre el ser humano y su comportamiento físico, mental, emocional, espiritual y energético en 3D.

Aún no dejaba mi trabajo de mujer ejecutiva, exitosa, ni de pasar por ejercer varias profesiones: diseño, fotografía, publicidad, mercadeo, arquitectura, por el temor que me producía la falta de seguridad ante la carencia de un trabajo estable y un salario fijo. Otra vez el universo tuvo que alzar el tono de su voz para que lo escuchara y pudiera superar ese bastón de manipulación conocido como miedo, que es la antítesis absoluta del Amor: el uno paraliza, el otro es el motor; aquel ensombrece, este da luz; el primero enferma, el segundo sana; esto es lo que, después de toda mi vivencia, ya no es una teoría, sino testimonio fehaciente de una infinidad de historias que se basan, prácticamente, en la transmutación del uno por el otro, donde el otro termina ocupando el lugar del único. Ahora puedo comprender de manera sencilla cómo o por qué la sensación de seguridad nos paraliza, el miedo es el que nos hace creer en la seguridad. Cuando hay certeza, confío y me lanzo al vacío, donde realmente el poder de crear se da.

Hoy entonces, doy infinitas gracias a todas estas técnicas de luz, sanación y amor que llegaron a mi vida, porque fueron la llave que abrió mis sentidos para permitirme traspasarlos y reconocer el verdadero Ser que habita en mí, que es, en últimas, el mismo Ser que habita en Todos.

Quiero compartir con ustedes algunos apartes de una canalización que hizo Kryon para mí en enero de 2012, por medio de Marina Mecheva, otro ángel en mi camino, y quien permitió que la alta vibración que habitaba en mí fuera reconocida e impulsada a actuar desde su verdadera misión:

> [...] tu alma integra los colores de la belleza de una manera tan profunda que mucho de lo que percibes como la realidad es etérico, sensual, armonioso, similar a la belleza de tu alma. Hay una suavidad en ti, una inocencia infantil que no has perdido, incluso después de tanto tiempo. Has entrado al planeta a sostener el rayo de inocencia del niño interno, del patrón de alegría del plano terrenal [...]

> [...] la parte mística de la creación del universo a la cual perteneces, pues formas parte de la creación del universo, está bastante relacionada con esa alegría, con esa inocencia, pues verás, los primeros de ustedes que son los creadores de estas realidades dimensionales tenían que ser capaces de mantener la alegría, los más altos niveles de esta, para poder dejar fluir la creación a través de su aliento, a través de su risa, a través de la canción de la creación a medida que se adentran en estas realidades [...]

> [...] tienes tanta sabiduría, tanto conocimiento, un poder tan antiguo dentro de ti, dentro de la inocencia de ese niño [...] Eres tan capaz de comunicarte con vibraciones más altas incluso sin ser espiritual, pues verás, este es un don con el que vienes, un aliento por la vida que es único, diferente a los demás [...]

> [...] tu percepción de este mundo es muy distinta a la de los otros [...]

> [...] Hay colores hermosos en tu campo energético [...] la belleza de tu alma es como un *bouquet* de flores de primavera que tienen el hermoso aroma que se siente en todas partes, un color tan radiante que es visto desde el otro lado; los colores son los siguientes: un brillante y radiante violeta cercano al índigo, azul brillante y radiante; amarillo, rosado, rojo, todos juntos creando un rayo de energía elemental que se proyecta a través de ti en todo lo que haces. Esa luz especial la derramas en toda tu experiencia dimensional [...] el Rayo Índigo es parte de tu expresión predominante, sin importar el tiempo de tu nacimiento en tu cuerpo humano, es porque expresas las características del nuevo humano de muchas formas [...]

[…] Mientras llegabas al planeta no estabas preparada para esta experiencia humana y, por lo tanto, los colores en tu campo eran más cercanos al rayo violeta, pero ahora, a medida que tu convicción se fortalece, en tu conocimiento acerca de cómo el mundo debe ser cambiado, exploras ese Rayo Índigo con gran valentía puesto que estás recordando la razón por la que viniste a este planeta.

[…] te acercaste a estas dimensiones como una onda de energía […] para experimentar una frecuencia de vibración diferente, una dimensión distinta para poder ver la belleza con la que tu luz se manifiesta […]

[…] Así, tú, como una onda de energía original, manifestada en el Rayo Índigo-violeta, se acercó a la superficie del planeta, […] pedazos de ti decidieron ser parte de esta experiencia y, mientras entrabas a la tierra, sentiste, por primera vez, lo que se siente vibrar tan bajo para poder ser parte de esto, una fisicalidad. Este cuerpo es muy nuevo para ti, la respiración es nueva; de hecho, si te describiéramos, ni siquiera te denominaríamos como un humano, hay un nombre específico con el que se reconoce a tu raza en el universo; una parte del nombre con el que te conocen, una parte del sonido que activa un entendimiento mayor de quien eres, porque en verdad, el lenguaje humano no alcanza a decirte de dónde provienes […]

Tus científicos, tus astrónomos, ni siquiera saben de la existencia del sistema de donde provienes, es muy parecido al sistema pleyadiano, "Las siete hermanas" pero diferente, mucho más profundo en expresión, contiene rayos de la Fuente en la manera en la que expresa la luz original, la abundancia de belleza […]

Tú puedes, desde hoy, nunca hablar de cosas espirituales e igualmente serías más espiritual que muchos de los seres humanos que apenas se están despertando, simplemente porque estás allí para ser exactamente eso: luz. Luz del Rayo Índigo que está allí para cambiar el viejo *status quo* de la sociedad; que está allí para crear integridad, Verdad; que está allí para mostrar a la gente, sin importar dónde estés, la Verdad, para mostrarles lo correcto, porque tienes un entendimiento innato de lo apropiado, de lo que debe hacerse, de qué sistemas deberían ser implementados para que la humanidad por fin pueda empezar a entender la energía tal y como tú la entiendes en el lugar del que provienes […]

[…] está en tus manos decidir de qué manera implementar ese hermoso rayo de energía original […] para que esté más cerca de los sistemas de luz universal, luz más alta. La ley humana debe convertirse en ley universal […]

[…] un ser de tan alta frecuencia vibracional solo puede bajar un uno o dos por ciento de su alma para poder entrar a un cuerpo tridimensional. Por lo tanto, la mayor parte de tu ser sigue en el espacio que recuerdas en tus sueños lejanos, un sueño cósmico que existe en el latir del universo […]

[…] hay una legión de energías en el mundo invisible que siempre serán una parte de ti […]

[…] tu campo sostiene esa oportunidad de crear riqueza, abundancia, anclaje, estás aprendiendo cómo expresar la energía en forma y el proceso es bastante hermoso de presenciar […]

[…] tú, particularmente, puedes construir los atributos de una nueva energía, de un mundo en desarrollo, nuevas ideas, nuevos conceptos, implementaciones originales; eres tan única en todo lo que crees porque ese Rayo Índigo en tu campo necesita eso, pide eso […] crearás un imán tan potente para el mundo, que cambiarás las cosas completamente de la perspectiva de ahora […] se trata de crear una energía muy poderosa, un gancho, para poder mover las cosas, la energía es movimiento, la manera en la que creas movimiento es a través de la inspiración, de la novedad, de nuevas prácticas, nuevas actividades, nuevas cosas […] parte de tu rol es venir al planeta a crear nuevas estructuras, nuevos ambientes, nuevos negocios, nuevas maneras de hacer política, de hacer medicina, nuevas formas de hacer todo […] si sigues tu convicción no hay manera [de] que no puedas crear algo mejor para tu sociedad […]

[…] establecerás las bases de esto en este nuevo año, este año es muy provechoso para ti porque dejas ir las viejas formas de pensar, rompes el *status quo*, dejas ir los modelos viejos de pensamiento y permites que la nueva inspiración construya todo, para poder cambiar lo que debe ser cambiado para que puedas crear ese movimiento que acelerará las cosas y atraerá las finanzas para todos.

[…] tu realidad, es el corazón el que construye al mundo […] así que celebra el inicio de este año, espera lo inesperado y crea la promesa […] ¡Y así es!

Pasaron varios meses para que pudiera digerir esta impresionante información; tuve que viajar lejos de mi país, sola, sin mi familia cercana, con el fin de reencontrarme con parte de mi familia universal y zambullirme en mi Capa 8 de ADN a fin de recordar parte del inicio de esta existencia, en la que el arte inspira cada uno de mis sentidos, y también, donde la brisa, el mar, el toque suave del sol veraniego de Barcelona, me permitieron recordar que no estoy sola y que una gran legión de seres de luz, encarnados y desencarnados, están ahí como parte del equipo que está logrando hacer que esto llegue a millones de personas para lograr construir la nueva tierra soñada, libre de ego, totalmente cristalina, transparente.

Tal y como lo está leyendo, amable lector, creo fervientemente en una nueva Tierra; esto quiere decir que, asimismo, estoy convencida de que el 2012 no era el año en que el mundo tenía su fin. Mientras lee esto, está siendo protagonista de dicha verdad; lo que tuvo fin en 2012 fueron las viejas estructuras, la civilización de poder tal y como la conocíamos hasta ahora. El 2012 es el inicio del cambio.*

Se ha hablado durante muchos años de una teoría de la conspiración. Muchos creen que existe un plan global que durante varias generaciones se ha ido implementando en este planeta con actividades premeditadas por algunos personajes y organizaciones. Los defensores de esta teoría afirman que la mayoría de los seres humanos están dormidos y no han despertado a su verdadera naturaleza Divina por las estrategias de estas élites de poder, que se mantienen ocultas y se encargan de mantenernos distraídos, alimentando nuestro sentimiento de miedo para que estemos siempre sintonizados en las frecuencias más bajas. También se dice que por medio de varios mecanismos han logrado alimentar nuestros cinco sentidos con la intención de ponernos a competir entre nosotros, descartemos la idea de unidad y, así, alejarnos de nuestro verdadero poder interno. Esta teoría sostiene que no quieren que despertemos, sino mantenernos dominados, esclavizados por un sistema creado por ellos.

Se les atribuye la utilización de técnicas de lavado de cerebro, manipulación de los medios, fumigación a la población con las llamadas *chemtrail* o estelas químicas, generación de terremotos y maremotos con máquinas de tecnología desconocida, creación de vacunas y virus para enfermar a la humanidad, creación de crisis económicas y de partidos políticos cuya esencia es la de mantenernos divididos, manipulación de las organizaciones mundiales y copiosos sucesos más que coinciden con la realidad actual del planeta. Si se quiere ampliar esta información, puede consultarse cualquiera de los libros de David Icke, quien ha sido un buscador incansable de este tipo de pruebas y sacado a la luz pública cada una de las actuaciones que apoyan esta conspiración mundial.

La Verdad que nos ocupa no es polemizar respecto de si existen o no estos grupos de poder, ni si todo lo que se les imputa es cierto o falso, ni siquiera sobre la veracidad de esta teoría de la conspiración; lo importante de entender en este momento de vida y cambio es que todo esto nos ha llevado a operar desde la baja frecuencia del miedo; esta frecuencia es una gran sombrilla que cobija el principal manipulador de todos, el gran manipulador por excelencia, que es la separación. El creernos separados de Dios, del otro, de todo cuanto existe, nos hace perder el concepto de To-talidad y caemos en la insuficiencia, en el perseguir ideales exter-nos y, lo más grave, en el olvido de nuestra esencia. Y en ese gran manipulador de la separación se encuentran los cuatro principales manipuladores cotidianos de nuestra existencia humana, que son: el Tiempo, el Sexo, el Dinero y la Enfermedad, los cuales nos sinto-nizan en realidades tan ilusorias —aunque el mundo entero cree que son ciertas— como el estrés, la búsqueda de placeres exter-nos, todo tipo de carencias y pobrezas, y la pérdida de nuestra per-fección-origen, que nos limitan desde todo punto de vista. El miedo está en nuestro cerebro, ya que es el mecanismo de pensamientos que nos lleva a elaborar una serie de hipótesis sobre sucesos futu-ros; y una hipótesis no es más que un supuesto de algo que puede o no ocurrir, en un futuro que es un tiempo inexistente y que lo imaginamos en el único tiempo posible: el presente.

Nuestro querido poeta Facundo Cabral decía que perseguimos el futuro toda la vida y, cuando llega, ya es presente; es decir, que no existe. Por lo tanto, nos consume en una ilusión de algo que no es real y que, además de no ser real, nos aparta de nuestra verdadera naturaleza, en la que somos ciento por ciento responsables de pensar, sentir, decir y actuar acorde a los resultados que queremos obtener en nuestra vida, en lugar de darle rienda suelta a lo que no queremos que ocurra y paralizarnos creyendo que esa ilusión en la que estamos pensando es cierta; somos infelices desde antes de que llegue porque la creemos cierta y, por lo tanto, terminamos creándola en la realidad más cercana.

¿Cómo cambiar la frecuencia del miedo?: activando en nosotros la frecuencia del Amor, y esto no se logra desde el cerebro, sino desde el ADN. Como llevamos eones viviendo en la frecuencia del miedo, es necesario, no solamente transformar las memorias de esta vida, sino las de todas nuestras manifestaciones de vida y, algo mucho más potente, las memorias de todas las civilizaciones y galaxias que vibran y han vibrado en las bajas frecuencias de todos los derivados del miedo. Para lograrlo, hay que comenzar por el principio: por la Tierra; nuestro amado planeta luz-Tierra vibra en la frecuencia del Rayo Índigo y ya es menester que este se ancle en el ADN de todos sus habitantes para vibrar en la frecuencia de lo único real, el Amor.

Usted, querido lector, pertenece a este movimiento. El movimiento de la libertad, de la libre expresión, del arte, de la ciencia y de la espiritualidad, en el que crea la perfección Divina con cada pensamiento, palabra, emoción y acción desde la responsabilidad total de la Unidad. Usted es parte de la transformación; es el protagonista de la nueva Tierra, de la nueva Jerusalén. El universo ha puesto en sus manos este libro porque sabe que está preparado para recibir toda esta información, justo en este momento. Prepárese para saltar, o mejor, para volar sin límites en el espacio sin tiempo, en la realidad cuántica donde todo lo que vibre desde el Amor es posible.

* Para poder hacer realidad dicho cambio es necesario manifestarlo, no solo en lo teórico, sino en la realidad; de ahí la importancia de sincronizarnos con una misma energía en la vida cotidiana y, por tal motivo, hemos diseñado una serie de seminarios y talleres con los cuales esta herramienta poderosa se impronta en el ser y se enseña, no como una 'técnica de sanación', sino como una forma de vida, una herramienta que soporta cualquier actividad que se realice en la cotidianidad. Para mayor información consulte este enlace: http://bit.ly/Seminario_Iniciacion_IRB

Amplíe la información del seminario con este video:

http://bit.ly/Productos_XDV_IRB

PRIMERA PARTE

El fin de
lo viejo

Capítulo 1
2012: la transición al nuevo amanecer galáctico

Se trata de un camino donde uno
se construye a sí mismo.

Yo encontré que ese camino era común
en muchas culturas.

Desde la más remota Antigüedad, diferentes escuelas
enseñaron veladamente la única libertad posible para el hombre:
su transformación voluntaria.

René Rebetez

Muchos hablan de las profecías de los mayas y de la fecha que anunciaban en su calendario como el final de nuestra civilización. Hablar de profecía es hablar de predicción y, cuando predecimos, queda dicho, una manifestación de pensamiento se da; por lo tanto, este tipo de profecías se convierten en apocalípticas e inevitables, en algo que, sí o sí, va a pasar. Pero recordemos que el futuro no existe, es solo la proyección de nuestros pensamientos; el poder de las emociones que empoderan nuestros pensamientos se refuerza con lo que las palabras y el poder del verbo, con todo su poder, regulen ante ellos; así, la acción es coherente con lo manifestado. De modo que el futuro lo creamos cada día desde lo único que tenemos: nuestro presente y nuestra conciencia. Por ende, creo que los mayas nos dejaron una sabia guía para que nos preparemos ante los acontecimientos planetarios.

Gracias a los sucesos actuales, a esta evolución y esta guía que nos ayuda a romper los viejos paradigmas, es que podemos realizar el gran cambio, la gran transición. Cambio de costumbres, ideas, creencias, cultura y conocimientos científicos y técnicos que nos caractericen como la raza humana genuina, en completa evolución, desarrollando una nueva perspectiva en ámbitos como el económico, el político, el cultural, el religioso y el científico, donde se encuentra el descubrimiento de nuestra verdadera salud.

La raza humana se ha visto ante varios 'finales' del mundo, como el diluvio universal, entre otros, y sin embargo ha seguido habitando el planeta. El fin que hemos presenciado y que comenzó a consolidarse en 2013 es el del materialismo y la división, de los límites, del miedo, de la forma con la que nos hemos pretendido identificar durante tantos años y por la que nos hemos matado e irrespetado en el transcurso de nuestras diversas historias. Es el fin de la muerte como la conocemos y el nacimiento de lo extraordinario. Debemos sentirnos bendecidos por estar en este momento que, más allá del caos que nos quiere inculcar el miedo, es la oportunidad de crear el bienestar común, desde la prosperidad, la coherencia y lo sagrado, siendo Todos Uno.

Este no es un momento, es una transición que comienza en el interior de cada quien, en el centro de nuestro corazón, donde habita la frecuencia del Amor y desde donde podemos reflejar, irradiar y multiplicar lo mejor para todos, sin egoísmo, desde la Unidad, desde el compartir y vincularnos, desde lo más profundo, íntegro e impecable de nuestro ser.

Así como la Tierra tiene cuatro estaciones durante el año, que se suceden cada tres meses, la galaxia cuenta también con estas estaciones y suceden cada veintiséis mil años. La fecha predicha por los mayas del 21 de diciembre de 2012 fue el inicio de la primavera galáctica, así como los 21 de marzo en el hemisferio norte y cada 21 de septiembre en el hemisferio sur se inicia la primavera en la Tierra; no sucede en un momento, es una transición de tres meses. Al día siguiente, el 22, no vemos todos los árboles florecidos, solo somos testigos de cómo la nieve se derrite y unas semanas más tarde los árboles comienzan sus primeros brotes de hojas, más adelante se intuyen los brotes de flores y al mes o mes y medio siguiente contemplamos el florecimiento total. En este caso es igual. El nuevo amanecer galáctico nos permite derretir la nieve de los corazones, intuir cómo el frío y la oscuridad se desvanecen y en lo correspondiente del tiempo veremos que los brotes empiezan a aflorar; mientras tanto, estamos en ese inicio del proceso.

No pretendamos, entonces, el florecimiento inmediato. Vivamos desde la confianza absoluta el proceso perfecto hacia ese florecer de gran luz, y resistamos desde la felicidad, la aceptación y la capacidad de sorprendernos, los dolores que esta magia de transformación produce. Comencemos a quitarnos cada capa que nos protegía contra el frío, porque ya no son necesarias. Vamos ligeros de equipaje, libres de ataduras y de creencias, libres para experimentar la gran transformación que nos propone IRB. Transformación que a la fecha nos demuestra ser el gran catalizador que es en todas las personas que han decidido sintonizar su vida en esta frecuencia; estamos claros y ciertos de que en el 2018 la nieve estará totalmente derretida, dando paso a los brotes que llenan de emoción y calidez nuestro corazón.

La clave es la luz, la luz que da vida al Amor: la *Luz Viviente*.

Capítulo II
La clave es la luz

La emoción es la principal fuente
de los procesos conscientes.

No puede haber transformación de la oscuridad
en luz ni de la apatía en movimiento, sin emoción.

Carl Jung

A lo largo de la historia de la humanidad han sido varias las civilizaciones que adoran al Sol como a un dios y han levantado monumentos grandiosos para honrarlo, entre ellos, algunas pirámides, tanto en México como en Egipto. Nosotros, como 'seres civilizados', dejamos de adorar al gran astro rey y solo nos valemos de él para calentarnos, broncearnos; apenas en ocasiones lo extrañamos, cuando se oculta detrás de alguna nube; por lo demás, estamos tan acostumbrados a su rutina matutina que nos olvidamos de su importancia y vitalidad. No se trata de volver a adorar al astro, sino de conectarnos con su luz para anclarla en nuestro ser y poder iluminar todo nuestro mundo, tal y como él lo hace.

Física y astrológicamente hablando, se han presentado en los últimos años las denominadas por los científicos 'tormentas solares'. Se nos ha informado que esas explosiones están ocurriendo cada vez con mayor frecuencia y que nos han afectado en el pasado, como la ocurrida en 1859, conocida como 'evento Carrington', la cual logró colapsar las comunicaciones, poco desarrolladas del momento, tanto en Norteamérica como en Europa. El evento Carrington no tuvo consecuencias brutales debido a que nuestra civilización tecnológica todavía estaba en sus principios; si hubiese ocurrido en la actualidad los satélites artificiales habrían dejado de funcionar, se hubiesen interrumpido las comunicaciones de radio y los apagones habrían adquirido proporciones continentales.

Nada de esto es para asustarnos o entrar en pánico, mucho menos para permitir que las frecuencias del miedo vuelvan a apoderarse de nosotros. Solo es importante tomar conciencia de que sin electricidad no tendríamos iluminación en nuestros hogares, pues la mayoría de los electrodomésticos dependen de ella. En nuestras ciudades las gasolineras, los semáforos, los almacenes, los cajeros electrónicos, los supermercados e innumerables comodidades actuales también entrarían en caos. Los bancos no podrían verificar los saldos de nuestras cuentas porque todo está almacenado en computadores que necesitan electricidad. Si algo similar al evento Carrington sucediera hoy en día, según un estudio de la National Academy of Sciences, de los Estados Unidos, la red eléctrica de ese país y, por ende, del resto del mundo, sería vulnerable, los satélites artificiales quedarían sin órbita; sin funcionamiento los celulares, los sistemas de posicionamiento global (GPS), las torres que controlan los vuelos de la aviación comercial, y así podríamos enumerar una cantidad incalculable de elementos de los que dependemos en nuestra vida actual. Entonces, ¿podríamos pensar que esto es el fin, o mejor: el comienzo de una nueva era?

Solo cuando comprendemos que no necesitamos de nada externo para vivir es cuando comenzamos a descubrir todos los poderes que tenemos dentro de nosotros y que, actualmente, no utilizamos. Tenemos el poder de crear nuevos sistemas basados en la armonía, en el balance, en el equilibrio y en el amor con todos los seres vivos. Podemos sintonizarnos en la frecuencia del caos, o podemos prepararnos para la transición. Activar el Sol interno, conectarnos con la Luz Viviente, nos permite entender el cambio como una oportunidad de evolución: reconocer nuestro origen, despertar la Fuente.

Capítulo III
El despertar

Para abrir nuevos caminos, hay que inventar;
experimentar; crecer, correr riesgos,
romper las reglas, equivocarse... Y divertirse.

Mary Lou Cook

Despertar es un proceso interno, es un cambio de conciencia, es evolución pura. Y la evolución es cuántica, esto quiere decir que no la podemos ver como algo que va en línea hacia adelante, porque también hablamos de regreso, de regresar al origen, tornar al recuerdo de quienes verdaderamente somos, retornar a la Fuente de vida de donde proviene la Luz Viviente. Es ahí cuando la cuántica nos hace entender que todo confluye simultáneamente, que todo es parte de un mismo Todo.

Conciencia es re-aprender, ir más allá de lo que comprendí el día de mi accidente, y es tener la certeza de que estamos en un espacio donde elegimos estar para mucho más que nacer, crecer, reproducirnos y morir. Tenemos una misión en cada existencia y la misión siempre es evolucionar; en realidad evolucionar no es crecer ni ser mejores, es simplemente ampliar la perspectiva del mundo que vemos, lo cual solo puede hacerse si generamos intercambio de información constante entre las partículas y los fractales que somos, a la vez que servir a otros en su camino de evolución: servir desde el Amor. Y para lograrlo, cada uno de nosotros tiene un talento único que es preciso poner a disposición de los demás.

Servir es el instrumento fundamental del Amor y la Compasión. Y es muy importante saber exactamente en qué consiste el servir; muchas veces dedicamos nuestra vida a socorrer a los desamparados, eso hace que necesitemos crear más desamparados en nuestro mundo para poder llevar a cabo nuestra vocación de servicio. Servir es descubrir ese talento interno con el que hemos nacido y disponerlo en bien de los demás, con un propósito máximo de vida y la apertura mental y espiritual de recibir a cambio una compensación justa por ese talento.

En ese orden de ideas, despertar de manera individual es necesario; sin embargo, lo confundimos con separación y aislamiento, y fomentar la separación es frenar la evolución. Indivi-dual quiere decir dualidad indivisible; por más que nos veamos como dos entidades separadas, cada una con su personalidad, su talento y su misión, somos indivisibles. El trabajo colectivo es prioritario, ya que Lady Gaia también necesita despertar y ascender a dimensiones o perspectivas superiores. La conciencia del ser humano cambia constantemente, puesto que ella es el punto de vista desde el cual miramos lo que sucede; a medida que evolucionamos, que intercambiamos información, que canalizamos e innovamos, el punto de vista amplía el panorama desde donde observamos y es imprescindible evolucionar a niveles superiores hasta producir el salto cuántico, la ascensión que sucede cada veintiséis mil años y que, según las profecías mayas, en nuestra era sucedió en diciembre de 2012.

Eckhart Tolle nos habla de las viejas estructuras que se derrumban; para eso es que debemos estar preparados, para construir una nueva Tierra desde el corazón, desde el Amor que solo se da en la energía del equilibrio, del balance y la armonía.

Podemos destruirnos junto con ese mundo basado en la individualidad, la división y el miedo, o renacer en un mundo cimentado en la Unión, en el Amor. El verdadero poder está dentro de cada uno de nosotros, esto lo han dicho muchos, y entender esto es el primer paso para comprender que todos somos los creadores de nuestra propia realidad. Podemos seguir creando desazón a partir de nuestra somnolencia, o crear una realidad de Amor cimentada en la conciencia de estar despiertos, esto también lo han dicho otros... ¿por qué, entonces, la magia del despertar tarda tanto?

Porque, pese a reconocerlo, nuestro sistema de creencias atado a esas viejas estructuras tambaleantes nos impide dar el salto y enfrentarnos a nuestro propio sistema de creencias; es un proceso muy difícil de aceptación. Ver caer las viejas estructuras de otro puede ser desgarrador, pero ver caer nuestras propias estructuras da miedo, y el miedo nos impide amar. Por eso nace este libro, por eso nació IRB, para poder no solo derrumbar las viejas estructuras que nos hacen permanecer en un mundo dormido, lleno de velos, de telarañas que nos impiden reconocernos, sino además con el propósito, a través de nuestra perfección individual, de poder percibir desde el Amor nuestra historia colectiva, el ADN de nuestros pueblos, de nuestras naciones; despertar la conciencia a un cambio total en la Tierra.

Todos los movimientos y manifestaciones que han surgido hasta el momento para hacernos entender que los viejos patrones de Gobiernos e instituciones no son compatibles con la nueva energía, nos ha abierto la conciencia al cambio, y ES EL MOMENTO de que ese cambio se manifieste en la fisicalidad. Ese es el propósito fundamental de INDIGO RAY BALANCING (IRB): ser los protagonistas de la nueva Tierra; sincronizarnos con la transparencia, la claridad de la raza Koradi, de la nueva raza que puebla la Tierra, con toda la información del espectro del Rayo Índigo que nos permite Ser Uno, respetando la riqueza de la diversidad, permitiéndonos construir una nueva sociedad que dé prioridad a la vida por encima de los intereses económicos y políticos; esto únicamente lo logramos transformando nuestros viejos patrones desde el interior de cada uno de nosotros, desde nuestro ADN personal.

¿Cómo le parecería a usted poder comunicarse, ya no por internet, sino desde su red telepática? ¿Qué pensaría si en lugar de tener que pagar tiquetes aéreos costosos pudiera acceder a su don de teletransportación? ¿Qué pasaría si pudiera diversificarse mediante su don de ubicuidad? ¿Y si ya no tuviera necesidad de gastar su fortuna en médicos, hospitales y medicinas porque puede hacer uso de su don de autosanación? ¿Y si ya no tiene límites para comunicarse con ningún ser porque no habla con el uso de la palabra, sino desde la Luz Viviente del corazón que lo conecta con esa red de ADN en la que Todos Somos Uno? ¿Qué tal si todo esto es simplemente la realidad que podemos construir desde un cambio profundo en nuestro sistema de creencias? Si quiere que estas preguntas tengan una respuesta afirmativa y se hagan realidad, entonces está listo para despertar, accediendo a la totalidad de la información que le proporciona IRB.

La ley universal del libre albedrío es la que le permite elegir. ES EL MOMENTO de elegir sabiamente, desde el corazón, hacia dónde quiere ir y lo que quiere hacer. Depende de usted hacer realidad la Edad Dorada que comenzó a finales de 2012, inició su consolidación en 2013 y se ancla definitivamente hacia 2018, para hacer realidad el balance universal desde el Rayo Índigo que nos permite sincronizarnos como Uno con el centro de nuestra galaxia y reconocer la potencia del Amor, que logra transformar el miedo.

PENSAR DIFERENTE ES CREAR REALIDADES DIFERENTES.

Elevar nuestras frecuencias al despertar nos permite sintonizarnos con nuestra Fuente Espiritual reconociendo sus verdaderas leyes, no las que nos consumen en los límites humanos, sino las que potencian el ser ilimitado dentro del reconocimiento de nuestro Ser sagrado.

Capítulo IV
La llave maestra

Jamás dejes que las dudas paralicen tus acciones.
Toma siempre todas las decisiones que necesites tomar,
incluso sin tener la seguridad o certeza
de que estás decidiendo correctamente.

Paulo Coelho

Una de las leyes universales expresadas por Hermes Trismegisto en su libro *El Kybalión* nos habla de que todo es mente, esto quiere decir que el pensamiento es el inicio de la creación. Muchos sistemas de creencias en los ámbitos de congregaciones, filosofía o religiones están basados en el miedo, en el pecado. Sentencias como "Si haces esto o aquello Dios te castigará", se anclaron durante muchos años en el consciente colectivo por medio de algunas prácticas religiosas. Con el pasar de los años y la evolución de las religiones que han sido Pilares de la humanidad, el discurso del Dios castigador fue cambiando por el discurso del Dios amoroso.

El papa Juan Pablo II, ministro supremo de la Iglesia católica durante el período de 1978 a 2005, dos años antes de morir, exactamente el 28 de julio de 2003, expresó: "El infierno existe, pero no sabemos quién está allí". Una semana antes se había referido al cielo. En ambos casos el santo padre reafirmó que ni el cielo, ni el infierno, son lugares físicos. En el caso del infierno, insistió en que:

Las imágenes con las cuales la Sagrada Escritura lo presenta [...] deben ser interpretadas correctamente. Indican la completa frustración y vacío de una vida sin Dios. El infierno indica, más que un lugar, la situación en que se encuentra quien se aleja libre y definitivamente de Dios, Fuente de vida y de toda alegría [...]

La condenación no debe atribuirse a Dios, porque en su amor misericordioso solo puede querer la salvación de los seres que ha creado. En realidad, es la criatura la que se cierra a su amor. La condenación consiste en el definitivo alejamiento de Dios de manera libremente elegida por el hombre y confirmada por la muerte que [la] sella para siempre [...]

Esto quiere decir que el infierno es una idea inventada y sostenida durante siglos para que el ser humano no hiciera el mal por miedo al castigo, y cuando nos sintonizamos en la frecuencia del miedo nuestros pensamientos, que son la llave maestra, abren de inmediato la puerta del infierno, haciéndonos vivir en la desarmonía, el desequilibrio, la violencia, la limitación, la ilusión; en identificación con la forma, la pobreza, la enfermedad, la ira, el rencor y todo aquello propio de un estado infernal.

De la misma manera, nuestros pensamientos pueden permitirnos abrir la puerta del cielo; ese estado que se encuentra en comunión con la felicidad, que es la personificación del Amor puro, que nos permite vivir en estado de cocreación, de equilibrio, balance, armonía, conscientes de nuestro eterno presente, donde el poder radica en la conexión definitiva con nuestra Fuente primogénita, la cual está en el paraíso de nuestro ADN y no en el poder de la manipulación que provoca la separación de la Fuente, del origen, en los momentos en los cuales se nos hace creer en ser un Dios que está fuera de nosotros, a quien hay que implorarle para que voltee su misericordiosa mirada hacia nosotros y, a través de nuestras súplicas, nos conceda un espacio de cielo.

Cuando comprendemos realmente que ese cielo está en nosotros, que todos somos seres sagrados, que Dios no es un Ser separado, sino un nivel de conciencia que habita en nuestro ADN, Fuente de cuanto existe, logramos conectar nuestra totalidad al concepto de unidad en el Amor, no desde lo material que nos lleva a separarnos, sino desde el Espíritu, origen de los demás cuerpos y las demás mentes que nos conforman como seres espirituales encarnados en esta dimensión, para experimentarnos como humanos, como ese proyecto del universo en vías de evolución hacia lo realmente sacro.

Nuestro mundo, tal y como lo conocemos, nos pone a competir y nos hace separarnos del resto de las personas desde que nacemos; nos dividen en razas, en religiones, en estratos y clases sociales, en tener y no tener, en ser mejores o peores, y cada grupo cree tener la verdad, hasta el punto de crear guerras, de asesinar para defender esa verdad. Todo este caos se ha creado por la ignorancia de desconocernos como seres espirituales, ya que Todos Somos Uno y poseemos el mismo poder infinito en nuestro interior, en el núcleo, en la célula, donde somos idénticos, con misiones diferentes, pero cada quien en unión para conformar la totalidad.

¿Por qué las entidades de poder han velado este conocimiento? Porque si 'despertamos' a esta realidad, los pocos que creen poseer el poder en estos tiempos dejarían de tenerlo sobre el resto, y esto, en el mundo de la ilusión donde hemos permitido permanecer tantos años, sería el final de la manipulación, el de los pocos que controlan el sistema bancario, el sistema político, las corporaciones transnacionales, el cartel fármaco, los medios de comunicación masivos, entre otros.

Estamos en este planeta en un nivel de conciencia de 3D viviendo un rol, un juego; el problema es que nunca nos dieron las reglas claras de él y estamos jugando con una venda en nuestros ojos; esa venda, son los cinco sentidos terrenales. Nuestro trabajo ha sido descubrir estas reglas del juego quitándonos la venda, desarrollando los sentidos más allá de lo físico, comunicándonos con los niveles más expandidos de sí mismos para salir del enclaustramiento mente-cuerpo y dejar de filtrar, percibir y decodificar todo solo a través de los cinco sentidos, que son apenas una estrecha e increíblemente limitada banda de percepción en la que se encuentra la gran mayoría de seres humanos, porque el sistema ha sido estructurado para establecernos ahí, sin más movilidad.

Los que estamos saliendo del enclaustramiento del cuerpo es porque hemos sido capaces de abrirnos a un nivel más amplio de conciencia; esto no significa que seamos especiales, ni mesiánicos, solo equivale a que hemos decidido abrir nuestra mente a otro nivel de percepción y conocimiento, cambiar nuestro punto de vista respecto de lo que vemos, escuchamos o sentimos con nuestros cinco sentidos para reconocer nuestra esencia Divina. Todos podemos hacerlo. Y ahora comprendo que este es realmente el juego: practicar nuestra Divinidad logrando trascender la materia que nos encapsula.

Lo importante de todo esto es comprender que, como dice David Icke: "Un solo ser humano no puede cambiar el mundo, pero sí puede comunicar el mensaje que puede cambiar el mundo". De manera que eso es un hecho clave; no se trata de un individuo, sino de la información, que es la que realmente tiene el poder transformador. Es como si a nuestro ADN se le hubiera instalado un *software* para limitarlo en su verdadera extensión Divina, ¿y por qué se ha instalado este *software*?, porque solo manipulamos aquello que pensamos ser igual o más fuerte que nosotros; es decir, le estamos cediendo nuestro verdadero poder a seres que saben del ilimitado potencial humano, por ello eligieron usar a la humanidad y están tratando de impedir que el humano despierte, ya que entonces se acaba el juego.

Sin importar a qué tipo de religión pertenecemos, con qué tipo de filosofía comulgamos, es necesario despertar. Para ello es necesario acceder al lenguaje cuántico, que nos permite comunicarnos con nuestro ADN y acceder a nuestro verdadero potencial creativo, expandir nuestra conciencia más allá de los cinco sentidos.

Nuestra realidad genética es de origen Divino, pero, los intereses egoístas o simplemente experimentales externos ataron y nos bloquearon la conciencia y las capacidades de superseres, como lo indica J. J. Hurtak en *Las claves de Enoc*, el verdadero libro del conocimiento. Esta verdad se ha mantenido oculta, perpetuada en secreto, de manera codificada, bajo el símbolo del Santo Grial.

Itzen Caan, quien desde hace más de veinticinco años ha investigado y decodificado símbolos mayas y atlantes, en su escrito *Recuerdos de la Atlántida* nos deja saber cómo:

> [...] por mantener el poder y control de las masas, este conocimiento se convirtió en un tema prohibido y, hablar de ello, encendía la alarma de aquellos que, por decreto propio, se adjudicaron el poder y dominio humano, ejecutando de inmediato acciones prepotentes de castigo para quienes hablaran de cualquier cosa que tuviera que ver con temas como, por ejemplo, que los dioses descendentes se unieron con mujeres terrenas dejando su herencia genética cósmico-solar.

Parte de la manipulación contenida en los dogmas religiosos nos ha alejado de verdades profundas como el estudio de la ciencia sagrada, la sabiduría antigua, la metafísica, la esencia del ser humano, y aun de la naturaleza alquímica, rotulando todo lo que nos acerque a verdades profundas como 'satanismo', 'profano', 'condena' y 'brujería', juzgando como tales a todo lo que tiene que ver con el estudio y descubrimiento de la Verdad original y esencial, o el despertar y la apertura de conciencia. Lo más frustrante de este proceso por parte de las élites manipuladoras radica en alejar a la mujer de cuanto tuviera que ver con el conocimiento profundo y llevara al despertar y desarrollo de su poder natural, pues el aspecto femenino, tanto en la mujer como en el hombre, posee el sexto sentido o intuición, que nos conecta con nuestro Verdadero Ser, con la llave maestra que nos abre la puerta de acceso directo a la Verdad y a descubrir que nuestra esencia femenina representa al Grial como una verdad ancestral, histórica, no mítica.

Esto ha implicado también que se mutile el verdadero poder de la energía sexual, a denigrar tanto al acto sexual como a la mujer, ya que, descubrir nuestra verdad esencial y original abarca el acto sexual y por medio de este se da la unión de lo cósmico-espiritual de alto nivel, dando paso al máximo poder de creación que posee el ser humano. Por eso la sexualidad es uno de los cuatro grandes manipuladores, al degradar, en una persecución constante de placer genital, este acto sublime que nos permite recordar nuestro gran poder creativo.

Para alejarnos aún más del poder de la esencia femenina apareció el simbolismo de la prostituta, mezclado con la historia de María Magdalena, lo cual condenaba directamente a toda mujer que se acercara a la sabiduría antigua y el conocimiento crístico, e impedía de esta forma poner al descubierto la gran mentira histórica.

Tanto la educación, como los dogmas religiosos, han cerrado el camino a la Verdad, cortado el derecho a intuir, a conectarnos con la Verdad más allá de los límites, mediante mandatos como: "No pregunte, solo debe creer en todo lo que le digamos". Y si se intenta pensar diferente o acercarse a la Verdad, se sufren amenazas como la condena del alma si se habla, cree o practica algo diferente a estos dogmas, más aún si se trata de indagar, profundizar o ver más claro. Se han levantado muros enormes que ciegan la Verdad, construidos por normas, pecados, demonios, miedos, que han sumergido a la humanidad en oscuridad y ceguera, haciéndola necesitar de bastones para poder vivir, generando dependencia, separación y esclavitud disimulada; disimulada, porque con el sistema nos hacen creer que somos autónomos y libres, solo que, elijamos lo que elijamos, lo hacemos siempre desde las opciones que nos siguen manteniendo esclavos dentro de la ceguera del miedo y la ilusión que nos brinda ser robots o zombis. Esto es mantenernos en una de las polaridades.

CUANDO LA LUZ LLEGA, LA OSCURIDAD SE ILUMINA.

El plan de manipulación ha intentado anular la energía femenina, desvirtuando a la mujer y al acto sexual para poder obtener el poder y, así, tomar el control de la humanidad, sumiéndola en planos inferiores y falseando por completo su papel protagónico a través de mentiras y de miedos. La oscuridad y la luz simplemente nos indican la existencia de estas dos polaridades en el mundo desde el origen; la polaridad de luz se asemeja a la Verdad, y la de oscuridad al miedo y la mentira. De una u otra forma, aunque parezca paradójico, ambas trabajan en la evolución, solo que, si acogemos una y peleamos contra la otra, nos separamos y sucumbimos en la mentira y en el olvido de quiénes somos realmente, generando caos y volviendo muy lenta nuestra transición. Cuando caemos en la polaridad del miedo le damos poder a la manipulación y permitimos la opresión y esclavitud humanas. Únicamente a partir de este conocimiento, desde el Punto Cero, podemos trascender los límites y cocrear una realidad en equilibrio y armonía para la totalidad. La polaridad nos conduce a la dualidad y nos separa del Uno.

La imposición de la energía masculina en el mundo y la discriminación de la energía femenina, movidas por el deseo de obtener el poder individual y el crecimiento personal egoísta, fue lo que causó el desequilibrio que aún impera en la Tierra. La unión de lo físico con lo suprafísico o metafísico, lo visible con lo invisible, la de los opuestos, es lo que nos permite fusionar la dualidad a niveles espirituales altos, equilibrando las energías polares y permitiendo el balance y la armonía del ser integral y del mundo.

Hubo un momento culminante en la historia en el cual se eliminaron todas las grandes representaciones femeninas, íconos de la prehistoria, la historia antigua, la mitología y las religiones. Se suprimió la evidencia de su participación en la enseñanza, en la guía de la vida y en la defensa de los valores. Hubo una época en que la mujer tenía la misma importancia, incluso más, en las decisiones religiosas o políticas, al punto de mantener a la humanidad en una era de luz en la cual convivían en armonía e igualdad ambas fuerzas polares, la masculina y la femenina. De génesis bíblica existen también versiones de que dicho equilibrio fue alterado por miembros del sacerdocio al distorsionar la Verdad original, haciendo creer que la mujer, por haber 'escuchado a la serpiente' y comer el fruto del árbol del bien y el mal, causó la ira Divina mediante su desobediencia y pecado, siendo por ello expulsados el hombre y la mujer del paraíso, condenando así, de paso, a toda la humanidad al sufrimiento. Esto originó un gran giro simbólico y un mensaje oculto de desprecio y culpabilidad en contra de la mujer.

Esa manipulación fue causada por élites religiosas que quisieron desvirtuar la percepción extrasensorial e intuición de la mujer. El símbolo de poder escuchar a la serpiente y su consecuente acceso al conocimiento y la Sabiduría —comer la manzana, el fruto prohibido— no es nada diferente a tener acceso a la mente Universal Divina, representada en el árbol de la Sabiduría. Por esta característica natural femenina se debió que, en la Antigüedad, se les llamara 'pitonisas', vocablo derivado del término 'pitón' —gran serpiente = gran Sabiduría— a las mujeres que se dedicaban a cultivar su don intuitivo manteniendo la conexión mental-espiritual por medio del acceso natural a la Sabiduría original Divina.

Por ello, lo simbólico nos muestra que es la mujer, y no el hombre, gracias a su intuición y conexión espiritual, quien puede escuchar y comprender el lenguaje de la serpiente del árbol de la ciencia, del bien y el mal. Esto significa que, es la polaridad femenina la que posee la sensibilidad y percepción innata de conectar el plano etéreo-espiritual, donde reside el verdadero conocimiento, para manifestarlo luego en el plano físico a través de la polaridad masculina, representada en el hombre. La serpiente no es otra cosa que la representación de la sapiencia o Sabiduría natural, tomada como fruto directo, la manzana del gran árbol, la ceiba de los mayas, la energía Divina que anima todo el universo. Tanto la polaridad femenina como la masculina son intrínsecas del hombre y la mujer, no características de él o ella, esta fue la creencia hecha impronta para anular la conexión nata a la Sabiduría que fluye en la información del campo cuántico.

La polaridad femenina, representada en Eva, posee el don de la intuición y la sensibilidad, de la pitonisa, capaz de obtener el éter, la esencia Divina, la Sabiduría, mediante el símbolo de la manzana, que representa la mente maestra o Divina, para, a través de ella, transmitir y compartir con Adán la polaridad masculina, símbolo de la inteligencia y la gran fuerza en el mundo, creando así, de manera conjunta, las maravillas que dieron vida a grandes civilizaciones en antiguas eras doradas. Al tergiversar este conocimiento sagrado, al tergiversar esta mentira e integrarla al plan de manipulación, se desvirtuó la polaridad femenina, que equilibra la vida dual de nuestro mundo, para bloquear la sensibilidad, la percepción sutil, lo que se ha llamado el sexto sentido, la energía amorosa y materna, que no es más que el máximo poder de creación, característica de esta energía complementaria.

Y esto no sucedió solamente en la mujer, ya que la polaridad, energía o esencia femenina se encuentra también, cual lo dijimos, en el hombre, como su gran parte complementaria, ese lado sutil y sensible. Así, se fue adormeciendo poco a poco la capacidad de conexión espiritual que da acceso directo a la Sabiduría y a la comprensión de la no separación, de la unión absoluta con el cosmos; la idea de separación desconectó a la humanidad de su naturaleza propia, de su entorno, de la madre Tierra, del balance energético, y la ha hecho olvidar que, en su esencia, es solo Conciencia.

La apertura de conciencia que nos lleva a encontrar de nuevo el equilibrio y la elevación consecuente de nuestro nivel vibratorio, independientemente de si somos mujeres u hombres, nos da entrada expedita a la multidimensión. La Luz Viviente que crea la esencia del Amor con su energía predominantemente femenina y en balance perfecto con la masculina, es la única capaz de sutilizar al mundo y a la raza humana en perfecta armonía. Esta energía cósmica, sutil, femenina, portadora del Amor, llega a través de IRB, no para imponerse, sino para unificar la dualidad, despertando la espiritualidad integral y única humana, la conexión con la naturaleza y el poner en marcha las capacidades suprafísicas. Esta es nuestra esencia y composición genética cósmica, Divina, que nos conecta de forma directa y poderosa a la esencia creadora por excelencia, herencia pura del poder creador y espiritual, de nuestro real y verdadero origen.

SOLO UNIDOS EN LA TOTALIDAD,
SOMOS LA EXPRESIÓN PERFECTA DE LA CREACIÓN.

Capítulo V
La evolución

Tomar la iniciativa no significa ser insistente, molesto o agresivo.
Significa reconocer nuestra responsabilidad
de hacer que las cosas sucedan.

Stephen Covey

¿Alguna vez ha pensado que la vida es injusta? Vemos niños que sufren hambre y sed mientras otros desperdician lo que tienen. ¡Y qué decir de pequeños que mueren o son víctimas de la violencia! ¡Y de tantos chiquillos con problemas físicos o de salud desde su nacimiento, a la vez que otros gozan de vigor, protección, comodidades y todo lo que podemos llamar bien-estar!

¿Quién tiene el control de decidir si nacemos en una buena familia, en un país sin guerra, sanos; o en un hogar con carencias, en una nación asolada por la violencia, o enfermos? ¿Por qué muchos seres lo que más logran en esta encarnación es sufrir, a la vez que otros disfrutan la vida en paz y armonía con su entorno?

Pueden darse múltiples respuestas según si las enuncia un científico, un sacerdote o una persona en estado de inconsciencia, como cuando comencé a hacerme este tipo de preguntas. Acaso sea cuestión de suerte, o simplemente, voluntad Divina. Mas en verdad, nada en el universo está determinado por cuestión del azar, y asimismo entendemos, después de mucho tiempo y evolución en las filosofías religiosas, que lo que se ha llamado Dios es Amor, no castigo. Por lo tanto, las dos respuestas citadas, a mi modo de ver, son nulas. Einstein dijo: "Dios no juega a los dados".

A lo largo del camino me he encontrado con personas totalmente aferradas a las bajas vibraciones, sosteniendo que cuanto les sucede es culpa de otros y que sus penas son debidas a maldiciones, sortilegios y fuerzas oscuras. Pero, ¿existe realmente la culpa? Mi respuesta es un rotundo ¡No!; existe solo responsabilidad ante nuestras acciones, que a su vez son propiciadas por nuestras emociones y pensamientos. Hay resultados inmediatos, otros se gestan y dan frutos después de un tiempo. Igual que un fríjol germina en un tiempo mucho menor que una manzana, asimismo nuestros actos se gestan en el tiempo y el espacio, sobre todo en esta 3D en la que aún vivimos, para experimentar, aprender y evolucionar.

La responsabilidad nos permite analizar los elementos que han participado en nuestras acciones, con el propósito de poder elegir desde la Sabiduría si las repetimos o, sencillamente, elegimos otras para obtener un resultado diferente. Cuando cambiamos nuestras acciones desde la responsabilidad nos permitimos aprender de la experiencia, generando así la evolución.

Al cocrear los acontecimientos o estados en nuestra vida afectamos la vida de todo cuanto nos rodea; esto quiere decir que no solo somos responsables de los resultados con nuestra vida, sino que logramos influir en los resultados de los demás. Entonces, ¿somos culpables de lo que sucede en los otros? Mi respuesta vuelve a ser otro rotundo ¡No!, pues las personas que comparten su vida con la nuestra son, a su vez, responsables de sus propias cocreaciones, y así como la enfermedad, la pobreza, el maltrato, la violencia, han podido ser nuestras elecciones de experimentación, y quienes nos las facilitan nuestros más poderosos maestros y actores del guion que elegimos en ella, asimismo hemos sido elegidos como maestros y actores en las películas de otros seres, a manera de una gran familia de almas, porque Todos Somos Uno.

Cuando anclamos esta energía de responsabilidad logramos hacer que cambie nuestro universo, nuestro entorno, y la manera más armónica de lograrlo es permitiéndonos poner en práctica la más potente enseñanza que nos dejó el maestro Jesús en su encarnación en la Tierra: amar al prójimo como a nosotros mismos. Escuche bien: 'como a nosotros mismos'.

¿Usted es consciente de la forma como se ama? Porque solo puede dar de lo que tiene y solo puede reflejar lo que piensa que es, por lo tanto le invito a refinar su idea de sí para que la imagen que está proyectando tenga que ver con su sacralidad, con su verdadera dimensión espiritual y Divina. Sobre todo, porque sin un fuerte amor por sí mismo es imposible liberarse de la manipulación.

Somos seres espirituales y Divinos viviendo una experiencia humana, somos energía manifestada en el mundo material. La Tierra es el gran laboratorio experimental del universo que nos permite crear nuestras propias experiencias para evolucionar con ellas. La nueva energía nos da la opción de la responsabilidad para obviar lo que durante tantos siglos hemos conocido como karma. La evolución nos permite entender lo que antes llamábamos problemas, como retos y desafíos, maestros, amigos que nos conducen a soltar el control, entendiendo, desde nuestro ser más elevado, que los creamos en nuestra realidad para desarrollar nuestra maestría y reconocer nuestra Divinidad y no para sucumbir en ellos ni en la culpa que la inconsciencia nos produce.

La conciencia de aceptar todo como parte de un plan Divino, de aceptar todo desde la perfección del momento, del presente, que es lo único existente, elimina de nuestra mente los rótulos hacia cada situación. Cuando eliminamos los rótulos simplemente aceptamos todo tal y como es, sin proferir juicios ni valoraciones, que nos llevan a empoderar emociones dañinas o eufóricas que nos conducen a la falta de realidad desde el ego, el cual desea manipular y juzgar, apoderado por el miedo que produce el apego. El gran secreto está en aprender y continuar creando un nuevo Presente, conscientes de lo vivido.

ES EL MOMENTO de experimentarnos desde la Conciencia de nuestro Ser infinito e ilimitado. Antes de encarnarnos en esta existencia humana en la Tierra, nuestra energía, nuestra esencia, elige las circunstancias que quiere experimentar para trascender los límites y continuar evolucionando. Al nacer nos pasamos al otro lado del velo, nos consumimos en la ilusión que podemos llamar la imagen en el espejo; se ve como si fuera real, pero es solo el reflejo de la realidad que estamos creando en cada momento, el holograma de quien estamos personificando. El velo a veces es tan denso que no recordamos ni lo que escogimos, ni para qué lo elegimos, y es ahí donde el apego y el sufrimiento nos alejan de nuestra esencia, enfermándonos, desequilibrando nuestras relaciones, consumiéndonos en una caída absolutamente irreal. Es preciso romper el velo, reconocer nuestra esencia Divina, para poder amarnos en toda nuestra magnificencia y dejar de seguir intentando corregir la imagen en el espejo sin ni siquiera tocar la realidad que la produce.

Lo que hemos llamado Dios por tantos años jamás se olvida de nosotros, jamás pretende castigarnos. Dios no es una entidad separada de nosotros, es todo lo que existe y todo lo que existe es Dios. Dios es el ADN, es la Totalidad, es el Amor, que es lo único real, por lo tanto, todos evolucionamos hacia esa insondable realidad de todo es Amor y Luz Viviente. Cuando lo sagrado se irradia desde nuestro centro, cuando reconocemos a ese Dios en todo lo que Es, la conciencia nos permite crear una nueva realidad desde el Amor, desde la abundancia ilimitada de lo sagrado, desde la perfección de todo Es, y podemos honrar como una Unidad absoluta cuanta manifestación de vida exista.

ES EL MOMENTO de despertar a esta realidad, de salir de la manipulación en la que nos han obnubilado las religiones, los Gobiernos, las entidades de poder, separándonos de la Divinidad y creándonos un Dios al cual temerle y seguir rindiéndole culto al imperio de los sentidos que nos mantiene en la ignorancia, frenando por completo nuestra evolución hacia una realidad de balance para todos.

A partir de diciembre de 2012 la evolución de la raza humana transforma la 3D junto a la Tierra, nuestro amado planeta Gaia. Este poderoso laboratorio eleva su vibración a las más altas frecuencias jamás experimentadas, evolucionando a nuevas dimensiones ilimitadas.

Si está leyendo este libro es porque usted decide estar en el presente momento cúspide de la historia de la humanidad como protagonista de este gran salto cuántico, así es que disfrute de su cambio de conciencia, y permítame honrarlo, porque solo los valientes tomaron la decisión de evolucionar en estos momentos como servidores de luz encarnados y ejemplo para el resto de la humanidad. Es un privilegio y un honor compartir estos momentos con usted. ¡*Namasté*!

La evolución que nos está permitiendo este cambio de era nos deja focalizar nuestra misión de vida, nuestro propósito, como la elección hacia nuestra maestría, de la cual hablaré más adelante, creando desde la conciencia Divina una nueva realidad con Amor, para generar paz, armonía y un perfecto equilibrio universal.

Capítulo VI
La interdimensionalidad

Quizá el mayor desafío del ser humano en los albores del tercer milenio
sea constatar que no estamos solos, que compartimos el universo.
Nos encontramos en la más preciosa aventura jamás vivida:
la suerte inmensa de reunirnos, festejar, reír y materializar,
desde nuestra individualidad, un universo de colaboración entre sus seres,
quienes, gobernados desde nuestro universo interior,
vivimos el sueño de ser Amor universal.

Facundo Cabral

Es absolutamente fascinante imbuirnos en el orden del universo. El universo es el Todo, sin excepciones: materia, energía, vacío, información, sonido, luz, todo lo que existe forma parte del universo. Cuando vi la película *Contacto* —una adaptación de la novela de ciencia ficción *Contact*, escrita por Carl Sagan, dirigida por Robert Zemeckis en 1997 y protagonizada por Jodie Foster— me di cuenta de que yo no era la única persona en pensar que no estamos solos, que la Tierra es muy pequeña con respecto a millones de universos existentes como para tener la soberbia de creernos únicos y, mucho menos, separados del resto. Como dice Ellie Arroway en la película citada. "Si estuviéramos solos en el universo, ¡qué desperdicio de espacio!".

Solo en nuestra galaxia, la Vía Láctea, existen millones de planetas, y como si eso fuera poco, en el universo existen miles de millones de galaxias, cada una con sus respectivos millones de planetas. No existe un solo universo, sino infinitud de universos.

Los Gobiernos, entidades de investigación como la Administración Nacional de la Aeronáutica y del Espacio (NASA, por su sigla en inglés) y aun el Vaticano, lo admiten. Ocurren acontecimientos como el de nombrar la Organización de las Naciones Unidas (ONU) a Mazlan Othman, astrofísica de Malasia, embajadora para el espacio. ¿Es decir, que tenemos una representante de la Tierra ante los extraterrestres? La cadena de noticias CNN informó en una rueda de prensa que objetos voladores no identificados —ovnis— supervisan las bases nucleares y hasta han desactivado misiles nucleares. *Larry King Live*, uno de los programas más vistos en Estados Unidos, dedicó una hora a mostrar videos y testimonios de avistamientos de ovnis. La NASA envió un comunicado de prensa en el cual informa que hay dos mil millones de planetas que reúnen condiciones similares a las de la Tierra. El doctor Richard B. Hoover, astrobiólogo de la NASA, encontró pruebas sobre la existencia de vida extraterrestre en un meteorito. José Gabriel Funes, sacerdote encargado del Observatorio del Vaticano, admitió la posibilidad de que haya vida en otros planetas. Monseñor Corrado Balducci, miembro de la curia vaticana, declaró que definitivamente hay seres extraterrestres superiores a nosotros en cuestión de espiritualidad y tecnología.

Y esto, por citar solo unos cuantos ejemplos. Existen videos reales en *YouTube* en los que podemos ver ovnis sobrevolando ciudades y estados: Utah, Nueva York, Moscú, y sobre la mezquita de Jerusalén. El papa Juan XXIII expresó: "¡Cuán pequeño sería Dios si después de haber creado este inmenso universo poblara en él únicamente al diminuto planeta Tierra! Ese no es el Dios que yo conozco". Podríamos escribir páginas enteras sobre mundos más allá de la Tierra.

¿Y qué tal si ahora hablamos de mundos en el interior del ser humano? Esto lo veremos con mayor detalle en el capítulo XIX.

¿Se ha puesto a pensar, además de los mundos que podemos observar en esta dimensión, tanto interna como externamente, en las historias, vidas, personajes, mundos paralelos y diversas dimensiones viviendo en nosotros, aquí y ahora, simultáneamente?

La interdimensionalidad es algo que todos hemos experimentado de una u otra forma. Por ejemplo, en un nivel básico de interdimensionalidad, mientras lee o escucha esto, su cerebro se enfoca en la serie de palabras que forman nuestro lenguaje. Al mismo tiempo, quizás escuche algún sonido exterior: autos transitando por la calle, cantos de aves, un televisor encendido, el ladrar de un perro, una melodía, o aun la respiración. Todos estos eventos son diversas dimensiones de su conciencia y puede estar alerta a cualquiera de ellas con solo dirigirles su atención; la atención es lo que nos hace conscientes. Si no prestamos atención, no nos damos cuenta de lo que está pasando. Así también, si usted decide enfocar su atención solo en el sonido exterior, deja de leer esto e incluso de notar su respiración; sin embargo, aunque la ignore, sigue existiendo, independientemente de ser consciente de ello.

Este es el nivel más básico de la interdimensionalidad. Con una mirada más profunda descubrimos que nuestro mundo interior tiene muchas otras dimensiones o reinos, la mayoría de ellos inaccesibles para nosotros la gran parte del tiempo, porque hemos sido entrenados a enfocarnos únicamente en una limitada parte de nuestras experiencias internas. Para llegar a experimentar estos mundos internos de percepción es necesario alterar la actividad cerebral, ya sea por medio de técnicas de meditación o, simplemente, siendo conscientes de nuestro silencio interior, de la Presencia, del aquí y el ahora.

La interdimensionalidad es muy difícil de explicar para una criatura criada bajo las creencias limitantes de la 3D. Somos Seres de Luz, siempre lo hemos sido y siempre lo seremos. Estamos temporalmente en este planeta como una forma física tridimensional y, esa parte, es humana. No todo nuestro espectro está con nosotros, apenas una porción se halla aquí, el resto se mantiene oculto, aunque conectado y disponible. Estamos en un estado cuántico con nosotros y el resto de nuestro 'yo' permanece en algún otro lugar, pero todo dentro de la totalidad de nuestro ADN. Estar en varios lugares al mismo tiempo es uno de los dones que, como superseres, poseemos; solo hay que ser conscientes de ello para poder viajar a nuestro pasado y a nuestro futuro, y poner en acción alguna de las habilidades y talentos adquiridos en cualquiera de nuestras vidas. Todo está aquí y ahora.

Poder ver con nuestros ojos físicos todo aquello que consideramos no físico, y posible en una u otra forma de no formar parte de este mundo por encontrarse en planos o dimensiones diferentes, es parte de la interdimensionalidad, que nos permite acceder a las múltiples dimensiones. Es preciso entender que, el espacio que separa los mundos o dimensiones es, ante todo, un espacio interior. Por consiguiente, es nuestra propia energía la que nos lleva hacia los demás y nuestro verdadero trabajo se realiza, ahora, en el corazón de miles de grupos que compartimos la Tierra. Cuando hablo de grupos no me refiero a sectas, ni a religiones, ni a filosofías, que nos separan, sino de reuniones informales de hombres y mujeres cuya voluntad está labrada para cabalgar esta onda de paz. El tiempo de las asambleas ocultas y de los grandes misioneros se extingue progresivamente. Nuestra misión ahora es sembrar la Tierra con ayuda de multitud de canales, de conciencias que emiten un tipo de armonía específica y cuyo campo se proyecta con fuerza y transparencia irradiando desde su corazón, desde el Amor más puro, a distancias ilimitadas.

No hay elegidos, cada uno se elige y crea la luz que se eleva a su alrededor con suficiente poder, constituyendo en su entorno una pequeña familia espiritual cuya transparencia es proporcional a la suya. No se trata de estructurar de nuevo 'familias espirituales' que desemboquen en agrupaciones cerradas, intolerantes, jerarquizadas, en las cuales el ego humano crezca y se relaje nuevamente, separándonos. Cuando entendemos la multidimensión comprendemos la Unidad y somos capaces de sembrar en todos los espíritus una verdadera fraternidad. La era de los maestros y de los discípulos, de los misioneros y de las masas populares fanáticas, queda atrás. Cuando trabajamos dentro de la totalidad todo el mundo recibe y todo el mundo da, desde la conciencia plena y absoluta de ser un divulgador de la Presencia permanente.

Esta Tierra es un inmenso laboratorio donde se codean diversas humanidades sin que lo sepamos conscientemente; cuando elevamos nuestra vibración podemos acceder a las altas esferas y ver y tener manifestaciones tan excepcionales de la realidad de nuestros hermanos, que es así como la gran élite y los Gobiernos no pueden ocultar su existencia por más tiempo. Hasta el momento nos han hecho creer que esto es una ilusión, que estos hermanos superiores de las altas esferas no existen o, por el contrario, nos han hecho investirnos de miedo ante su presencia.

Todo está siendo transformado y el Amor es el motor de esta transformación que nos permite navegar a través de todas las dimensiones, sin el miedo a la diversidad y en cambio sí recibiendo la riqueza que esto nos proporciona.

Así como hay vida más allá de la Tierra, también hay una vida en el interior de ella, tan importante como la del exterior. Todo es plenitud; incluso el vacío está lleno, más que lleno. Por eso es tan importante la responsabilidad sobre nuestros pensamientos, porque ellos no solo crean nuestra realidad, sino que afectan todo lo que vive cerca de nosotros en nuestra atmósfera y también nuestro mundo interior. Cada una de nuestras células y nuestros genes se afectan por lo que pensamos y creemos. No es simplemente la polución química lo que nos perturba, sino nuestros pensamientos. Cuando entendemos nuestra conexión con todo lo que Es, dejamos de vivir de manera egoísta pensando que solo nosotros estamos en este mundo y que él ha sido hecho con exclusividad para nuestro disfrute, que nos pertenece en totalidad, cuando, sencillamente todo lo que vemos, e incluso lo que no, está es para compartirlo. Somos inquilinos de este mundo, no los propietarios, y estamos íntimamente conectados porque en el vacío todo está lleno de información que es vida y todo evoluciona permanentemente, por el movimiento continuo y el intercambio constante de esta información. Pero solo cuando nos vaciamos y experimentamos la liviandad del no poseer, sino del compartir, y nos fundimos en el vacío, estamos verdaderamente plenos. Es una dicotomía más, que forma parte de unificar los opuestos para fluir con la Totalidad.

Existen numerosas dimensiones, y una de las herramientas disponibles que tenemos al alcance de nuestra mano para acceder a ellas está en nuestra glándula pineal. Uno de los grandes estudiosos y, en mi concepto, quien más sabe y ha dicho acerca de este diminuto órgano, David Wilcock, expresa que ella no solo es una glándula del sistema endocrino, con forma de fríjol y que produce la dimetiltriptamina (DMT), el alucinógeno más potente conocido hasta ahora, bajo cuyo efecto pueden visualizarse imágenes en estado de sueño, e incluso hacer viajar a nuestra conciencia a través del tiempo y las dimensiones, sino que también en el estado inmediatamente anterior al de la muerte se produce gran cantidad de DMT, razón por la cual se le atribuye la capacidad de ingresar la conciencia en dimensiones superiores y observar seres que no habitan físicamente en este plano de 3D, ya que están en cualquier dimensión. La DMT logra estados místicos espontáneos. Al nacer, en estado de reposo, y al desencarnar, activa la clarividencia. La energía pránica que circula por la glándula pineal es una antena receptora que puede llevarnos al pasado y al futuro; en ella se encuentra contenido todo nuestro registro akáshico. Más adelante se explica con mayor claridad qué hace IRB en la vida de las personas para comprender en profundidad la importancia de esta glándula.

La glándula pineal además produce la melatonina, hormona encargada de la regeneración celular, provista de propiedades inmunológicas que previenen el cáncer, la cardiopatía, el alzhéimer y la depresión, entre otras enfermedades, además de generar antioxidantes que bloquean los radicales libres, responsables del envejecimiento, y de regular la función del crecimiento y la pubertad. La melatonina escasea con el insomnio y la depresión; por eso, una de las principales causas de su pérdida radica en la manipulación de lo que nos rodea: el estrés, la angustia, se encargan de mantenernos en altos estados de insomnio y depresión que minimizan la glándula pineal, generan deficiencia tanto de DMT como de melatonina en nuestra vida diaria y se produce en nuestro cuerpo oxidación y enfermedades que nos sumergen cada vez más en el agujero negro que nos impide recordar quiénes somos.

Adicionalmente, compuestos químicos como el flúor, ahora presente en el agua, en las cremas dentales, en la sal y en un alto número de alimentos, constituyen uno de los grandes responsables de calcificar, petrificar y reducir la glándula pineal, lo que impide el crecimiento espiritual del ser humano y ocasiona la desconexión con senderos a otras dimensiones y la esencia suprema del Ser, es decir, con el Todo. Es evidente, pues, la importancia de la melatonina, que también la encontramos en alimentos como la avena, el maíz, los tomates, las papas, las nueces, el arroz, las cerezas y, en altísima concentración, en el mangostán. A partir de este momento comenzamos a ver cómo la alimentación es fuente vital para el equilibrio en nuestra vida, en la salud y en el crecimiento espiritual.

Activar y desarrollar nuestra glándula pineal nos permite romper los sellos y las cadenas de la limitación, llenar vacíos históricos e iluminar por completo el sendero recorrido y por recorrer, amplificar la perspectiva de la visión y comprensión humana, acceder a nuestro pasado y así visualizar y entender nuestro futuro, conectándonos con la totalidad de nuestro ADN, donde reside la esencia suprema y toda la Sabiduría del universo. Esto nos convierte en seres integrales, nos hace vibrar fuera del tiempo y del espacio lineal mientras nos conectamos a nuestro ser real y al cosmos de manera consciente, lo cual hace desaparecer la oscuridad, el ocultismo y el control. Al encender la luz se van los miedos y se rompen las cadenas de la oscuridad, solo queda la libertad; la libertad desde el Punto Cero, esa singularidad que permite crear acogiendo al Todo, sin rechazar nada, impregnando todo desde el Amor absoluto e incondicional.

Acceder a la luz del conocimiento ancestral, poder navegar por las diversas dimensiones, tener contacto con los seres que pertenecen o viven en cada una de ellas, nos permite regresar al origen, a la conexión con la Fuente, y nos abre la vía para elevarnos a altos niveles vibratorios, conectarnos al cosmos y a la mente creadora, acceder al verdadero poder que activa nuestras capacidades suprafísicas y expandir la percepción de la mente a la visión del tercer ojo.

Podríamos decir entonces que las dimensiones son distintos niveles de realidad. A medida que nuestra frecuencia vibratoria se eleva, nuestra realidad cambia a realidades menos densas. Lo mismo sucede con la conciencia: a mayor nivel de vibración, más fácilmente comprendemos el concepto de que somos conciencia; esto va más allá de creer que la podemos alcanzar, solo nos damos cuenta de ser conciencia.

La única fórmula que existe para aumentar nuestro nivel de vibración y sintonizarnos en frecuencias mucho más elevadas es sintonizarnos con la frecuencia del Amor. Amor es la palabra clave para todo lo que significa este despertar a la conciencia. Y más que 'despertar nuestra conciencia', 'despertamos a la conciencia'. Los conceptos de vibración y frecuencia son explicados con más amplitud en el capítulo X.

Ser conscientes de esta interdimensionalidad nos vuelve más sutiles, capaces de cocrear una percepción colectiva de todo tipo de vida existente, sin importar su forma ni su ubicación. Es aquí donde comienza una nueva forma de cooperación.

A veces creemos que si no captamos algo con alguno de nuestros cinco sentidos, ese algo no existe. Desde este punto de vista, podríamos decir que los rayos ultravioleta no existen, porque no podemos verlos a simple vista, o que los ultrasonidos tampoco, ya que no los escuchamos.

Las dimensiones son los distintos niveles que experimenta nuestra energía en su proceso evolutivo hacia la Unidad. Si identificamos nuestra energía interna como la conciencia, podemos decir que las dimensiones son a su vez respectivos niveles de esta; la diferencia entre una y otra es la frecuencia con la cual vibran.

En las dimensiones superiores a la 3D podemos ubicar lo que hemos llamado maestros ascendidos, guías espirituales, ángeles y arcángeles, aunque es importante recordar que esas dimensiones están en nuestro ADN, no en el externo, y accedemos a ellas desde nuestra evolución de conciencia. En el momento de asumir que somos seres multidimensionales nos encontramos con conceptos como el Yo Superior, una parte de nosotros, de nuestra esencia, que se encuentra en los planos superiores de conciencia o dimensiones, y que, cuando logramos una conexión sin interferencias con él podemos hacer elecciones sabias en cada instante de nuestra vida; más aún, unificarnos con él para no seguir en dualidad, entendiendo que es una expresión no separada de nosotros, sino la forma nuestra que nos permite desde el Todo, desde el Amor, desde la Conciencia que somos, ver la realidad. Es entonces cuando do prefiero llamarlo el Yo Infinito, por ser la unificación de todos nuestros 'yoes' en todos los niveles de conciencia; deja de ser una entidad separada, para unificarnos en nuestra GranDiosidad.

El Yo Infinito es nuestro copiloto en este viaje llamado vida física y es el que nos ayuda a evolucionar más rápidamente, cuando nos fusionamos por completo en su esencia podemos acceder a lo ilimitado de la interdimensionalidad. Una de las barreras más poderosas e importantes a transformar para lograr esta comunicación ideal y esta fusión es el ego, pues él nos hace creer que estamos separados y altera nuestra percepción del tiempo. En IRB consideramos al Yo Infinito la esencia total de nuestro Ser, la que eleva nuestra conciencia a la totalidad, por lo tanto revaluamos el término de Yo Superior, por no ser otro yo separado del yo encarnado.

Capítulo VII
La masa crítica

Con esta fe podemos trabajar juntos, rezar juntos,
luchar juntos, ir a la cárcel juntos,
luchar juntos por la libertad,
sabiendo que algún día seremos libres.

Martin Luther King Jr.

Las élites de las que hemos hablado y que manipulan al mundo necesitan siempre un 'enemigo' del cual salvarnos o protegernos. De esa forma logran que nuestra mente baje hasta la frecuencia del miedo y este no permita el darnos cuenta de la realidad. En otras palabras, la clave es tenernos distraídos con miedo a algo, o con miedo a alguien, para que no despertemos. Es mucho más fácil gobernar a un pueblo con miedo, así él cae en la manipulación. Para algunos, los enemigos son los capitalistas, para otros son los comunistas, también pueden ser los guerrilleros o los narcotraficantes o los terroristas. El pecado, la enfermedad, la pobreza, son factores comunes en casi todas las sociedades, al punto de creer que eso es lo normal, pero inconscientemente el miedo se apodera de nosotros, trata de alejarnos de todo ello, sin comprender que la única manera de no darle poder a la manipulación del juego de la guerra, del juego de los opuestos, no es ni ganar ni perder, no es tomar partido, no es rechazar; es simplemente, no jugarlo, ya que cada opuesto viene de la misma Fuente y forma parte del Todo.

Los medios de comunicación y el arte, a la vez que son grandes herramientas para crear conciencia, también se utilizan para darle mayor poder a la manipulación. Así, por ejemplo, nos hicieron creer que en 2012 se acabaría el mundo, que iba a ocurrir una invasión extraterrestre de la cual debíamos protegernos porque venían a conquistarnos, como alguna vez sucedió en América con Cristóbal Colón. La única verdad a este respecto es que los muros de las viejas estructuras están cayendo y le dan paso a una nueva realidad. Antes, la estrategia era la de crear el problema hasta tal punto que el pueblo reaccionara, para luego generar la solución, igual que quienes crean el virus y luego el antivirus respecto de un computador. Los mismos que crean lo uno crean lo otro, con el fin de dividir y armar para ganar; al final, nunca gana el que da la pelea, aunque se le haga creer lo contrario.

Este es un momento trascendental en la historia del planeta, donde son muchos los seres despiertos que están ayudando a la transformación. El cambio no sucede en una fecha exacta, ya se está dando. Vivimos la época más importante de nuestra civilización, estamos sembrando la semilla de lo que es la Nueva Tierra. Y la clave, como ya lo vimos, está en no bajar a la frecuencia del miedo, sino más bien mantenernos unidos en la frecuencia del Amor.

SI UN NÚMERO SUFICIENTE DE SERES COMPRENDEMOS
QUE EL AMOR ES LO ÚNICO IMPORTANTE DE LA VIDA,
PODEMOS LLEGAR A SER
LA MASA CRÍTICA QUE GESTE UNA NUEVA HUMANIDAD.
¡EL AMOR ES EL CAMINO!

Cuando comprendemos el infinito poder de permanecer sintonizados con esa parte del campo vital, en esa frecuencia en la que nuestras facultades creativas, a través del pensamiento, la palabra, la emoción y la acción nos permiten tomar conciencia de nuestros patrones de conducta que crean una realidad, una vida tal y como la podemos soñar, sin ningún tipo de límite, es cuando irradiamos la onda expansiva que contagia a muchos. El foco en lo que deseamos manifestar en nuestras vidas desde el Amor, en vez de empoderar nuestros temores, es lo que nos permite bajar de dicho campo cuanto queremos crear en lugar de lo no deseado.

De nada nos sirve visualizar diariamente las vidas que nos encantaría vivir y trabajar para darle poder a nuestras visiones con pensamientos y afirmaciones positivas, si continuamos actuando según nuestros viejos patrones, ello genera frustración y perdemos confianza en nuestra habilidad para cambiar nuestro mundo. En este punto, sentimos que los esfuerzos son vanos y solemos, entonces, abandonar; permitimos que la costumbre de lo que vivimos, escuchamos y está asentado en el consciente colectivo sea más fuerte que lo que imaginamos, espantando de esta forma la idea de lo que soñamos.

Si rondamos permanentemente en derredor de nuestros miedos, de todo aquello que llamamos problemas, de lo limitante que creemos real, en vez de darle poder a nuestras metas, sueños y creaciones para entender que la realidad es aquella que desde el enfoque y el poder de la intención real manifestamos, como resultado de esa frustración las cosas se ponen peor y nuestras situaciones se tornan aún más desesperanzadoras, es entonces cuando nos sentimos totalmente desconectados y se nos dificulta ver la salida.

Todo es energía, vibración y conciencia. Al profundizar en la física cuántica aprendemos que cuando algo alcanza la masa crítica se produce un cambio indetenible. Se ha demostrado que si un electrón aumenta su vibración hasta alcanzar la masa crítica, es atraído hacia la frecuencia más elevada indefectiblemente. Y se ha dicho que la masa crítica es el cincuenta y uno por ciento del total de algo; volviendo al caso del electrón, cuando su cincuenta y uno por ciento vibra en una frecuencia elevada, el cuarenta y nueve por ciento restante es absorbido en la nueva frecuencia.

Como todo es energía y está compuesto por átomos, nuestra vida también se rige por esta teoría. Así es que, cuando le damos poder a lo que pensamos, decimos, sentimos, e intuimos que puede suceder, en el momento en que el cincuenta y uno por ciento de nuestra energía, vibración y conciencia se sincroniza con esa creencia, esta alcanza la masa crítica y ya nada puede detener ese proceso. Todo lo que manifestamos en nuestra realidad visible primero se ha creado en la realidad invisible, en esa parte donde apenas es una información, y como los sentidos nos llevan a creer que solo lo que vemos y percibimos con ellos es lo real, muchas veces desistimos *ad portas* de que ese cincuenta y uno por ciento se constituya, abandonamos a un paso de alcanzar la masa crítica; por este motivo es que algunas veces nuestros proyectos o visualizaciones no se crean en el mundo de lo visible.

La masa crítica significa que cuando nos enfocamos en crear bien-estar para nuestras vidas, en el momento en que nuestros pensamientos, palabras, emociones y acciones vibran con el cincuenta y uno por ciento de conciencia de satisfacción las circunstancias de nuestra vida cambian y comenzamos a experimentar perfección. Si continuamos vibrando en conciencia de miedo, la masa crítica, negativa, nos conduce a todo lo contrario. En el momento en que el cincuenta y uno por ciento de nuestro enfoque se sintoniza con el Amor magnetizamos relaciones de Amor hacia nuestras vidas; en el momento en que el cincuenta y uno por ciento de nuestro enfoque se sintoniza con la paz, la armonía y el balance, manifestamos esas cualidades Divinas tangiblemente en nuestras experiencias de vida.

Nuestro potencial Divino es infinitamente más poderoso que la enfermedad, el fracaso, las relaciones disfuncionales, el odio, la codicia, la corrupción, la guerra, la pobreza, el estrés, la limitación o cualquier otro trastorno creado por los manipuladores y que aparece en la pantalla de la vida cotidiana. Cuando consagramos nuestra energía para facultar las experiencias que queremos crear en nuestras vidas y no las experiencias indeseadas, manifestamos nuestras visiones y sueños más rápido de lo que posiblemente imagine mos. Si esto es posible para cada uno de nosotros, también es posible que colectivamente, como familia global, activemos la nueva Jerusalén en la Tierra. Para lograrlo es fundamental poner las cosas en perspectiva y aceptar la responsabilidad que tenemos como individuos interconectados de hacer realidad el plan Divino.

Si cada uno de nosotros ponemos en marcha, diariamente, segundo a segundo, solo los pensamientos, palabras, acciones y emociones regidos por el Amor, que es la perfección que queremos manifestar en nuestras vidas, experimentamos el cambio de inmediato. La transformación se hace realidad. El Amor es el recinto sagrado donde habita el Punto Cero, la matriz de la Creación.

Hasta ahora un pequeño grupo de personas ha sido capaz de orquestar la dirección del mundo en una escala global que nos cuesta trabajo creer. Como es imposible controlar a tanta gente físicamente, la manipulación se ha dado tergiversando la forma de pensar y sentir, hasta lograr que las personas se comporten como se pretenda, mediante la manipulación mental y emocional. Afirma David Icke:

> Mentalidad de oveja: manipulan de modo que no pienses, sino que sigas a la oveja que está adelante. Para las que no siguen el programa, está el perro, el miedo que controla el mundo. El ganado humano es peor, porque nosotros mismos hacemos el papel de perros y nos perseguimos unos a otros, ya que es un crimen ser diferente (2009).

La expresión 'masa crítica', además de venir de la citada teoría del electrón, surge de la de *El centésimo mono*, de Ken Keyes Jr., cuyo relato original apareció en la obra *Lifetide*, del biólogo Lyan Watson, publicada en 1979:

El mono, *Macaca fuscata*, fue observado en su estado salvaje durante un período de más de 30 años. En 1952, en la isla de Koshima, los científicos empezaron a proporcionarle a los monos patatas dulces, que dejaban caer en la arena. A los monos les gustó el sabor de aquellas patatas dulces y crudas, pero hallaban poco grata la arena. Una hembra de 18 meses de edad, llamada Imo, vio que podía solucionar el problema lavando las patatas en el océano. Le enseñó el truco a su madre. Sus compañeros de juego también aprendieron este nuevo método y también se lo enseñaron a sus madres respectivas. Esta innovación cultural fue aprendida gradualmente por varios monos ante la mirada de los científicos. Entre 1952 y 1958, todos los monos jóvenes aprendieron a lavar las patatas dulces para que fuesen más sabrosas. Solo los adultos que imitaron a sus hijos aprendieron esta mejora social. Otros adultos continuaron comiendo las patatas dulces sucias de arena. Entonces, sucedió algo asombroso: en el otoño de 1958, cierto número de monos lavaba sus patatas dulces. Si bien se desconoce el número exacto de ellos. Supongamos que cuando el sol salió una mañana, había 99 monos en la isla Koshima que ya habían aprendido a lavar las patatas dulces. Supongamos también que aquella mañana, el mono número 100 aprendió a lavar las patatas. Aquella tarde, todos los de la tribu de monos lavaron sus patatas antes de comerlas. ¡La suma de energía de aquel centésimo mono creó, en cierto modo, una masa crítica y a través de ella, una eclosión ideológica! Lo más sorprendente observado por los científicos era que la costumbre de lavar las patatas dulces cruzó espontáneamente el mar... ¡Las colonias de monos de otras islas y el grupo continental de monos de Takasakiyama empezaron también a lavar su patata dulce!

Esto quiere decir que, pese a no saber el número exacto de individuos que logran la masa crítica, el fenómeno del centésimo mono nos prueba científicamente que cuando un número equis de personas conocen un nuevo método, solo es propiedad consciente de tales personas; y que cuando una persona más se sintoniza con el nuevo conocimiento, este llega a todo el mundo; así como en el experimento narrado, más y más monos fueron aprendiendo el nuevo comportamiento de lavar las papas, hasta que un buen día, súbitamente, toda la colonia lavaba las papas, y lo más sorprendente era que, a partir de ese día, los monos de otras islas, sin contacto con los anteriores, también aprendieron a lavarlas, como si el nuevo conocimiento se hubiese expandido por el aire, abarcando a toda la especie. Watson consideró que cuando el mono número equis aprendió, se completó la masa crítica, es decir, el número de monos necesario para que toda la especie adquiriera de pronto el nuevo conocimiento o la nueva conducta. Y algo muy importante a destacar es que quien trajo el cambio a la isla, fue una mona joven. Los adultos tendemos a repetir los patrones aprendidos, lo cual hace muy importante escuchar a los jóvenes, a las nuevas generaciones, en lugar de criticarlas, reprenderlas, encasillarlas en lo que siempre hemos hecho; ellos traen la información del cambio y es necesario, más que enseñarles, aprender de ellos.

Lo anterior significa que en la evolución de las especies hay mecanismos que inciden en la manera como las ideas y costumbres se propagan hacia toda la especie. A esto Watson le llamó 'teoría del centésimo mono', y afirma que si un número suficientemente grande de personas —masa crítica, cincuenta y uno por ciento— adquiere un nuevo conocimiento o forma de ver las cosas, ello se propaga a toda la humanidad, así que una sola persona puede completar la masa crítica y desencadenar un nuevo conocimiento para el género humano.

¿ES USTED EL CENTÉSIMO MONO,
O QUIERE SEGUIR DEJÁNDOSE LLEVAR POR LA CORRIENTE
DE LO QUE OTROS QUIEREN QUE SEA?
SINTONÍCESE CON IRB
PARA QUE EL PLANETA TIERRA ENTRE EN BALANCE.

Capítulo VIII
¿Maestros, o dioses?

El hueco que la obra genial ha producido a nuestro alrededor es un buen lugar para encender nuestra pequeña luz. De allí la inspiración que irradian los genios, la inspiración universal que no solo nos impulsa a la imitación.

Franz Kafka

A lo largo de la historia de la humanidad hemos sabido de muchos maestros y dioses. Uno de los principales que obtuvo ambos títulos fue Jesús de Nazaret, quien marcó nuestra civilización a tal punto que la historia se divide en antes de Cristo (a. C.) y después de Cristo (d. C.). Fue alguien tan excepcional, como lo dijimos en el capítulo IV, que, a riesgo de ser redundantes, en este apartado tratamos particularidades trascendentales de su vida para entender nuestra existencia en la Tierra y el poder que tenemos en ella.

Como parte de la manipulación que nos hace creer que Dios es una entidad separada a la cual se le debe rendir culto, y quien, según el dogma, se comporta como un ser castigador o como un ser amoroso y paternal, la religión católica imprime el carácter de Dios, del único hijo de Dios, a Jesús el Cristo, y esto desvirtúa por completo su paso por la Tierra, pues hace que millones de personas lo adoren como un dios en lugar de imitarlo como a un maestro que nos lleva a la realidad de que todos somos Dios.

Jesús como maestro nos invita a aprender de él y nos incita a creer que, con conciencia, podemos ser iguales o mejores, cuando dice: "El que en mí cree, las obras que yo hago, él las hará también; y aun mayores" (Juan 14, 1:14). ¿Qué obras mágicas realizó Jesús en su vida pública? Caminó sobre las aguas, curó a los enfermos, hizo que los ciegos vieran, resucitó a los muertos, multiplicó panes y peces, convirtió el agua en vino. Entonces, ¿cómo puede ser posible que nosotros, simples seres humanos y pobres mortales, podamos hacer obras más grandes que estas? ¿Dónde está el secreto que nos da el poder de seres sobrehumanos?

Él vino a resumir los mandamientos de la ley de Moisés en uno solo: "Amaos los unos a los otros como yo os he amado" (Juan 13, 34). El secreto es muy fácil, ha estado ahí por años: cuando somos Amor puro no necesitamos de leyes a seguir, porque nos convertimos en la ley; no existe nada que el Amor no pueda lograr, no existe nada que el Amor pueda dañar. La del Amor es la más alta frecuencia vibratoria en este planeta, desde la cual todo se crea, solo basta sintonizarnos en esta poderosa frecuencia para reconocer nuestro poder y Sabiduría Divinos y poder así ser conscientes de nuestra conexión permanente con la Fuente.

Además de esta frecuencia, Jesús nos brindó el conocimiento de una oración que repetimos sin conciencia, a la espera de que ella obre el milagro, sin darnos cuenta de ser la fórmula exacta del gran secreto. En la oración "Padre nuestro" Jesús declaró que todos somos hijos de Dios, lo que nos hace Uno con el Padre, Uno con todo lo que es; en igualdad, en hermandad. En esa oración encapsuló todas sus enseñanzas, en las que el fin último es el Amor, no una religión, a menos que entendamos la religión en su verdadero sentido etimológico, re-ligar, re-unir, ser Uno sin importar quién se es o a qué reino se pertenezca.

Jesús escribió el padrenuestro a la edad de 14 años, y para ese tiempo ya tenía la responsabilidad de ser el jefe de la casa, pues

José había muerto. Se dice que Jesús discutía con María el estilo judío de la educación, en la que se enseñaba a hacer las cosas solo porque no se permitiera el mal. Fue esta la piedra angular que cuestionó Jesús y se propuso, entonces, enseñar a hacer las cosas por el acto de sentir Amor y la dicha de estar con el Padre universal. Muchas filosofías, como la metafísica, la sanación pránica y otras tantas, han desmenuzado esta oración para volverla un postulado científico. Vamos a repasar un poco cada una de sus frases y a resumir algunas de las teorías que se han dicho y analizado con respecto a esta poderosa oración, a fin de develar el gran secreto contenido en ella. IRB divide esta fórmula científica en trece párrafos:

1. *PADRE NUESTRO:* con esta frase recordamos nuestra verdadera naturaleza Divina y de dónde venimos; entendemos que somos seres espirituales. Somos lo que significan Cristo, Buda o Krishna en cada uno de nosotros: hijos de Dios; hechos a su imagen y semejanza, llevamos en nuestros genes el gen Divino. Además léase que dice "Padre nuestro", no "Padre mío", lo cual nos deja ver que todos somos hijos del mismo Padre y no que él es el único hijo de Dios.

2. *QUE ESTÁS EN LOS CIELOS:* 'cielo' significa mundo interior y, como lo explicamos ampliamente en el capítulo IV, son nuestros pensamientos los que nos hacen estar en un estado interior de Amor que es el cielo mismo. Si el Padre está en nuestro interior, la idea no es buscarlo afuera, en un templo, iglesia o sinagoga, sino en el reflejo del interior de cada ser, pues allí habita permanentemente. Esto nos invita a reconocer la Presencia de Dios en todo cuanto existe, incluyendo lo que llamamos vacío, del cual vimos que también en él hay vida, aunque se manifiesta en dimensiones

que no apreciamos con nuestro cuerpo físico. Además entendemos que, si todo es Dios, el cielo no solo está dentro de nosotros y nace de nuestros pensamientos, que nos permiten sentirnos en el cielo, sino que podemos hacer de cada situación externa un cielo, según la perspectiva con que la observemos.

3. *SANTIFICADO SEA TU NOMBRE*: lo que sale de la mente y de la boca debe ser bueno y saludable. Este es el significado de la afirmación: "Lo que sale por tu boca es más importante que lo que entra por ella". Si lo que entra a la boca está sucio, ensucia el cuerpo, y si lo que sale de la boca está sucio, ensucia el Ser y genera un pensamiento sucio, y puesto que el pensamiento es la chispa original de cualquier creación, lo creado a partir de él puede ser limpio, puro, o sucio. Esta frase nos invita a ser responsables del poder creativo de la palabra; por lo tanto, es necesario ser cuidadosos con lo que pensamos y decimos, pues todo se materializa. Cuando pronunciamos 'yo soy', seguido de un improperio, estamos dejando de santificar el nombre, que es nuestra Presencia.

4. *VENGA A NOSOTROS TU REINO*: esta frase pone de manifiesto toda la energía del Amor por medio de las virtudes de la Compasión y el compartir. Mediante el compartir generamos prosperidad en abundancia, heredando el reino. Este es el principal secreto para la prosperidad y la riqueza, creamos la conciencia de que pisamos tierra sagrada porque pertenecemos al edén, al paraíso, donde jamás hay enfermedad ni carencia; todo es Dios y vivimos en su reino. Es el Amor lo que rige en el reino, lo que dicta la conducta.

5. HÁGASE TU VOLUNTAD: cuando sincronizamos el poder de la naturaleza inferior, o mejor, la expresión de nuestra naturaleza humana, con la voluntad de nuestra expresión superior, o sea nuestra naturaleza Divina, nos situamos en el sendero espiritual. Esta frase nos permite activar y aumentar nuestra fortaleza interior en la medida en que estamos bajo la influencia de la esencia suprema del ser de nuestra conciencia crística, en conexión directa con la Fuente.

6. EN LA TIERRA COMO EN EL CIELO: los buenos pensamientos, las buenas palabras, los buenos sentimientos y la buena voluntad deben manifestarse en buenas acciones. Esta frase nos permite activar una mayor cantidad de energía física, requerida en la evolución del cuerpo físico como el vehículo adecuado para un ser altamente evolucionado; nos brinda el conocimiento de la magnitud del universo, entendiendo que todo se guía de acuerdo con una misma ley universal de infinito en la que como seres humanos somos el Punto Cero desde donde se expanden el infinito interior y el infinito exterior y se puede crear el cielo en la Tierra.

7. DADNOS HOY EL PAN NUESTRO DE CADA DÍA: esta frase sí que ha sido manipulada; se nos hizo creer durante muchos años que debemos pedir para que se nos dé, nos enseñó a mendigar, a sentir que no podemos conseguir el pan por nuestros propios medios porque siempre hay alguien superior que nos lo debe brindar. Esta es una de las frases más poderosas de la oración. La palabra 'pan' es símbolo de la energía vital que requiere el cuerpo físico para poder vivir, y en esta 3D esa energía vital es el dinero o valor de intercambio por los bienes y servicios que nos permiten llevar una vida acorde a la Divinidad que reside en cada humano. Sabemos que el pan permanece fresco solo un día, de ahí que la frase exprese "de cada día", nos invita a vivir en el presente, ese es el principal secreto de la conciencia: no hay que acumular, se crea en cada instante. El presente eterno nos invita a romper con la linealidad del tiempo para vivir en la aceptación amorosa del instante creativo, único e irrepetible de cada elección. Además, es un acto generoso, porque habla en plural; no es el pan tuyo, ni el mío, sino el de todos, es la prueba de que todo está ahí disponible para todos y que, cuando manifestamos 'para todos', obtenemos tanta riqueza como la que el universo crea, pues formamos parte del Todo.

8. PERDONA NUESTRAS DEUDAS, ASÍ COMO NOSOTROS PERDO-NAMOS A NUESTROS DEUDORES: la frase original es esta. Con el tiempo, el miedo infundido fue cambiándola por 'perdonar ofensas'. Es importante entender que nadie nos ofende, creamos las experiencias que vivimos para responsabilizarnos de los re-sultados, para crecer, y cada 'ofensa' en realidad es una toma de conciencia que viene de un maestro que escogemos en nuestro camino de evolución; además, nunca nadie nos ofende si no lo permitimos. La ofensa no se da, se recibe según la perspectiva que tengamos de lo ocurrido. Además, es importante aceptar que lo único que se ofende es nuestro ego; nuestra Presencia es in-ofendible, pues en estado de profunda Presencia la única expe-riencia posible es la aceptación de lo perfecto, del plan Divino. Nuestra verdadera esencia, nuestra energía interna, jamás puede ser ofendida o dañada, ya que simplemente es perfecta. Así enton-ces, esta frase realmente tiene el poder absoluto de transmutar, es alquimia pura, capaz de transformar el plomo en oro, recuerda la perfección interior, transforma una situación destructiva, violen-ta, volátil, en comprensión, armonía y paz, desde el Amor. Cuan-do pedimos perdón por ofensas originamos un mundo de culpa y acusaciones que nos aleja del poder de la maestría con la cual creamos en nuestro entorno; perdonar ofensas es entrar en el olvido profundo de que somos impecables, porque somos Gran-Diosidad, tal y como lo es Dios Origen, Dios Fuente, mientras que deuda significa carencia, y realmente esto es lo único que hay que perdonar. El creer que carecemos de algo es digno de ser perdonado, porque somos plenamente creadores de todo. No existe la carencia, solo existe la abundancia. Cuando creemos en la carencia, este es el único pecado en un universo ilimitado. Cuando solicitamos que la creencia en la carencia sea perdonada adquirimos la responsabilidad de la abundancia creativa y aceptamos a quien nos cree carente, como el gran maestro que nos recuerda nuestra capacidad de creación.

9. *NO NOS DEJES CAER EN TENTACIÓN Y LÍBRANOS DEL MAL:* esta frase corresponde, por un lado, al poder sexual del que hablamos en el capítulo IV. El sexo es natural y saludable. La energía sexual creadora o generadora puede transmutarse en poder creativo superior. El deseo de unión física puede transmutarse en unión Divina con la Fuente. Esta frase facilita la transmutación de la energía sexual en energía regeneradora, energía amorosa, energía creadora y energía Divina; por lo tanto, la transmutación de la energía sexual es vital para el desarrollo espiritual. La energía sexual transmutada provee energía, convirtiéndose en alimento para todos los cuerpos y mentes, para la totalidad del ser. Sin embargo, la energía sexual mal entendida y mal utilizada es uno de los cuatro principales manipuladores de la raza humana, junto con el tiempo, el dinero y la enfermedad, esclavizándola y velando por completo su poder de manifestación. La tentación consiste en fomentar que la sexualidad se convierta en placer genital. En realidad, la energía sexual es la fuerza creadora por excelencia, a través de la cual se pueden manifestar proyectos, bienestar, salud o cualquier otra situación que se pretenda crear desde el Amor con la energía que nos

hace seres Divinos, ilimitados. Y, por otro lado, la tentación tiene que ver con no permitir que la superficialidad y la apariencia de las cosas del mundo nos engañen, solo así podemos liberarnos de todo aquello que impide nuestro crecimiento, el verdadero mal. Y la mayor tentación que a veces tenemos en nuestro diario vivir es la de caer en el olvido de nuestro poder Divino. Lo que conocemos como malo es solo un rótulo equivocado que le damos a la oportunidad que creamos para trascender el opuesto y rescatar nuestro poder Divino.

10. PORQUE TUYO ES EL REINO: esta, y las frases que siguen, también fueron eliminadas de dicha oración, ya que son el cierre y las que otorgan mayor poder a la expresión humana al pronunciarse con conciencia plena. Esta corresponde al entendimiento y ascensión de la Kundalini, o la serpiente de fuego sagrado, en nuestro ser. La energía espiritual desciende a esta energía Kundalini a fin de despertarla y ascenderla hacia el campo sagrado de la Sabiduría universal, para ambas manifestarse como expansión de la conciencia. Esto es lo que vivenciamos plenamente en los Seminarios de Iniciación en IRB, cuando expandimos el poder de la caja pélvica, en conexión con nuestros Pilares y Comandos, de los que hablaremos en los capítulos XXI y XXII.

11. EL PODER Y LA GLORIA: esta frase nos permite activar la nave interna que nos conecta con la multidimensión. Nos transfiere el poder de acceder a cualquier tipo de información, en el lugar donde se encuentre, en cualquier universo, en cualquier maestro, en cualquier nivel de conciencia de quien la haya creado. Al poder acceder a la información verídica que nos permite crear desde la unidad de la voluntad Divina interna con la voluntad humana externa, accedemos a la gloria, donde solo el éxtasis y la plenitud existen. Esta frase también se hace posible y realidad en nuestras vidas con la práctica constante de las meditaciones científicas impartidas en el Seminario de Iniciación en IRB "Meditación de Infinitos y Meditación de Campo Punto Cero".

12. POR SIEMPRE Y PARA SIEMPRE: frase que nos conecta con el infinito, con la atemporalidad, con el máximo poder creador. Cuando nos reconocemos como seres ilimitados accedemos a la multidimensión y vivimos de manera iluminada. Esta frase es una síntesis magistral de lo que logra la conexión permanente a nuestro Pilar de la Presencia.

13. AMÉN: es el sello de manifestación más poderoso; significa que está hecho y que así es. Uno de los Mantras sagrados de IRB en el que también profundizaremos más adelante trae la conciencia implícita de este sello, no solo dando la orden de realización, sino permitiendo el ingreso a donde los recursos para esa manifestación se encuentran escondidos.

Si seguimos analizando a Jesús como uno de los grandes maestros de los que ha dado testimonio la humanidad, es bien extraño que ninguno de los relatos de la Sagrada Escritura hable de la etapa de su vida entre los 12 y los 30 años. Son dieciocho años en los que, según la Biblia, pasó haciendo mesas y sillas con su padre José. Existen documentos donde se revelan secretos espirituales de la preparación que hizo Jesús para poder vivir los últimos tres años de su vida terrenal. El *Libro de Urantia* es uno de ellos. El periodista ruso Nicolás Notovitch, en 1887, descubrió varios manuscritos en unos monasterios budistas de Ladakh en los cuales se afirma que Jesús, entre los 12 y los 30 años, viajó a la India, Ladakh, el Tíbet, e incluso a Egipto, sitios en los que se formó para transmitirnos sus grandes enseñanzas. Esto también forma parte de la manipulación; la Biblia, la que se conoce hoy, fue editada por orden del emperador romano Constantino, quien ordenó que se redactara tal y como la conocemos en la actualidad; algunos historiadores afirman que incluso pidió expresamente el omitirse en los Evangelios todo texto que hablara de la parte humana de Jesús y solo resaltar aquellas escrituras que lo acercaran a la Divinidad.

¿Y cómo puede ser que un personaje que jamás fue cristiano y solo en su lecho de muerte decidió bautizarse, fuera quien ordenó los cambios con los cuales se omitía comprender la verdadera esencia de la enseñanza de Cristo, entre otros, el que desvirtuaba la teoría de la reencarnación, en la cual creía la mayoría de los cristianos de ese entonces? Esto quiere decir que los Evangelios que testifican la historia de Jesús fueron manipulados por los intereses políticos de la época. Para entenderlo mejor, podemos acceder a las investigaciones de Miceal Ledwith en su documental *Cómo Jesús se convirtió en Cristo*.

Sin embargo, más allá de mirar si la historia está completa o no, de si se formó o no en otros países, lo claro es que Jesús nos dejó una de las más grandes enseñanzas que contiene toda la información necesaria para cambiar nuestra realidad: el mandamiento del Amor. Amar no es solo un sentimiento que expresamos a las personas amables con nosotros, no se refiere tampoco a que también debemos amar a nuestros enemigos; Amor va mucho más allá de ese efímero entendimiento. Cuando nos sintonizamos en la frecuencia del Amor logramos imitar al maestro Jesús en toda su dimensión, en todo su poder creativo, entendemos que los milagros son parte de la cotidianidad. Cuando obramos con conciencia plena de nuestra Presencia Divina despertamos a nuestra verdadera evolución. Amar es la enseñanza del maestro y la llave que nos abre la puerta del nuevo mundo, el cual inició, según las profecías mayas, el 21 de diciembre de 2012, momento en el que nuestro planeta se alineó con nuestro Sol y con el centro de la galaxia, centro llamado por ellos *Hunab Ku*. Este alineamiento envía una energía muy poderosa, de alta vibración, generadora del sentimiento del Amor, que nos permite formar parte del amanecer galáctico que viviremos en nuevos veintiséis mil años de consolidación de la nueva Tierra.

Son muchos los que refieren y han demostrado, por medio de la ciencia, que el Amor es una frecuencia elevada y rápida, mientras que el miedo es una vibración muy baja y lenta. Ante todo, es importante comprender que el miedo es la antítesis del Amor. Si queremos acceder a los beneficios de esa alta energía generada en este nuevo amanecer galáctico, es necesario vibrar en la frecuencia del Amor, donde entendemos que Todos Somos Uno, que somos la manifestación de la Fuente en la Tierra y, por lo tanto, el actuar desde nuestra maestría nos permite vivir, amar y crear como dioses. Y, ¿para qué queremos amar? Para activar al ciento por ciento nuestro ADN, como lo han hecho los grandes maestros y avatares, y al actuar desde nuestra Divinidad construir nuevos universos armónicos, equilibrados, en igualdad para todos, cual lo han deseado muchos en la historia, lo cual solo se logra desde la conciencia que nos da nuestro ADN totalmente potencializado. Ser un iniciado en IRB es vivir la coherencia de la esencia de Jesús y de todo lo explicado en este capítulo.

Capítulo IX
¿Hacia dónde vamos?

Puedes crear en este "día" las eventualidades para tu "mañana".

Helena Blavatsky

¡Qué interesante es ver cómo una brújula, se encuentre donde se encuentre, siempre orienta hacia un solo punto: el norte magnético de la Tierra! Es sabido que existen dos polos norte: el magnético —aquel que nos marca este interesante aparatito que, pase lo que pase, nunca pierde su dirección— y el polo geográfico, ese punto por donde se inserta el eje imaginario alrededor del cual la Tierra produce su movimiento de rotación. Estos dos polos no coinciden el uno con el otro y cada vez se distancian más, a tal punto que el polo magnético va a terminar, en algún momento histórico, en el polo sur geográfico de la Tierra. Esto hace que el tiempo tal y como lo conocemos en la 3D cambie radicalmente, se acorte cada vez más. En el momento en el que estoy escribiendo este libro nuestros días de veinticuatro horas realmente están siendo de catorce o menos horas, y por eso hay la sensación de que el tiempo pasa mucho más de prisa. Esta inversión de los polos magnéticos es lo que se ha anunciado que comenzó en diciembre de 2012.

La manera de decir que esto sucede es, más o menos, la misma de como los vórtices energéticos de nuestro cuerpo humano giran. Hay momentos en que lo hacen a favor de las manecillas del reloj, y otros, en sentido contrario; la Tierra es un vórtice del universo y se comporta de igual forma. Por ese motivo, su giro en este momento se está ralentizando, hasta que empiece a rotar en sentido contrario. A medida que el campo electromagnético de la Tierra disminuye, su frecuencia vibratoria aumenta; a esto se le llama 'resonancia Schumann', que se asemeja al ritmo cardiaco del planeta: según la escala de valores creada por el físico alemán W. O. Schumann, el número 1 es el valor más alto que se le asigna al campo magnético y 13 el más bajo, lo cual equivale a que la Tierra detiene su rotación en este nivel. Durante muchos siglos dicho valor se mantuvo en 7,8 hercios (Hz) y, a partir del año 1980, comenzó a subir la frecuencia. Hoy está cerca de doce ciclos por segundo, lo cual podría significar que estamos a un paso de que nuestro planeta se detenga, aún no sé si física o metafóricamente, pero es importante recordar esta información para entender la importancia del número 13, que se refleja en la Capa 13 de ADN como el Punto Cero, tema que tocaremos más adelante.

En nuestro planeta, de acuerdo al calendario gregoriano, un día dura veinticuatro horas y se divide en día y noche. Los mayas afirmaban que un día de nuestra galaxia dura veinticinco mil seiscientos veinticinco años —los aproximamos a veintiséis mil— y también se divide en día y noche, esto equivaldría a que doce mil ochocientos doce años estamos en el día de la galaxia y doce mil ochocientos doce años en la noche. El 21 de diciembre de 2012 se terminaron los doce mil ochocientos doce años de oscuridad —de noche— y entramos a lo que hemos denominado 'el amanecer de la galaxia'. Este evento cósmico coincide con el fin del calendario de cuenta larga de los mayas y el alineamiento de la Tierra con el Sol y el centro de la Vía Láctea, como lo mencionamos.

Durante todo ese tiempo de oscuridad, que me gusta llamarlo 'de invierno', como una estación galáctica, de frío y oscuridad, nuestro planeta estuvo alejado del centro de la Vía Láctea; en otras palabras, hemos estado desconectados de este centro que genera una de las más altas vibraciones. Por ese motivo, en la historia de la humanidad se han creado distintos métodos para tratar de estar conectados a esa energía tan potente y es por ello que nacen las herramientas espirituales y técnicas de sanación que conocemos hoy en día.

Existen teorías y profecías como las de los hopi, el padre Pío, Nostradamus, el apocalipsis, entre otras, afirmando que la Tierra pasará por un período de tres días de oscuridad; es muy probable que este tiempo se deba a la pausa que la Tierra haga para cambiar su sentido de rotación. Más allá de lo que suceda con la oscuridad de esos tres días, de lo cual se mencionó en el capítulo II, lo seguro es que la Tierra, Gaia, junto con la raza humana y los seres que la habitan, están generando una gran transformación. Es importante tener presente que al aumentar la vibración de la Tierra nuestras células, que también vibran, se sincronizan con el nuevo ritmo de vibración de nuestro planeta, lo que afecta nuestras emociones y, sobre todo, nuestro ADN.

> QUE LA TIERRA DETENGA SU MOVIMIENTO DE ROTACIÓN ES, PRÁCTICAMENTE, PRODUCIR EL 'PUNTO CERO'.

El caos que permite crear lo nuevo

¿Qué nos espera, por consiguiente, en los próximos veintiséis mil años?: un nuevo amanecer pleno de Amor y de Luz Viviente.

Si donde estamos ahora es el amanecer de la galaxia, la primavera, ¿para qué necesitamos, entonces, los fósforos y las velas que utilizamos al recorrer el camino nocturno en el que nos encontrábamos? Las herramientas espirituales a las que hemos acudido hasta el momento han sido esas pequeñas luces que nos han guiado, ellas han estado a nuestro servicio al buscar conectarnos con la Fuente de energía que, en esa noche, se encontraba muy lejos. Ahora que entramos en la era de la Luz Viviente, ya no necesitamos más esas herramientas: ¿de qué sirve una pequeña vela a plena luz del día? Comienza el ciclo del Amor y de la Luz Viviente que todo lo iluminan, no requerimos más de algo externo a nosotros para iluminar el camino, pero demos las gracias a todas esas herramientas por habernos iluminado durante tantos momentos de oscuridad y desconexión. Comienza el ciclo de reconocimiento de nuestro poder a través del Amor, que todo lo crea, que es vida en cada célula y en cada átomo. No más el ceder nuestro poder a lo externo.

ES EL MOMENTO de confiar en que somos la luz, el color, el sonido, los números y la geometría, la información completa y los portadores de ella, de reconocernos como nuestros propios maestros, totalmente conectados a la esencia Divina. Para ello, solo hay que tomar la decisión de sintonizarnos en esta nueva frecuencia desde el Punto Cero que está ahí, para todos, con el cual podemos acceder a la Fuente.

IRB ES UN PROYECTO CREADO EN LA NUEVA ENERGÍA,
AL ALCANCE DE TODOS,
SIN COMPLICACIONES: ES UNA CONEXIÓN DIRECTA
A LA LUZ VIVIENTE, AL AMOR, A LA FUENTE.
ES LA CONCIENCIA QUE NOS PERMITE TRANSFORMAR
EL MIEDO EN AMOR
DESDE EL SILENCIO SAGRADO DEL SER,
QUE HABITA EN NUESTRA CAPA 13 DE ADN.

Acompañar a la Tierra en este proceso es una decisión individual y, como siempre, de libre albedrío. Si la decisión es trascender nuestra conciencia a la multidimensión, es de suma importancia que nuestra brújula interna esté perfectamente alineada en el polo del Amor y no en el del miedo. Pero no como elección de una de estas polaridades, sino en el equilibrio de la neutralidad. Las meditaciones de IRB y la respiración son herramientas muy poderosas para lograrlo.

IRB, EL CAMBIO DE CONCIENCIA TOTAL PARA ACTIVAR EN CADA SER EL CAMPO ELECTROMAGNÉTICO QUE LE PERMITA LA SINTONIZACIÓN DEFINITIVA CON EL AMOR, EL PUNTO CERO Y LA CONCIENCIA CRÍSTICA EN LA TOTALIDAD DEL ADN.

Capítulo X
El Patrón Original
—POAK—

En la teoría clásica de la relatividad general [...]
el principio del universo tiene que ser una singularidad
de densidad y curvatura del espacio-tiempo infinitas.
En esas circunstancias dejarían de regir
todas las leyes conocidas de la física.

Stephen William Hawking

El cine es una de las herramientas que han utilizado seres evolucionados para activar nuestro ser Conciencia e introducirnos lentamente en esta nueva realidad. La película *Matrix*, escrita y dirigida por los hermanos Larry y Andy [Lana y Lilly] Wachowski en 1999, una de mis favoritas, en una trilogía de casi siete horas nos explica, detalladamente, la ilusión en la que hemos estado sumergidos durante todos estos años en este lado del velo, y cómo es fácil recuperar nuestro 'Patrón Original' con solo un cambio de conciencia. Recuerdo claramente que Morfeo, uno de los personajes, le ofrece dos pastillas al protagonista, Neo: una azul, que lo mantendría esclavo de la prisión de Matrix, y una roja, que le permitiría despertar a su verdadero yo, a su verdadero potencial. IRB es esa pastilla roja que nos permite reencontrarnos con nuestro verdadero potencial, reconociendo nuestro auténtico origen; nos lleva a salir de la ilusión de eso que, por años, hemos llamado realidad, trascender los cinco sentidos que se mencionan en el capítulo IV.

Los cinco sentidos nos han limitado, al punto de hacernos creer que cuanto no vemos ni podemos percibir con ellos, simplemente no existe. Eso es casi tanto como afirmar una persona invidente que la luz, o los colores, no existen, por el simple hecho de no poder verlos. Aquí es cuando comienza a tomar enorme importancia el tema de las creencias: somos lo que creemos, las creencias son nuestro sistema operativo.

Otro ejemplo de la cinematografía donde el tema de las creencias adquiere relevancia es el de *La vida es bella*, escrita, dirigida y protagonizada por Roberto Benigni en 1997, en la que un padre le cambia por completo a su hijo la realidad de la Segunda Guerra Mundial, haciéndole creer que todo lo vivido dentro de un campo de concentración era solo un juego. El juego de la vida que simplemente es, y cambia, según cómo lo percibamos.

Existe amplia información sobre el tema de las creencias gracias a una copiosa cantidad de profesiones y técnicas de sanación y reprogramación de estas que nos conducen a realizar cambios fundamentales para vivir mejor. Sin embargo, esto también es una tenue vela que nos ha permitido transitar apenas con algo de luz nuestro camino en esta 3D, porque nos ha llevado al entendimiento de diferentes realidades desde las cuales cada uno de nosotros creamos lo propio, mas lo cierto es que lo único posible para vivir en paz y armonía es el respeto a cada realidad.

¿Qué tal si, a partir del cambio, lo que se nos brinda es la comprensión de la Verdad, esto es, trascender por completo a un nuevo paradigma? No es cambiar a un paradigma con el que, de una u otra forma, volvamos a creer lo mismo y a generar una nueva conciencia colectiva, porque esto es anclarnos de nuevo a los límites, a un nuevo límite tal vez menos limitante, pero, límite finalmente. La Verdad es Libertad sin límites, y este es el entendimiento de ser Conciencia.

Ya hemos hablado de cómo una base científica sostiene que todo lo existente es energía, y la energía está compuesta por átomos, átomos que vibran a cierta frecuencia según el estado de materia en el que se encuentren. El 99,99% del átomo es un espacio vacío, según el modelo atómico de Rutherford, quien en 1911, junto con Geiger y Marsden, después de los resultados obtenidos en diversos experimentos, confirmó esta realidad. Y para explicarlo de una forma simple, sin entrar demasiado en terminología científica, podemos decir que los diferentes estados de la materia son el resultado de la frecuencia a la que vibran los átomos.

Si la frecuencia es baja, la materia es más sólida; si la frecuencia es alta, la materia es menos densa, y las encargadas de almacenar lo denso, o lo sutil, son nuestras células, que reproducen luego estos recuerdos almacenados. Nuestro cerebro genera pensamientos a partir de estos recuerdos, los cuales, a su vez, producen emociones asociadas. Algo muy importante para poder cambiar nuestra realidad es estar ciento por ciento conscientes de la responsabilidad que tenemos sobre nuestros pensamientos, nuestras palabras, nuestras emociones y nuestras acciones para que estén en coherencia y, así, generar nuestra propia realidad.

Antes de que una manifestación se haga realidad en el plano físico, es también energía, más sutil, pues no la vemos como materia densa, pero es energía y crea una vibración particular según la frecuencia en la que se emita. Los pensamientos que llamamos positivos generalmente vibran en una alta frecuencia, y los que llamamos negativos vibran a baja frecuencia. Según la vibración, o la frecuencia en la que se sintonicen, así mismo es la realidad que creamos. Cuando muchas personas se sintonizan en una misma frecuencia se logra la masa crítica de la que hicimos referencia, haciendo que las creencias colectivas que vibran en esa frecuencia generalizada sean una realidad para la mayoría, lo que predomine en nuestra región y, muchas veces, en el planeta entero. Entre más alto vibremos, más acceso tenemos a realidades superiores.

Lograr transformar nuestras creencias limitantes de separación, de superioridad o inferioridad, por la certeza absoluta de que Todos Somos Uno, nos lleva a un desarrollo extraordinario de respeto por toda manifestación de vida, con paz y armonía, y por el solo hecho de cambiar nuestras creencias es posible a nivel colectivo generar el nuevo paradigma de Unidad y acceder a la Verdad.

Cuando logremos entender que el Amor es el único poder posible y que si vibramos en su sintonía somos invulnerables, nos conectaremos a la Fuente y recuperaremos nuestra verdadera esencia, que está almacenada en la Capa 13 de ADN, la cual veremos en profundidad más adelante.

Vivir en coherencia con esta responsabilidad nos permite cambiar el rumbo de nuestra evolución. Los acontecimientos cósmicos causan un cambio de los campos magnéticos terrestres y, como consecuencia, también de los campos neuronales del cerebro humano y de nuestras células, lo que ocasiona importantes cambios de conciencia.

Dieter Duhm, en el año 2012, corrobora que gracias a los nuevos patrones de percepción y pensamiento surgen otras formas de convivencia, incluyendo una nueva relación entre los sexos, basada en la Verdad y la confianza. Aquí la sexualidad ya no está conectada con el trauma colectivo de miedo y violencia, sino con el agradecimiento y la alegría. Se abren las vías para la comprensión y el Amor que, tras una larga y traumática historia de guerras, han estado cerradas. A lo largo y ancho del mundo se manifiesta la fuerza de la transparencia, del impulso crístico, permitiéndonos reencontrar la estructura de sanación interior almacenada en nuestro ADN. Es ahí donde hacemos contacto con el Patrón Original, que nos permite cambiar la realidad de nuestra civilización. Este proceso es concebido como meta de una nueva civilización.

Al unificarnos todos desde nuestro Patrón Original nos expandimos hasta conectarnos con la matriz del planeta y formar una sola matriz, unificada, esa gran paz con la cual hemos soñado durante eones, que finalmente se convierte en realidad permitiéndonos la conciencia de conexión con la Fuente y la recuperación de nuestros poderes de autosanación, procedentes del interior del gran holón con el que la Tierra, el ser humano y todos los seres estamos interconectados.

La respiración y las meditaciones de IRB tienen gran importancia en la activación de nuestro Patrón Original, ya que es preciso desacelerar los patrones de frecuencia neuronales para cambiar la manera de recibir y responder a las informaciones del mundo exterior. Necesitamos escuchar nuestro sonido interno desde las frecuencias alfa y así ampliar los segmentos de tiempo y hacer más fuerte el ritmo de nuestra exhalación. Esta es la manera de disolver las corazas de los cuerpos y desbloquear los vientres y los centros de la vida que ahí residen. Las Capas del ADN humano que habían sido bloqueadas, se activan.

A partir de la comprensión profunda de nuestra Capa 13 de ADN experimentamos un cambio vertiginoso sobre la concepción de la relación entre la vida y la muerte, el aquí y el más allá; logramos manifestar la frecuencia eterna que vibra en el fondo de este nuevo estado de conciencia, percibimos más fácilmente las informaciones de los espacios trascendentales del mundo ya que los órganos de la percepción al liberarse de los cinco sentidos se abren a las influencias ilimitadas del universo.

La nueva dimensión de la conciencia que se activa con nuestro Patrón Original no se limita al campo espiritual, pues nos permite reconocernos como un todo, incluyendo aspectos fundamentales del cuerpo físico, de la existencia sensorial y de la incorporación energética en la totalidad de la vida. Con la activación de energías sutiles el mundo material cambia, se torna más ligero. Los cambios más contundentes se ven en las áreas sexuales y respecto de los dogmas encapsulantes, en el fortalecimiento de la energía femenina, en la apertura de la coraza que nos ha separado del Todo, en la desmitificación de los manipuladores, en el surgir de la verdadera confianza en las relaciones entre los sexos, en una nueva amistad con los animales y una nueva conexión con la gran familia de la vida. Se disuelve la dualidad entre el cuerpo y el espíritu que impide el contacto y la comprensión entre los seres.

Activar nuestro Patrón Original permite que surja una vibración natural de convivencia, empatía y solidaridad con toda la creación en una frecuencia de unidad que marca la nueva conciencia y las nuevas bases para la Nueva Tierra. El holón, la unidad, ya no es solo un término filosófico, sino una experiencia que nos permite dar el salto existencial. Y aunque en palabras suene un poco complejo, es lo que vivenciamos y se vuelve una constante en nuestra vida cuando tomamos la decisión de iniciarnos en IRB.

La activación del Patrón Original nos permite, además, cambiar nuestras estructuras internas a tal punto que al sustituir nuestros viejos patrones de pensamiento podemos modificar la historia y el dolor colectivo de la humanidad proveniente de siglos de guerras, destrucción y odios. Los patrones de pensamiento colectivo de miedo y violencia son la base de la actual civilización; cuando estamos dominados por el miedo, el dolor genera violencia y se crea un ciclo sin fin, en el que cada vez nos tornamos más manipulables y genéticamente creamos una herencia neuronal basada en estructuras dogmáticas, que crean comportamientos basados en creencias: "hay que vengar lo sucedido", "es necesario librar la batalla", "donde hay celos hay amor" y muchos otros que forman parte del 'infierno', el juicio y la venganza en la que hemos estado sumidos en esta densa 3D y son cimientos de la miseria cotidiana en la humanidad.

La activación de nuestro Patrón Original nos lleva a generar nuevas autopistas neuronales en el cerebro, así como a cambiar la información del núcleo de las células en nuestro ADN, de modo que podamos situarnos con nuevas percepciones, nuevas imágenes y nuevos impulsos en nuestros Comandos de poder, de los cuales hablaremos adelante. Los patrones de autosanación, de felicidad, de Unidad y de Amor se activan como algo propio y natural del organismo y nos conducen a practicar la automaestría.

Esta transformación no siempre se evidencia de manera automática e inmediata, ya que al inicio puede generarse el choque entre las viejas y las nuevas creencias, creándose algunas turbulencias. Las élites manipuladoras del poder intentan impedir la renovación humana, quienes se sienten cómodos en la vieja energía pueden rebelarse contra los nuevos comportamientos. Solo el Amor puede hacer que esto sea menos traumático y que la masa crítica lo logre de manera más sencilla, ya que la transformación proviene de esa conexión y unicidad con el Patrón Original superior que está apoyado por el universo.

El cambio de conciencia y el respeto hacia toda forma de vida no implica, únicamente, el alimentarnos de manera vegetariana para no incluir en nuestro organismo la baja vibración de la muerte, sino que se comienza por reconocer y respetar seres como las hormigas, las moscas, las ratas y tantos otros que durante años hemos calificado de estorbos, e inventado venenos para tratar de exterminarlos, ignorando que cada uno de ellos, como toda manifestación de vida en la Tierra y en el universo, por insignificante que parezca es portador de valiosa información en nuestro sistema biológico, pues al igual que los seres humanos, son órganos dentro del organismo de la vida, cada uno con un propósito particular y vital para cumplir con un ciclo armónico en este planeta.

Como se mencionó someramente en el capítulo VI, la importancia del agua es fundamental en este cambio, especialmente en la activación de nuestro Patrón Original, debido a que es vida en forma líquida y nuestro cuerpo físico está compuesto en un setenta y cinco por ciento de agua. Por lo tanto, el agua es una fuerza sanadora por excelencia y contiene toda la información de vida que puede sintonizarnos con las más altas frecuencias. Cuando la consumimos sin la manipulación genética con que las grandes industrias la han impregnado, podemos acceder a uno de los principales portadores de información. Las diferentes formas que toma el agua en nuestro planeta, tanto en la superficie como bajo tierra, son vías de comunicación por las cuales se divulga la nueva información, de ahí que es vital consumirla en su estado más puro.

La nueva ecología a la que accedemos desde la información pura de nuestro Patrón Original es una ecología planetaria que nos lleva a interactuar desde la unidad terrestre y cósmica, al punto de hacer que el agua surja por sí sola. Los tiempos de escasez de agua, sequías y desertificación terminan para siempre al cooperar desde la frecuencia del Amor con la naturaleza; y lo que es muy importante de comprender es que si llegasen a persistir es porque necesitan evolucionar en otro elemento particularmente importante para la nueva conciencia evolutiva. No siempre la extinción es causal de preocupación y menos motivo de condena o juzgamiento: así como un día los dinosaurios se extinguieron dando paso a criaturas más pequeñas, acordes al cambio de la Tierra, así mismo sucede con toda manifestación de vida, cambiante y evolutiva, porque nunca nada permanece en su mismo estado, todo vive en permanente movimiento e intercambio energético de información que produce nuevas formas y nuevas fórmulas.

Entre el cuerpo de la Tierra y el cuerpo humano existe una profunda conexión; la energía sexual es el conducto más puro de esta. Como resultado de la congestión del flujo de las energías vitales, los cuerpos tiemblan, igual que cuando una infección se apodera del cuerpo humano y el estado febril hace que se produzcan estremecimientos o escalofríos como su manifestación visible. En el caso de la Tierra, este temblor se manifiesta en terremotos, erupciones volcánicas e inundaciones; en el del hombre, en enfermedades, psicosis y estallidos de violencia. Si evitamos las catástrofes humanas, evitamos las catástrofes terrestres y universales. Al liberar al ser humano de los conflictos del fantasma llamado pasado desarrollamos una nueva civilización en la cual las energías terrestres y cósmicas, sexuales y espirituales, armonizan entre sí.

La muestra relevante de que nuestro Patrón Original se activa es cuando presenciamos la liberación de patrones colectivos que impiden pensar y actuar desde el patrón femenino. Al reconectarnos con la Fuente reconocemos el poder absoluto de lo femenino y vemos cómo se extiende su campo de energía por todo el mundo; así, las mujeres reencuentran su verdadera función dentro de la creación y el hombre se sutiliza activando su más profundo sentido de intuición.

Con su suave poder, se desintegran las estructuras endurecidas y se generan nuevos campos energéticos para el Amor y la convivencia solidaria entre todos los seres. Los hombres se permiten ser aceptados por las mujeres sin necesidad de su disfraz machista; su propósito deja de ser la lucha, la conquista y la guerra. Cuando finalice la guerra entre los sexos, finalizan las guerras.

Nuestro cuerpo físico y nuestro entorno se vuelven transparentes y sutiles; se reconoce la magia de que al mundo material lo mueven no solo energías físicas, sino también mentales y espirituales. Es por eso que, desde la Conciencia Divina de nuestro Patrón Original, podemos crear el mundo a través de la mente que se une al corazón, de manera fácil y rápida, a partir de las expresiones más potentes que nos brindan los mayores resultados en investigaciones y descubrimientos sin límites en el arte, la ciencia y la espiritualidad.

El Amor se convierte, entonces, en un poder universal cuya frecuencia sana las viejas heridas, o mejor, nos sintoniza con la información del Campo, donde ya no son útiles, y esto hace que la negación colectiva proveniente de las largas guerras históricas sea ahora una afirmación colectiva, que el olvido colectivo sea un recuerdo colectivo y que la humanidad se sincronice con el nivel superior de su única Fuente, en su más profunda conexión con todos los seres, hacia lo Único, hacia la Divinidad manifiesta en toda la Creación.

Bajo nuestro Patrón Original se conecta lo cósmico con lo terrestre, lo mental con lo físico, lo mariano con lo sexual, lo crístico con lo político, lo científico con lo mitológico, lo tecnológico con lo artístico, y así todos los opuestos se unifican desde el Punto Cero en la gran neutralidad del Amor. De estas conexiones surgen nuevas composiciones que hasta ahora no se conocen; se unen la mística oriental con la ciencia occidental, los hopis con los europeos, los chamanes con los modernos especialistas de alta tecnología, los músicos de todas las esferas, en una sintonía universal, desde Jerusalén hasta Tamera.

Al activar nuestra Capa 13 de ADN —esto sucede única y exclusivamente en el Seminario de Iniciación de IRB—, cuya función principal es orquestar cuánticamente a todas las demás Capas, se crea un nuevo mundo sin miedo, ni guerra, a través de la totalidad de nuestro Patrón Original. En IRB cuando hablamos de nuestro Patrón Original nos referimos al POAK, que es el **P**atrón **O**riginal del **A**dam **K**admon.

Capítulo XI
Somos Uno
—Namasté—

Toda relación es una relación de dar y recibir.
El dar engendra el recibir, y el recibir engendra el dar.

Deepak Chopra

Los mayas recitaban en su saludo un Mantra de unidad maravilloso: *In La Kesh*: "Yo soy tu otro tú", y quien era saludado respondía: *Hala Ken*, esto es, "Tú eres yo": un reconocimiento de unidad y fraternidad absoluto. ¿Cómo podríamos hacerle daño a alguien que consideramos parte de nuestro ser?

Ya hemos hablado de la existencia de diferentes dimensiones. Cuando adquirimos conciencia de que hay dimensiones superiores a la 3D podemos explicar de dos maneras esa verdad. La primera, aplicando la física cuántica, y la segunda, utilizando conceptos exclusivamente espirituales. Aunque física cuántica y espiritualidad suenan como términos opuestos, en realidad desde diferentes ámbitos llegan a lo mismo. Al final los físicos cuánticos están explicando el mundo espiritual que, durante muchos años, se ha confundido con un tema religioso.

La física cuántica estudia el comportamiento de la materia y la energía a una escala muy pequeña, es decir, a escala atómica y subatómica. Libros como *El Campo*, de Lynne McTaggart, y películas como *¿Y tú qué sabes?*, de William Arntz, son unos pocos ejemplos en los cuales se usa un lenguaje muy sencillo para explicar los fenómenos que investiga esta ciencia.

También se planteó el tema del ego en el capítulo VI. ¿Cómo podemos identificarlo? El ego genera ideas de separación, nos hace sentir superiores o inferiores a los demás, nos lleva a identificar con la forma, alimenta nuestro cuerpo del dolor por medio de nuestras emociones, nos activa los viejos recuerdos archivados en la memoria celular, nos bloquea la conexión con la esencia más elevada de nuestro Ser y nos hace olvidar que, en realidad, somos Presencia. Una de las maneras más potentes de acallar las voces internas que nos confunden y conducen a activar el ego separatista es la meditación, el silencio interior, nuestro sonido interno. Cuando podemos escuchar nuestro silencio logramos esa magna conciencia de conexión con la Fuente; cuando tomamos conciencia de la conexión con la Fuente nos conectamos con el de la Presencia, con todo lo que es, y así, Somos Uno, cada partícula se convierte en cosmos.

No obstante, para activar nuestra conciencia de unidad es necesario, sin rechazarlo, reconocer el miedo simplemente como la parte oscura del *yin-yang*, reconocer que forma parte de la unidad y la totalidad más perfecta. El miedo y sus variaciones: odio, rencor, envidia, resentimiento, dolor, angustia, tristeza, depresión, entre otras, han sido nuestros grandes maestros, nuestros mayores regalos. Ahora solo debemos observarlos desde el Amor para no generar más de lo mismo, ni seguir permitiendo el ser los instrumentos de manipulación que no nos dejan observar a plenitud. No tenemos que recurrir a confrontar lo sucedido y que ha almacenado en nuestro subconsciente estas vibraciones de miedo, sino solo unificar los opuestos, aceptar la paradoja y la dicotomía, vivir en la unidad y en la neutralidad, incorporar la experiencia y acceder a una nueva información desde el Amor que es el Todo. El Amor no rechaza; el Amor acoge, enseña y aprende en un eterno e infinito fluir, permitiéndonos ser maestros y estudiantes en conciencia plena, permanentemente, porque la permanencia es presente y el presente es Presencia.

IRB es esa conciencia plena de transformación alquímica que nos permite transmutar definitivamente el miedo en Amor, sin olvidar quiénes somos, más bien recordando nuestra esencia Divina desde la unidad, abriéndonos a las infinitas posibilidades que nos sintonizan con la parte del Campo Punto Cero, donde todo lo que existe sustentado en el Amor se hace posible y alcanzable, sin interferencias para cada uno de nosotros, activando la transmutación alquímica de la conciencia hacia la vida y el propósito reales.

La evolución no es personal, ni siquiera racial, ni social; la evolución es planetaria. En la medida en que evolucionamos como seres humanos, cada uno de los elementos naturales y vitales que conforman el planeta también evolucionan. La Tierra, como planeta, tiene una conciencia colectiva con la cual nos conectamos a través de esta evolución que, en este capítulo, comenzamos a llamar metamorfosis.

El trabajo, en cambio, sí es individual. Esta transformación de oruga a mariposa la logramos individualmente, siendo conscientes de transformar los sentimientos que vibran en la frecuencia del miedo, en solidaridad, amistad y servicio hacia los demás, para activar la Compasión absoluta.

Conseguir la atemporalidad, vivir en este tiempo sin tiempo, estar aquí sin prisa, entender que el tiempo también es Uno con Todo, aceptar que vivir y morir son solo pequeñas fases existenciales pues antes éramos y somos ahora para perpetuarnos después, es el verdadero estado de libertad profunda. Esta es la atemporalidad del sabio que contempla las complicaciones humanas sin que le afecten, pues su mirada está en el paraíso que brinda la maravillosa paz interior que da vivir en Presencia aquí y ahora por siempre, tal cual enseñan los grandes maestros de la historia espiritual como Eckhart Tolle, como Osho, reduciendo en lo posible los viajes por el tiempo —del pasado al futuro y viceversa—, en los que gastamos una energía preciosa que necesitamos para nuestra metamorfosis.

Es imprescindible desengancharnos de esa droga llamada futuro que impulsa a dejar para mañana la felicidad y la libertad que podemos disfrutar hoy, y centrarnos en el presente, hasta en las labores más cotidianas y sencillas de nuestro diario vivir, como cuando nos alimentamos, nos cepillamos los dientes, caminamos por la calle o realizamos cualquier actividad.

Asimismo, es importante reconocer lo viejo que aún nos rodea, producto de nuestra desconexión con la conciencia, a fin de no permitir que lo exterior afecte nuestro estado de ánimo y nuestra paz interior. El mundo exterior puede ser cual un huracán, cuya intensidad y magnitud podrían llegar a ser cada vez mayores. Situarnos en su ojo, en el ojo del huracán, nos lleva a gozar de quietud, calma, serenidad, aun en medio del torbellino, pues ahí es donde reside la singularidad, el Punto Cero, que nos permite crear en estado de conciencia. Desde ese estado de paz podemos dirigir nuestra energía no a luchar contra lo ya caduco, obsoleto en el corazón, sino a crear lo nuevo que en él late. Para ello es imprescindible poner fin tanto a la adicción hacia los medios de comunicación como a las discusiones con los que nos rodean, a propósito de lo que en el mundo exterior acontece, como los conflictos, las crisis y las mil y más controversias de la actualidad.

Necesitamos asumir el reto de la libertad, salir de la cárcel cuyos barrotes son virtuales y generados por nosotros mismos con los miedos, las falsas responsabilidades, las culpas, las creencias limitantes, las críticas, los controles y todo ese alimento que exige el ego para nutrirse en su necesidad de reconocimiento, seguridad y protección.

ES EL MOMENTO de la libertad. La libertad no es lo que la humanidad ha ideologizado desde la mente; la libertad es la absoluta ausencia de miedos que, en el corazón, son sustituidos por una enorme confianza en el suceso, en la vida, en la perfección de cuanto es y en la Sabiduría innata que existe en nuestro ADN común y cuántico, donde aceptamos desde la conciencia que ¡nada tiene que cambiar porque todo es perfecto! Lo único que precisa cambiarse es la perspectiva de cuanto vemos y es entonces cuando la evolución se acelera.

Muchos me preguntan: "¿Y qué pasa con la 3D, desaparece cuando la metamorfosis haya ocurrido?". La 3D, como todo lo sucedido hasta el momento, tiene su razón de ser y siempre existirá en la creación, así como una nota musical existe siempre en la escala musical, no podemos pretender eliminarla o cambiarla. Es cuestión de aceptar e interiorizar con fuerza que nada debe cambiar, porque todo es perfecto; todo encaja y tiene su sitio en el cosmos y la creación, también la 3D y el mundo en el que llevamos miles de años desarrollando nuestras experiencias vitales y las de nuestra conciencia. La vida y la conciencia son una, fruto del Amor, del cual es manifestación.

La única diferencia entre la vieja energía y la nueva es el haber algo que nos impulsa a vivir y a vibrar de otro modo: la metamorfosis no deviene de la necesidad de cambio de la 3D, sino de la exigencia interior de evolución y el crear una nueva vida basada en el infinito Amor, con lo que podemos acceder a la totalidad de dimensiones existentes sin importar dónde nos experimentemos. La 3D es parte de la información y del camino que decidimos recorrer; nos brinda un valioso conocimiento y, como las demás, existe como un todo en nuestro ADN. En la perfección nada se rechaza, nada se invalida, nada se pretende destruir.

Por eso IRB, más que un cambio, es una metamorfosis evolutiva, alquímica, que nace del interior y se irradia al exterior a fin de poder compartir en el momento presente con la madre Tierra y con muchas otras dimensiones espirituales encarnadas en seres humanos y en otras criaturas. La oruga no se plantea, en su metamorfosis a mariposa, cambiar algo de su entorno, ni nada de ella misma que no le guste o no acepte, sino que, naturalmente, siente la llamada interior a recogerse en el silencio, en la crisálida o capullo, para activar componentes durmientes de su ADN y convertirse en la mariposa que empezará una nueva vida.

Tomar conciencia de la unicidad y conectarnos con el cosmos desde la madre Tierra es entender que la humanidad forma parte de un ser vivo de mayor escala: la Tierra, Lady Gaia. Al igual que existe interacción dentro de nuestro cuerpo físico por parte de una infinidad de formas de vida: tejidos, células, bacterias, que conviven con el ser vivo de mayor escala, así mismo existe una sinergia e interacción entre la vida humana y la Tierra; y más allá de la Tierra, con la galaxia; y aún más allá de la galaxia, con el universo.

A lo largo de la historia el ser humano se ha comportado con la Tierra como algunos organismos o bacterias que, en lugar de brindar salud a las personas, son origen y causa de enfermedades y dolencias, porque de una u otra forma somos como un planeta; tanto en nuestra superficie, como en nuestro interior, viven miles de millones de pequeños organismos a los que llamamos bacterias, cuya función es la de contribuir a nuestra salud y crecimiento, como lo hace la flora bacteriana de la piel que balancea el pH, o la flora intestinal que fortalece el sistema inmunológico.

Sin embargo, así como las bacterias colaboran en el funcionamiento de nuestro organismo y a la vez les abrimos un espacio donde ellas pueden vivir en una relación de balance, de servicio mutuo, de paz y armonía, asimismo existen algunas que viven en nuestro organismo olvidando su función inicial y se convierten en patógenas, dañinas, hasta convertirse en foco de enfermedades. En este caso nos vemos obligados a eliminarlas, con nuestro sistema inmunológico, o con medicamentos, aunque para mí, en verdad este 'daño' o enfermedad es también parte del crecimiento y de su función primaria, con el propósito de que evolucionemos y experimentemos, es el ambiente que les propiciamos el que les permite vivir dentro de nosotros. Esto lo explico más ampliamente en el Taller "La salud no se alcanza, sucede".

A mayor escala, en el entendimiento de 'como es arriba es abajo', los humanos somos el equivalente a las bacterias del planeta. En esta simbiosis, él y nosotros crecemos, nos desarrollamos, aunque a veces algunos humanos obren destructivamente, como parte del experimento. El salto dimensional implica acompasar el corazón a la nueva vibración del planeta y a su nuevo latir, pasar del comportamiento egoico a una conciencia de unicidad planetaria y galáctica que hace factible la convivencia sinérgica con la nueva Tierra, el Sol, el sistema solar y el conjunto de la Vía Láctea.

Esta es la metamorfosis: los seres humanos convivimos con la Tierra y despertamos a una Conciencia infinita que va más allá de los límites del planeta y la galaxia, recordando cómo se vive en simbiosis con el medio ambiente, la naturaleza y todos los seres vivos, incluidos los humanos.

ES EL MOMENTO de la transformación y la evolución. Nada sobra ni falta, ¡todo es perfecto!

Se encaja de manera perfecta, se combinan en armonía absoluta lo físico y lo espiritual, lo interior y lo exterior, lo material y lo trascendente, lo físico y lo suprafísico, lo individual y lo colectivo, lo personal y lo social. Se comprende desde el corazón que todas las experiencias, sin importar su procedencia o su desenlace, tienen un 'para qué' en un infinito devenir natural de Amor, en el cual todo fluye con la perfección de lo que Es. Se liberan los apegos que nos atan y encadenan, tornándonos conscientes de haber estado siempre iluminados, pero también de que esta iluminación consiste, precisamente, en darnos cuenta de no necesitarse una iluminación, porque todos somos luz en diferentes intensidades.

IRB les permite recordar, amado lector, amada lectora, sus propósitos de vida, aquellos que les llevó a encarnar en la vida física actual, y su propósito de encarnación, el que les trajo a este plano y a este mundo para ver las experiencias vividas en él como si formaran parte de un sueño que ya quedó atrás. Es como si, al salir de la piscina y secarnos, el hecho de haber estado dentro de ella, y mojarnos, nos pareciera un sueño.

Unificarse es dejar de vivir una vida separada en el escenario del gran teatro que es este mundo, sin olvidar que mientras usted estuvo en la piscina tragó agua, sintió ahogo, nadó en varios estilos, hasta buceó; y ahora, todo está incorporado en su conciencia, en su memoria, en su ADN, en la experiencia de quien es. Todo esto se activa, ya no para doler, ni para victimizar, sino para ponerlo al servicio del Todo, como una gran experiencia colectiva que trasciende del olvido a la conciencia. Esto es lo que nos permite activar al niño interior que goza la inocencia y lo auténtico, el suceso tal y como se presenta. Comprender el papel que se representa, sin juzgarlo, sin controlar, permite activar la capacidad creadora que incluye todas las experiencias durante la encarnación en ese escenario elegido con sus diferentes resultados, que nos permiten responsabilizarnos de cuanto creamos.

Ver el rostro de la perfección en cada criatura que se observa o conoce es la verdadera unicidad, el Somos Uno que traduce la expresión sánscrita: *Namasté*.

Ser conscientes de que somos conciencia nos posibilita contemplarnos como lo que somos: Amor; nos permite ver el rostro de Dios, que significa percibir con claridad la perfección de cuanto es y cómo esa esencia Divina es cada uno de nosotros, todos y Todo.

La expresión *Namasté*, la Divinidad que soy, reconoce, saluda y reverencia a la Divinidad que es cada ser, deja de representar una expresión literaria, una elaboración intelectual, para transformarse en una manifestación de unicidad absoluta en la que desaparece el 'yo'.

En el estado de gracia que lleva a honrar y vivir genuinamente esta manifestación se es consciente de que la felicidad es nuestro estado natural, sin requerirse la existencia de una razón específica, porque ser feliz forma parte activa de la Nueva Tierra y es la semilla de la nueva humanidad, esa nueva humanidad a la cual se incorporan todas las expresiones de vida que, al unísono con la metamorfosis de la Tierra, culminan su martirio de la dualidad y en consonancia con el proceso de cada cual lleva en libre albedrío a diversos escenarios dimensionales, manifiesta el estado de cielo en la Nueva Tierra, se puede acceder a la información de dimensiones superiores para hacerla realidad en esta 3D.

Es como una especie de resurrección en vida. Nacer de nuevo no es algo físico, aunque exista una transmutación del ADN que, como seres humanos, tenemos impreso en cada una de las células. Es muy probable que en ese acontecer, en esa sensación de estar renaciendo, se experimente vértigo y vacío, pues cuando despertamos a la conciencia las creencias que nos han acompañado durante eones dejan de ser válidas y requieren un nuevo formato. Ahora se experimenta una realidad muy diferente a la que se percibió durante la ensoñación, y esta nueva realidad nos permite vivir en el aquí y el ahora.

Lo que en el sueño costaba tanto esfuerzo, es vivencia natural cuando se vive despierto. Esta vivencia hace patente el Amor que Somos y de que Todo Es, ya que el aquí y el ahora son el espacio donde fluye el Amor, que abraza todo lo que existe; el concepto egoico se diluye en el Somos Uno. Para lograr esto es necesario pulsar desde el corazón, vivir en estado de rendición, de discernimiento, de coherencia, de aceptación absoluta de cuanto es y tal como es, centrándose en el silencio mental e interior, abandonando para siempre los conflictos intelectuales y conceptuales para escuchar, hablar, pensar, sentir y actuar desde el corazón.

Capítulo XII
IRB, un salto cuántico, un salto existencial

Pues el verdadero amor es inextinguible, cuanto más das, más tienes.

Antoine de Saint-Exupéry

Dios, el Universo, la Mente Infinita o Mente Universal, Espíritu, cualquier nombre que queramos darle a esa Fuente, desde la que Todo Es, emana una gran cantidad de energía, capaz de provocar cambios en nuestro planeta y por tanto en todos los seres que lo habitan. Estamos en el momento propicio de ser conscientes de ello.

La Tierra vive un evento cósmico generador de profundas transformaciones. La energía que esto ocasiona hace que todo comience a vibrar en frecuencias elevadas, de ahí la necesidad de estar en sintonía con esa vibración. Y al igual que nuestro mundo está transmutando sus energías limitantes, nosotros también convertimos nuestros miedos actuales en la energía más pura del Amor; de esta forma asumimos nuestra condición, desde el nacimiento, de superseres.

El salto cuántico que está produciendo este cambio representa la certeza absoluta de finalizar años de oscuridad y el comienzo del amanecer de Luz Viviente para nuestra raza humana, la raza Koradi, pobladora de la nueva Tierra, en un equilibrio perfecto del índigo que la compone. El amanecer empieza cuando la noche termina.

Como se expuso en capítulos anteriores, somos seres energéticos vibrando en sintonías diferentes, pero creamos en nuestra realidad lo que vibre en la misma sintonía; a esto le llamamos resonancia. Vibrar en Amor, con el planeta apoyando esta frecuencia, es permitir en nuestra conciencia el Balance del Rayo Índigo en cada átomo de nuestro ser para que, así, pueda resonar en niveles cada vez más altos y seamos conscientes de dimensiones superiores, en unión con la Fuente creadora. Siempre es de nuestro libre albedrío sintonizarnos en la frecuencia del Rayo Índigo - IRB.

La energía de IRB logra cambiar nuestra estructura molecular, mutar nuestro ADN, nos permite dar el que denominamos salto cuántico o existencial. Un salto cuántico ocurre cuando fuerzas externas obligan al átomo a cambiar su estructura; en otras palabras, no se trata de un salto evolutivo, sino existencial de nuestro ADN. Actualmente la base de nuestro ADN está formada por el elemento carbono, sin embargo la frecuencia de IRB la transforma en la del elemento silicio, que es la base del cristal de cuarzo, la transparencia más pura, perteneciente a la raza Koradi.

Las partículas de luz conocidas como fotones son las que ocasionan el cambio de nuestra configuración molecular interna, nos conectan con la diversidad de dimensiones en una conciencia de Unidad y esta nos lleva a comprender que cada una de nuestras acciones afecta a los demás. Ese es uno de los factores principales que despierta nuestra Sabiduría, nos recuerda el derecho a nuestros poderes ancestrales Divinos e ilimitados.

La conciencia de Todos Somos Uno, sintonizada en la frecuencia de IRB, es la vía más próxima a la gran renovación, que consiste, en resumidas cuentas, en ser conscientes de poder crear una nueva realidad al ciento por ciento desde la Unidad, incrementando nuestras vibraciones de tal modo que nos permiten convertir toda la fuerza de los pensamientos y actos que llamamos negativos, en el poder del Amor infinito, de la Presencia infinita, de la Compasión infinita y de la Sabiduría infinita, en comunicación directa con la Fuente, en perfecto equilibrio, armonía y total neutralidad desde el Punto Cero, para creer y crear.

Haber llegado a este punto, amable lector, es señal absoluta de que usted ha despertado; ahora solo le queda sintonizarse con la más alta frecuencia existente en el planeta en este momento maravilloso que ha elegido vivir, equilibrar la totalidad de su ser con el Rayo Índigo de la Tierra —que viene desde más allá de las Pléyades— a través del portal de la autora de este libro, Ximena Duque Valencia, para procurarse la felicidad en cada instante de su existencia cuántica.

Como se mencionó en el capítulo VII, es un trabajo individual que tiene por finalidad, desde nuestra interconexión grupal, lograr la transformación global. ¿Acepta esta oportunidad? ¿Se atreve a visualizar, sentir, imaginar, intuir, pensar y llevar a su propia realidad y a la de todos los seres que lo rodean un mundo de paz, amor y armonía en perfecto balance y creatividad? ¿Quiere formar parte de esta orquestación sincrónica planetaria?

Si su respuesta es sí, continúe la lectura de estas páginas. Y si quiere ir más allá, averigüe por el Seminario de Iniciación en IRB, que le activa de manera sencilla esta información para hacerla realidad en su día a día. Consúltenos en http://bit.ly/Seminario_Iniciacion_IRB

ES EL MOMENTO DE LA TRANSMUTACIÓN.

En algunas ocasiones se ha considerado, a partir de las ciencias experimentales, que cuando se habla de transmutación nos referimos a cuestiones de orden esotérico, algo muy alejado de la realidad, y que por lo tanto este término debería permanecer en las áreas de filosofía o de religión. Pero, las investigaciones con electromagnetismo y la física cuántica han sido instrumentos fehacientes para cuestionar los dogmas y viejos postulados.

Se han realizado estudios profundos, por parte de Premios Nobel en Física y Química, acerca de cómo el carbono-12, base de nuestro soporte biológico en todas las manifestaciones de la naturaleza, se transmuta bajo ciertas circunstancias de influencia solar: de un acorde 6-6-6, a otro 6-6-1. Esto significa la transmutación del carbono-12 en carbono-7, un isótopo desconocido del carbono que altera, no solo el campo científico, sino el espiritual.

Asimismo, en física cuántica e informática contamos con grandes avances que se acercan en gran medida a lo que IRB logra en el computador del ser humano. Serge Haroche, de la Escuela Normal Superior de París, y David Wineland, del Instituto Nacional de Normas y Tecnología en Maryland, Estados Unidos, recibieron el Premio Nobel de Física en 2012 por "observar de forma directa partículas cuánticas individuales sin destruirlas" (Real Academia de las Ciencias de Suecia).

Haroche ha desarrollado un método eficiente para trabajar con átomos individuales; la física cuántica aplicada a computadores es tal vez la forma más evidente de apreciar este tipo de trabajo —cuya base teórica se explica más adelante— y, el ponerse en práctica puede significar una revolución quizá mayor que la creada por Internet en su momento.

Si bien se conoce el método, ya que la parte teórica está casi completamente desarrollada, el reto es superar las barreras tecnológicas, pues la capacidad de las máquinas que puedan contener un sistema cuántico con miles de millones de partículas requiere aumentarse exponencialmente. Para simular procesos cuánticos no triviales la computadora clásica tendría que ser gigantesca, pues su capacidad aumenta en forma lineal, que es como nos han hecho pensar durante toda la historia de la humanidad, linealmente, siendo que la mente es un sistema totalmente cuántico.

Richard Feynman fue el primero en plantear esta crítica de la física computacional clásica al proponer la utilización de sistemas cuánticos sencillos, llamados *qubits* —de *quantum bits*—, como elementos estructurales básicos de una nueva computadora. Así nace el sueño de una computadora cuántica, bastante más avanzada que el computador tal y como lo conocemos hoy, el que usamos en la actualidad, el clásico, que basa su funcionamiento en los bits: ceros y unos, el llamado sistema binario.

El computador cuántico se basa en el *qubit*, una combinación de ceros y unos que al superponerse en diferentes estados generan más posibilidades de almacenar información; es decir, puede estar parcialmente en uno y otro al mismo tiempo. La gama de posibilidades varía continuamente del 0 al 1, con superposiciones que contienen más o menos de los dos estados clásicos, que a la vez son ceros y unos, las dos cosas a la vez. Si comparáramos el *qubit* con un vector, podríamos decir que la longitud de este vector es fija, pero, puede apuntar en cualquier dirección, a diferencia del bit clásico, que si fuera un vector solo podría apuntar hacia arriba y hacia abajo. Esta es precisamente una de las particularidades de la física cuántica, que la realidad se entienda de otra manera. Por ejemplo, vemos que una persona está subiendo o bajando la colina; para la física cuántica, esa persona puede subir y bajar al mismo tiempo, a eso se le llama situación dicotómica.

Así pues, cuánticamente algo puede ser dos cosas a la vez, aun cuando la una y la otra sean opuestas, como en el caso de subir o bajar. El tiempo lineal en el que hemos vivido en la 3D es totalmente limitante; por el contrario, la multidimensión nos permite entender que pasado, presente y futuro suceden en un mismo espacio y tiempo, en diferentes dimensiones. Cuando los computadores estén programados en unos y ceros superpuestos al unísono, en términos prácticos es como poner miles de millones de computadoras a trabajar a la vez en un solo equipo, los trabajos muy complicados se harían en microsegundos, es decir, se abren posibilidades infinitas que ni siquiera habíamos sospechado que pudieran existir, en tiempos inimaginables.

La anterior explicación, para poder entender someramente que la tarea de IRB es situar al ser humano en estado cuántico, algo así como establecer la diferencia entre la luz normal y la luz láser: pasamos de ser seres de luz a ser Luz Viviente en acción.

Hablemos ahora de la importancia que tiene el número 13 en IRB. El 13 constituía una cifra de valor significativo en la filosofía maya: representaba los trece principios que conforman las siete leyes de creación; los mayas le dieron una connotación bastante particular al 13, la de ser 12 + 1, donde el 12 representa el número del templo, lo físico, lo que alberga el espíritu, y el 1 al espíritu; por ejemplo, muchos de sus monumentos presentan 12 columnas + 1 altar. Su significado más exacto es el de que la materia se manifiesta hasta el número 12, como en las doce hélices del ADN —nuestro código genético—, y 'el factor + 1' hace la unión con lo espiritual, el 1 es la Unidad perenne. Esto quiere decir que el 13 es esa línea invisible, el punto clave que nos permite trascender la materia.

Por la importancia de esta unión, la de los planos material y espiritual, es preciso transformar la manipulación a que nos han sometido en el tiempo lineal con la matriz 12:60 —como el calendario gregoriano y el reloj— y todo lo que se relacione con la frecuencia del 12, ya que nos encarcela en la identificación con la materia. Esto lo explicamos más profundamente en el Taller "¿Sabías que siempre hay tiempo suficiente?". Al reconocer la vibración del 13 nos identificamos con una más alta vibración del Ser. El número 13 es la sutilidad del espíritu que reina sobre la materia.

En otras culturas —verbigracia, el Tíbet teosófico— y otros ámbitos —la geometría sagrada— encontramos conceptos como los trece módulos de memoria RAM del alma. El 6-6-1 que se cita cuando se hace referencia al isótopo del C-7 suma 13, y se dice también que un ciclo de giro del planeta Tierra tarda 5125 años, estos números también suman 13.

Existen muchos mitos alrededor del número 13: el de traer mala suerte y por ende hay que cuidarse ese día; algunos hoteles omiten el piso 13 en su diseño, varios ascensores lo ignoran, ciertos modelos de avión no cuentan con la fila 13, el metro en Madrid no tiene esa línea, y un sinfín de detalles más, nos permite seguir comprobando la manipulación que ocurre para alejarnos de los símbolos de mayor poder. En cambio, vemos que dicho número sagrado se incluye en la geometría sagrada de la serie de Fibonacci, camuflada en los símbolos que utilizan las élites de poder.

La cuenta del año tiene trece lunas y así lo expresan los calendarios maya, hebreo, chino y todos aquellos que cuentan los días de manera natural y no con base en el calendario gregoriano, el cual dista mucho del flujo natural de los movimientos cósmicos. Los caballeros del rey Arturo eran doce, y él era el trece. La medicina tradicional china trabaja con base en trece meridianos que recorren nuestro cuerpo; los músicos lo hacen con una escala compuesta por trece tonos, incluyendo las notas sostenidas.

La manifestación más impresionante del poder del número 13 se da con la develación del hasta ahora desconocido isótopo del carbono: el carbono-7. Existe una cantidad considerable de artículos en los cuales se expresa que en 2012 se descubrió que el Sol estaba emitiendo rayos de desintegración de elementos radiactivos en la Tierra, causantes de materia mutante en ella, y que su influencia en la velocidad de desintegración de elementos como el carbono-14 está siendo materia de estudio por los científicos. El carbono es la base de la vida tal y como la conocemos en nuestro planeta; el carbono-12 es el más abundante, representa aproximadamente el noventa y nueve por ciento de todas las formas conocidas del carbono, es el isótopo de carbono que contiene seis protones, seis neutrones y seis electrones, 6-6-6.

Después del oxígeno, el segundo elemento más abundante en el cuerpo humano es el carbono-12, y después del hidrógeno, el helio y el oxígeno es el cuarto elemento más abundante en el universo. El carbono-12 es también uno de los cinco elementos que componen el ADN humano, lo cual lo convierte en uno de los componentes de mayor importancia en la manifestación de vida como la conocemos en esta dimensión. Podríamos interpretar que esto es lo que Juan, escritor de *Apocalipsis*, quiso decir cuando afirmó que **666** era el número del hombre, o el número de la bestia, por ser lo que conecta con lo material, la base física del cuerpo del hombre, que lo ata al universo físico.

De ahí que si logramos transmutar el carbono-12 podremos obtener —o mejor, recuperar— nuestros poderes sobrehumanos, esto haría que todos los avances tecnológicos hasta la fecha se vuelvan obsoletos, aunque hayan sido importantes para llegar a este punto de evolución, serían simplemente el espejo que nos muestra cuánto podemos hacer por nosotros mismos sin depender de aparato físico alguno, porque toda información, valga la redundancia, está contenida en el total.

Todos los secretos tienen un tiempo para ser develados y este puede llegar a ser en nuestra época el mayor de todos: activar la alquimia liberadora de límites para crear, aquello perseguido por los antiguos como piedra filosofal que transmuta, en un sentido simbólico, el plomo en oro, porque todos son símbolos, que metafóricamente nos permiten entender y atravesar el portal hacia las dimensiones más altas e insospechadas.

El carbono-7 es el isótopo desconocido del carbono, que tiene seis electrones, seis protones y solo un neutrón, relación presente en el sistema Kundalini, representada por los opuestos masculino y femenino —de seis centros energéticos inferiores en el cuerpo humano— y un séptimo centro, neutro, llamado en sánscrito *sahasraara*, conector del Punto Cero, así como en el cubo metatrónico, que parte de un círculo central rodeado de seis esferas, más otras seis en su exterior, y que compone el 6-6-1 o el 12 + 1. En el judaísmo, Metatrón es considerado el mediador entre Dios y el hombre, es decir, quien unifica estas dos polaridades en: Uno solo.

El cubo referido nos recuerda la geometría sagrada evolucionada del *Merkabah* —campo de luz—, explicada en profundidad y de manera fascinante por el físico cuántico más controvertido de nuestra época, Nassim Haramein, un suizo de origen árabe que explica la creación del universo a partir de un tetraedro. Al igual que un imán tiene la capacidad de mantener un campo magnético a su alrededor, el carbono-7 tiene la habilidad de mantener campos hiperdimensionales —como los de pensamiento— que lo rodean, de manera amplificada y sin límites.

Lo que vemos en las iconografías de los santos y los grandes iluminados como un aura dorada o halo de luz alrededor de sus cabezas es la luminosidad de neutrones debida al carbono-12 en tal abundancia que lo transmuta por carbono-7 en sus cerebros, otorgándoles poderes que podríamos llamar sobrenaturales, pero que en realidad podrían formar parte de nuestra cotidianidad si es reconocido el Patrón Original de perfección por parte de cada uno de nosotros. Este carbono-7 cambia rápidamente a otras formas de materia más estable, por lo tanto es casi imposible de detectar directamente en el cuerpo humano.

Dicho conocimiento ha estado velado por años, al punto de formar parte de los grandes misterios que no se descubren con el intelecto, sino con la conciencia; sin embargo, ha comenzado a salir a la luz, tal vez porque ya estamos preparados para dar el salto cuántico o, simplemente, porque al pasar del invierno a la primavera galáctica la luz deja ver todo lo que ha estado presente pero no podía ser captado dada la oscuridad del invierno o de la noche.

La luz se enciende… y se puede ver lo que ha estado ahí siempre. Esto permite que el miedo se transforme en Amor, la evolución más importante que jamás haya experimentado la humanidad. ES EL MOMENTO para que todos los secretos sean revelados.

En el cristianismo *La última cena*, pintada por muchos, incluyendo a Da Vinci, expone un momento previo a la crucifixión de Cristo. Es una representación simbólica de la configuración 6-6-1: seis apóstoles a cada lado del Maestro.

Es interesante observar que la Kundalini, Metatrón y Cristo son vehículos de ascensión, si bien, en sistemas espirituales diferentes. Son el Punto Cero, el número 13.

Este conocimiento es conocido por seres de altas esferas, de diversas dimensiones, quizás habitantes de otros planetas y galaxias. Y se vuelve visible y accesible como información con la intención de acelerar su divulgación para amplificar la mente y crear conciencia de que somos Unidad.

Obviamente, esta es una metamorfosis paulatina, no una mutación; se estima que el cambio se solidificará en el año 2018 de esta nueva era. El ser humano requiere un período de acondicionamiento, en el que la mente colectiva sea sometida a un cambio cuántico de expansión. Una masa crítica de la humanidad debe pasar de una vida material egocéntrica a otra en la cual el ego no domine, vibrando en la frecuencia del Amor. La actividad del Sol durante este tiempo se eleva y la transmutación final es realizada al poder balancear el Rayo Índigo, produciendo la transformación del carbono-12 en el ADN humano, a carbono-7. Esto le da poder al ser humano de migrar a la Nueva Tierra y acceder a la información que se encuentra en dimensiones superiores; es una sincronización del no tiempo que puede entenderse no desde el intelecto, sino desde la totalidad del Ser.

Además, la vibración del planeta continúa incrementándose, lo cual repercute en las vibraciones de cada manifestación de vida sobre —y dentro de— él. La evolución del cuerpo físico desde lo que conocemos con forma de carbono, a la forma cristalina, está basada en el átomo de carbono, eso no cambia; lo que refleja IRB es un cambio de configuración de la célula en el cuerpo, el cual sigue acelerándose. La conexión entre el hemisferio izquierdo y el derecho del cerebro también crece y en parte esto contribuye al despertar en las personas, porque el yo intuitivo se vuelve más activo.

Capítulo XIII
Su elección

Siempre y cuando practiquemos esto en nuestras vidas diarias, no importa si sabemos mucho o poco, si creemos en Buda o en Dios o si somos o no fieles de una religión, siempre y cuando sintamos compasión hacia los demás y nos conduzcamos de forma prudente y con responsabilidad, no hay duda de que seremos felices.

Dalai Lama

Esto es apenas el inicio, un nuevo ciclo de veinticinco mil seiscientos veinticinco años comienza. Usted, yo, todos, estamos en el *momentum* de ser parte activa en este proyecto de Luz en la Tierra; cada quien tiene una misión que cumplir en el cambio de era. Cuando logramos que nuestra conciencia se exprese en niveles de vibración más altos nuestra realidad tiene acceso a dimensiones superiores y nada de cuanto ocurra en la 3D nos afecta. Solo debemos estar centrados en sintonizarnos con la frecuencia correcta, ese es nuestro principal objetivo.

ES EL MOMENTO de despertar y entender que somos seres ilimitados, Luz Viviente en acción; que hemos elegido estar en este momento en la 3D para producir la transformación y el reconocimiento máximo de ser Uno en unión de nuestra conciencia, la del cosmos y la de los demás seres del vasto universo.

También es necesario entender que nuestra vida actual no es más que una ilusión creada por nuestro ego y que este solo se identifica con la personalidad del personaje que estamos representando en esta obra llamada vida. Permitamos despojarnos del papel que representamos en estos momentos para descubrir nuestra verdadera esencia.

IRB nos sintoniza con las más altas frecuencias de Amor y nos permite, por lo tanto, desvanecer o incorporar desde el Amor las frecuencias de miedo en las que nos han querido mantener los grandes grupos de poder religiosos, políticos, económicos, para poder seguir controlándonos, aunque a ellos también hay que agradecerles, pues son parte de este proceso. La clave está en desechar toda información que descienda nuestra frecuencia de vibración al miedo. Y es importante comprender que dichos grupos de poder o élites nos han sumergido de narices y con una venda en los ojos, han creado opuestos que en realidad son 'opomismos'; nos hacen creer en tener la facultad de elegir y lo que hacemos es matarnos por defender el bando elegido por ellos, que es cualquiera de los dos.

Esto forma parte del juego, en el cual siempre hay ganadores y perdedores; por esto, la única manera de que el juego se termine no es oponiéndose a él, ni buscando fórmulas para ganarlo, sino, simplemente, dejar de jugarlo, no tomar partido.

Accedamos a los sesenta y cuatro códigos iniciales en los que se fundamenta nuestro ADN con su Capa 13 activa. El Amor es una frecuencia muy alta y con una longitud de onda corta, ello significa que existen más puntos de contacto con nuestro ADN cuando vibramos en esta frecuencia, si bien todos son dirigidos por solo cuatro Comandos nucleares de poder que siempre han estado ahí y ahora son visibles y activables con IRB. Mientras más puntos de contacto despertemos, más códigos genéticos activamos. ES EL MOMENTO de despertar definitivamente en una nueva realidad, un mundo de paz, amor y armonía entre todos los seres humanos y todas las manifestaciones de vida.

Recordemos que la realidad externa es el reflejo de la realidad interna. Si encontramos la paz, el amor y la armonía en nuestro interior, nuestro mundo externo también vibrará en esa misma frecuencia; eso se logra al equilibrar el Rayo Índigo en el cuerpo y la mente en coherencia absoluta con nuestra Capa 13 de ADN, el director de su propia orquesta, el orquestador cuántico.

Despierte a su realidad espiritual, amable lector, y sea plenamente consciente, entre otras cosas, de ser el creador de su realidad por medio de sus sentimientos, sus pensamientos, sus palabras y sus actos. En pocas palabras, posee el poder de crear lo que quiera. Ese poder lo ha poseído siempre. La diferencia con IRB radica en que, al sintonizarse definitivamente en la frecuencia del Amor, transmutar su átomo a la información del C-7 y activar al ciento por ciento su Capa 13 de ADN, ya no tiene que luchar contra la polarización, sino acceder a ella como parte de una misma fórmula, sin más estructuras de división y miedo.

ES EL MOMENTO DE ELEGIR SABIAMENTE, DE ELEGIR IRB.

SEGUNDA PARTE

Lo convencional

Capítulo XIV
Todo es energía

La energía no se crea, siempre existe, y no se destruye, solamente se transforma por medio del pensamiento o voluntad de quien la maneja.

Albert Einstein

Lee Carroll, canalizador original de Kryon, habló por primera vez sobre la idea de que el noventa y cinco por ciento de nuestro ADN —que la ciencia denominaba ADN chatarra—, estaba compuesto por ADN cuántico. Desde entonces, una gran cantidad de científicos e investigadores han llegado a conclusiones similares, al punto de apoyar la teoría de que somos seres Divinos, cuánticos, de tener muchas más capacidades y potenciales de lo que hasta la fecha hemos creído con base en nuestro viejo sistema de creencias.

IRB resuena claramente con esta teoría, profundiza y da un paso más allá de las doce Capas de ADN que nos enseña Kryon a través de Lee Carroll en su libro *Kryon XII: Las doce Capas del ADN*, y con base en la importancia del número 13 y el salto existencial que nos da su vibración pone en acción precisamente la Capa 13, explicada en el capítulo anterior.

El haber creído durante tantos años que solo éramos el cinco o el diez por ciento de lo que realmente somos, nos ha llevado a creer en enfermedades, pobreza, y en todos los limitantes que trae consigo la falsedad de la separación. La medicina y la psicología han desempeñado un papel importante en combatir enfermedades y desequilibrios, e históricamente para sanar los trastornos físicos, mentales o emocionales se ha recurrido a los fármacos y a los procedimientos invasivos. Pero con los primeros se suele tratar el síntoma y esto no permite llegar al origen del mal, al paso que con los segundos se maltrata el cuerpo, produciendo la mayoría de las veces efectos colaterales altamente nocivos, ya que en casos como el cáncer, por ejemplo, se destruyen las células por medio de radiación o quimioterapia. Las células cancerosas se metabolizan, como el resto de las células sanas del cuerpo, y aprenden a defenderse de la quimioterapia y la radiación, lo cual las hace mucho más resistentes que estas últimas.

Lo que hacen estos tipos de tratamiento invasivo es deteriorar el ADN de las células, que se dividen rápidamente. Sin embargo, como la mejor manera de poder controlar una célula cancerosa es amplificando el poder de las células del sistema inmune, desafortunadamente las células inmunes son las que más rápido se dividen en el cuerpo y por lo tanto resultan ser las primeras afectadas, destruyendo de esta manera lo único que nos puede salvar la vida. Intentar detener una enfermedad tratando de afectarla es imposible, ya que la enfermedad como tal no existe, no es algo tangible, es el resultado de un desorden producido desde el Ser, desde la causa, que se manifiesta en lo físico. Tratar de combatirla es entrar en una guerra que solo acrecienta el conflicto. Solo cambiando la causa se logra cambiar el resultado, es decir, ordenando lo que consciente o inconscientemente hayamos desordenado.

Thomas Alba Edison expresó que los médicos del futuro no sanarían enfermedades, sino que las ayudarían a prevenir, a partir de una sana e inteligente alimentación. Y cuando hablamos de alimentación no solo estamos hablando del alimento físico, aquel que pasa por nuestra boca para darle energía al cuerpo físico. Entre más natural, fresco, orgánico y crudo sea lo que recibe nuestro organismo, mucha más vitalidad y longevidad es el resultado, pero además es imprescindible considerar el alimento emocional, el que satisface nuestro estado de ánimo con sensaciones de felicidad y amor permanentes, en el cual no caben los sentimientos producidos por el ego y los cuatro principales manipuladores, que son, a su vez, los principales causantes del estrés en la vida moderna.

El alimento mental también es imprescindible, ya que las creencias son las principales causantes de nuestro comportamiento y este a su vez genera los resultados que producen las emociones; leer, ver películas, asistir a conferencias, talleres y seminarios, rodearse de gente modelo y optimizar al máximo la información que llega a la mente con contenido productivo para el crecimiento personal cotidiano garantiza vivir en estados de inspiración y creatividad permanentes, genera pensamientos desde la Sabiduría; aquí no se encuentran los noticieros ni nada que tergiverse la certeza de ser ilimitados. Permanecer alimentado espiritualmente, conectado a la Fuente, en actitud de servicio, de aceptación, de conciencia, es vivir la plenitud del Pilar de la Compasión, con la comprensión profunda de que Somos Uno.

Por el contrario, la ausencia de una buena alimentación, en todos los sentidos, hace que el organismo multiplique los radicales libres producidos por el estrés oxidativo, ocasionando envejecimiento, enfermedad y muerte. Por eso es de vital importancia conservar nuestro sistema inmune en óptimas condiciones, él es nuestro gran aliado para mantener nuestro cuerpo en el estado de perfección, origen que le corresponde, permanentemente alerta a cualquier síntoma que indique desbalance, antes de que nuestras células se enfermen.

En resumidas cuentas, no importa cuál sea el síntoma o la enfermedad, lo importante es restablecer la energía e información del Patrón Original para crear estados de vida, de salud, de riqueza y de felicidad, resultados que, según las creencias de la mayoría, no serían posibles. Restablecer el origen del ADN cuántico y todo su poder, activar toda su información en el aquí y en el ahora, es de lo que trata IRB.

Seguir tratando de obtener la información anclada en la memoria celular escarbando en las experiencias vividas empeora el desequilibrio, pues abre viejas heridas que el organismo había intentado curar. Recetar analgésicos que calman el dolor o antibióticos que eliminan la infección o los virus es contribuir a que las células se cierren a conservar la energía del cuerpo y entonces el oxígeno, los nutrientes y la glucosa —el combustible para las células— no entran a la célula, causando que las mitocondrias, bastante parecidas en su composición a una bacteria, no se puedan alimentar. Como les sucede a las mitocondrias, asimismo les ocurre a las células, y como les sucede a las células, asimismo le ocurre al cuerpo. La enfermedad o síntoma es una alerta que nos invita a retornar al orden adecuado donde somos conscientes de los pensamientos, palabras, emociones y actitudes en los cuales estamos resonando y que están generando el desequilibrio. Se trata de ordenar el presente y no de rebuscar en el pasado que ya no está presente.

Gran parte de la manipulación a la que nos referimos al principio de este libro proviene de la industria farmacéutica, la cual nos seduce a creer que al aliviar los síntomas, sanamos, cuando en realidad el único resultado consiste en que esta industria cada vez se lucra más con la venta de sus productos, además de anclar fuerte dependencia de la humanidad a los medicamentos. En cambio, cuando hablamos de organizar la energía, sintonizarnos en altas frecuencias de información, de física cuántica, de poder del pensamiento y de espiritualidad, estamos tratando con asuntos muy serios, entre ellos el rompimiento con viejos paradigmas a nivel mundial.

La energía existe en todo. La luz, por ejemplo, es una frecuencia de energía que detectamos con nuestros ojos; el sonido es también una frecuencia que percibimos con nuestros oídos, con nuestros pies y nuestra piel; la energía infrarroja es detectada como calor y la ultravioleta, por su parte, se encuentra más allá de lo que podemos ver al final del espectro de la luz. Y así, existen muchas otras frecuencias de energía para las cuales no tenemos en el cuerpo receptores activados en este momento que nos permita detectarlas, tales son los casos de las conocidas como rayos X, ultrasonido, radares, UHF, VHF y muchas más, que por no ser posible detectarlas con nuestros sentidos físicos en algún período de la historia humana fueron consideradas místicas.

Pero como la ciencia ha creado instrumentos para valernos de ellas, ya hemos tomado conciencia de su existencia, incluyendo el poder de enviar cientos de miles de mensajes por segundo a través de una fibra muy delgada que utiliza la frecuencia de la luz; aunque no entendamos del todo cómo funciona la fibra óptica, estoy segura de que todos la utilizamos.

Asimismo sucede con la salud. Por medio de las más altas frecuencias, aún no detectadas del todo por los instrumentos científicos desarrollados en nuestra 3D, y que se emiten en las sesiones personalizadas de Activación de ADN en la frecuencia de IRB, estamos logrando erradicar un sinfín de desequilibrios corporales, mentales y emocionales activando el balance profundo en la totalidad del ser.

Toma años, incluso siglos, que una vieja creencia salga del consciente colectivo, aun si ya no se comulga con ella. Afortunadamente, ahora más y más personas están llegando a comprender la energía como lo describe la física cuántica, a pesar de que esta es ignorada en la educación general.

Por lo general los pioneros en querer cambiar las viejas teorías suelen ser malentendidos y en ocasiones hasta perseguidos y juzgados. Copérnico se atrevió a afirmar que tanto la Tierra como otros planetas conocidos hasta ese momento giraban alrededor del Sol. Más tarde, Galileo comprobó matemáticamente la teoría de Copérnico. Y Cristóbal Colón, en su afán por confirmar que el mundo era redondo, 'descubrió' el continente americano; otros tantos, pretendieron hallar la Verdad a partir de la ciencia y hasta fueron perseguidos.

Los seres humanos tendemos a apegarnos a las viejas teorías por miedo al cambio, a ser diferentes, a romper con paradigmas, por miedo a ser juzgados, y muchas veces ellas terminan por no ser verdades, ya que la mayoría de las ve-ces fueron establecidas para manipular y encasillar en normas y comportamientos que impiden descubrir la Verdad. Solo cuando nos atrevemos a crear nuevos modos de ser y pensar nos acercamos a nuestro Verdadero Ser y a conocer revelaciones tan maravillosas como el tener la certeza de ser sanos, porque nuestro Patrón Original es perfecto. Solo la Verdad nos hace libres; mantenernos en la ignorancia es someter a otros nuestro futuro, que depende de nuestra creación en el presente.

Hemos visto que la física cuántica ha explicado el funcionamiento del universo. Y el entendimiento de esta teoría ha dado paso a grandes descubrimientos de la salud, por lo tanto, a la 'curación' de muchas enfermedades, como lo señaló en 2006 McTaggart en el libro que documenta los aportes de experimentos con física cuántica a la medicina, como parte de un nuevo entendimiento, un cambio del pensamiento. La física no se ha modificado, sencillamente ha cambiado nuestro conocimiento, nuestro modo de entenderla y aplicarla; seguramente cada vez habrá mayores sorpresas, pues la evolución no cesa. La Verdad jamás cambia, lo que cambia es nuestra manera de percibirla.

Algunas de las mentes científicas más importantes de nuestro tiempo, como ganadores del Nobel, profesionales con doctorado en diversas áreas, médicos, autores e inventores, al referirse a los problemas de la salud han afirmado que la raíz de la salud y de la enfermedad radica en un asunto de energía en el cuerpo; asimismo, que algún día se hallará una manera de solucionar el problema de energía subyacente a cada problema de salud, y que cuando eso suceda el mundo de la salud cambiará por completo. Cada día estamos más cerca de este cambio, al poder acceder a nuestro Patrón Original con todas nuestras Capas de ADN conectadas y activadas en la frecuencia de la perfección Divina.

En 1925, quien de niño fue rechazado en la escuela primaria por considerársele retardado debido a sus dificultades para hablar, Albert Einstein, creó la fórmula $E = mc^2$ y el mundo nunca volvió a ser el mismo. Por una parte, está la E, que significa energía, y por otra, se encuentra todo lo demás. O sea: todo es energía, todo se reduce o se amplía a energía.

Balancear esta energía, para así poder disponerla a favor de lo que cada uno de nosotros quiera crear, incluyendo y reconociendo la perfección física, mental, emocional, espiritual y ámbitos de los que ni siquiera sospechamos su existencia, es lo que nos brinda IRB.

Lo importante es sincronizar los procesos naturales desde la totalidad de nuestro ser, de tal manera que puedan sintonizarnos con la Verdad de frenar el envejecimiento y revertir cualquier proceso de enfermedad, sea cual sea esta. Eso se logra yendo a la causa directamente en el ADN, y no a los síntomas. Incorporar los resultados de lo vivido, discernir acerca de ellos y acceder al Punto Cero en nuestras Capas de ADN usando las frecuencias de energía saludables del propio organismo, sin desconocer las frecuencias destructivas, que son sus opuestas, es la clave.

De la misma manera que la luz siempre ilumina a la oscuridad, la energía saludable, el Patrón Original contenido en el Ser Divino, regenera las frecuencias de energía destructivas; mejor aún, nos sintoniza con esa esencia suprema en la que esas frecuencias destructivas no existen para causarnos daño, sino para ser una con las saludables y desde la neutralidad crear una nueva realidad. Así convivimos en respeto, en balance con todo lo que es; no hay guerra, por lo tanto no hay ganadores ni perdedores. Se acaba el juego.

Todo aquello que llamamos problemas, carencias o enfermedades no son más que desbalances existentes en la dimensión que hemos elegido para aprender; han sido parte de nuestro crecimiento y camino de vida, como retos en nuestra salud, en nuestras relaciones, en nuestro ámbito profesional, en nuestro rendimiento y en las trece áreas de nuestra vida. Todo aquello tiene que ver con el desajuste energético en el organismo y la frecuencia en la cual nos sintonizamos o resonamos, así que comprender nuestra historia y nuestra herencia, aprender a pensar con el corazón y a sentir con la mente, nos ayuda bastante. Sin embargo, para que esto perdure en el tiempo se requiere activar la totalidad de nuestro ADN cuántico, incluyendo la Capa 13. Este es el verdadero secreto.

La información existe completa en el Campo. El factor crítico reside en la transferencia de la información a esta 3D donde nos creemos lineales. Para hacer más gráfico ese asunto remitámonos, por ejemplo, a los químicos que se traspasan de molécula a molécula a un ritmo de casi un centímetro por segundo, y un poco de ellos se pierde en cada transferencia, mientras que la transferencia de la información mediante las frecuencias ocurre casi a trescientos mil kilómetros por segundo y prácticamente no se pierde nada en ella. Esta es la razón por la cual los teléfonos celulares e Internet se han convertido en una herramienta tan útil en nuestros días, pues permiten una comunicación casi instantánea, que treinta años atrás era solo una fantasía de la serie *Viaje a las estrellas*. Las frecuencias logran que la totalidad de nuestro ser se ajuste, e IRB hace posible que nuestro ADN retorne al Patrón Original Divino del Adam Kadmon de nuestra esencia pura y perfecta al realizar esta transferencia desde los niveles de Luz Viviente y Amor, dispuestos desde la Creación.

En el ejemplo de Internet podríamos decir nuevamente que la información está en la web, y para el ejemplo que nos ocupa es Espíritu, el Campo, la Fuente, no importa el nombre que le queramos dar; el cuerpo humano es el *hardware* que tiene instalado el *software*, conformado por pensamientos y emociones; las frecuencias son la conexión, la banda ancha que conecta a la web, e IRB es la interfaz que permite que todo esto se convierta en útil y práctico y la información pueda ser utilizada en el momento preciso, desde cualquiera de las dimensiones existentes en la web, sustentando en los Pilares del Amor, la Presencia, la Compasión y la Sabiduría el área que requiera la misión de vida de cada quien.

El inicio de todo tipo de desbalance lo produce una información fruto de la experiencia que se vive a partir de un comportamiento causado por una creencia, información que se codifica en nuestro ADN; por lo tanto, la sanación ocurre cuando cambiamos esta información semejante a un virus que oculta la información origen contenida en la raíz del ADN, permitiéndonos incorporar el aprendizaje brindado por esa información en nuestro campo y en nuestra historia genética. Para poder acceder a esa raíz, o a la parte del Campo Punto Cero que nos sintoniza con la dimensión en la cual esa información ya se ha transformado, es necesario eliminar el estrés que nos impide llegar a lo más profundo. Cuando logramos eliminar el estrés todo en nuestra vida comienza a balancearse de nuevo, entra en un orden Divino, acorde a nuestros Patrones Originales. Cuando retornamos a nuestro Ser Humano Divino todo puede curarse, o dicho de mejor modo, la enfermedad y el desequilibrio no existen. La Meditación que Activa la Paz en tu ADN de IRB permite eliminar por completo este estrés, hace que toda la información original se vuelva visible en el presente para ordenar el desbalance generado por el ruido de las creencias limitantes. Esta meditación la puede usted descargar gratis en el link o vínculo que se encuentra en la primera página de este libro y es su regalo por ser nuestro lector.

Las investigaciones en la Universidad de Stanford y el HeartMath Institute, en California, indican que si podemos eliminar el estrés, incluso problemas genéticos muy frecuentes pueden curarse definitivamente. O sea que no solo nos 'sanamos' por sí mismos, sino que heredamos este reordenamiento a las futuras generaciones.

Durante muchos años la ciencia creyó que los recuerdos se almacenaban en el cerebro, y queriendo averiguar en qué sitio específico, los científicos cortaron cada parte de él, encontrando que el lugar de almacenamiento real de la mayoría de los recuerdos parecía no estar en el cerebro. Los recuerdos se almacenan directamente en el ADN, que está en la totalidad de nuestro cuerpo. Las células son nuestro 'disco duro', y bien sabemos que la información almacenada en un disco duro es susceptible de ser modificada, cuando ello ocurre el comportamiento del computador también cambia.

Grandes científicos, como los doctores Howard, en 1999; Antonio Damasio, jefe en la Universidad del Sur de California del Departamento de Neurología, y Lipton —en 2005 y 2009— coinciden en afirmar que las memorias celulares se anidan en nuestras células, no solo en las del cerebro, sino en las de todo nuestro cuerpo. Sostienen además que la memoria está compuesta de imágenes, esto quiere decir que cada pensamiento generado se asocia con una imagen, lo cual a su vez significa que somos una especie de cámara fotográfica que cuanto ve lo archiva en su banco de datos: las células. Y una vez generada cada imagen, nuestras emociones le imprimen el carácter de buenas, malas, angustiosas, traumáticas, por lo tanto nuestro sistema de creencias hace que la imagen se refuerce con el *software* de la ira, del rencor, del resentimiento, del miedo, o por el contrario, en el de la felicidad, la gratitud, el amor, la satisfacción, el placer. Por eso uno de los objetivos fundamentales de IRB es el cambio de creencias, directamente desde el ADN.

Capítulo XV
La memoria celular

Reprimir las emociones negativas puede ser causal de enfermedades. El no expresarlas apropiadamente nos provoca "cocernos en nuestra propia salsa". Los químicos que circulan en nuestro cuerpo y cerebro son los mismos químicos que están involucrados en las emociones. Y esto me dice que… es mejor que le prestemos más atención a las emociones con respecto a la salud. Bajo la influencia de cantidades masivas de contracciones, nuestras células comienzan a funcionar ineficientemente.

Candace Pert
Jefa del Área de Bioquímica Cerebral, Clínica de Neurociencia del National Institute of Mental Health, Estados Unidos

Existen numerosos casos documentados en los cuales las personas que reciben trasplantes de órganos tienen los pensamientos, sentimientos, sueños, e incluso la personalidad y los gustos por la comida, de los donadores. Hoy muchos científicos están convencidos de que los recuerdos se almacenan en las células de todo el cuerpo y no que están localizados en un sitio determinado.

La Escuela de Medicina de la Universidad Southwestern publicó el conocido estudio de 2004 donde asevera que los recuerdos celulares son como pequeños pósits o recordatorios, que le dicen a la célula qué hacer. Cuando existen memorias celulares destructivas, los pósits le dicen a la célula que haga algo equivocado.

IRB permite eliminar los pósits cargados de información limitante y falsa, a fin de que la información de Verdad contenida en el ADN del Patrón Original del código Divino se haga visible para crear nuevas realidades a partir de la transmisión de Luz Viviente y Amor, permitiéndonos acceder a esa dimensión en la que nos encontramos en total balance.

Cuando no vivimos en conciencia el ego es el que filtra la información que llega a nuestras células y este tipo de información hace que las células entren en desbalance, en angustia, en estrés, son las creencias limitantes iniciadoras de las respuestas de estrés del organismo. Estas creencias limitantes se incrustan en la memoria de la célula, la cual a su vez forma las mentes consciente y subconsciente, junto con los centros de control del cerebro.

El HeartMath Institute ha hecho énfasis en investigaciones alternativas de eso que podría parecer 'increíble' y resulta siendo cierto. Entre ellas, una llamó mi atención, ya que tiene bastante que ver con los experimentos del doctor Masaru Emoto sobre cambiar la morfogenética del agua, pero esta vez, dicha clínica lo hizo directamente con el ADN: se colocó ADN humano en un tubo de ensayo, le pidieron a las personas que intervinieron en el experimento que lo sostuvieran entre sus manos y les solicitaron tener pensamientos dolorosos, es decir, que recordaran hechos destructivos, lo que llamaríamos 'experiencias fuertes'. Sabemos que es imposible tener pensamientos dolorosos sin recordar hechos destructivos.

Después de esto, los investigadores sacaron el ADN del tubo de ensayo y lo examinaron: el ADN estaba dañado. Luego colocaron ese mismo ADN en otro tubo de ensayo, pidieron a las personas que lo tomaran entre sus manos de nuevo y en esta ocasión les solicitaron tener buenos pensamientos, pensamientos felices —sabemos que es imposible hacer esto sin acceder a recuerdos agradables, almacenados en nuestra memoria celular—. Sacaron el ADN del tubo de ensayo, lo examinaron y descubrieron que había ocurrido un efecto curativo sobre este mismo ADN que se había dañado con los pensamientos negativos anteriores.

Esto nos indica que la activación de ciertas memorias es capaz de alterar el ADN, mientras que la activación de memorias saludables puede reconstruir o retornar al origen lo afectado por viejos patrones. Entonces, no basta con pensar positivo en el presente, sino aprender a percibir de manera positiva lo sucedido y lo por suceder, como un solo suceso fluido desde el Amor, para después, con un cambio evolutivo de conciencia, reformar el ADN hacia un Patrón Original sin distorsiones.

Para esto es necesario tener acceso a la totalidad del ADN, incluyendo aquello que la ciencia ha llamado durante tantos años 'ADN chatarra', nuestras Capas cuánticas o Divinas, información que detallaremos adelante. De acuerdo con Rochev Baaravot, la memoria está anclada en nuestra Capa 8 de ADN.

Se ha demostrado que el dolor crónico y otros padecimientos son causados por las emociones cobijadas por el miedo, como pueden serlo la ira y una gran cantidad de emociones destructivas reprimidas en la mente subconsciente. Es decir, no sabemos conscientemente que estos sentimientos los llevamos dentro, y menos aún que los hemos estado almacenando durante eones. La ira tiene sus raíces en nuestras memorias celulares. Teniendo en cuenta lo expuesto en este libro, de que Todos Somos Uno, cuanto cada uno de nosotros pensemos, digamos, sintamos y hagamos, afecta a los demás. Y si logra afectar a una comunidad entera, solo por causa del subconsciente colectivo o la masa crítica, imaginemos cuánto la ansiedad de un padre o una madre puede incidir directamente en la enfermedad y el dolor de sus hijos. En otras palabras, el estrés en los padres crea memorias celulares limitantes que terminan manifestándose como dolor, enfermedad y conductas limitantes en los niños. Por esto mismo, cuando limpiamos nuestro ADN de memorias limitantes, estamos sanando toda nuestra existencia cuántica y la de las futuras generaciones. Y no hace falta irnos a espulgar en qué momento, ni qué tipo de emoción, en alguno de los miembros conocidos o desconocidos de nuestra familia está el origen de este desajuste personal. No terminaríamos jamás de investigar. Por eso, una sesión personalizada de Sincronización Cuántica en la frecuencia de IRB logra desinstalar cualquier tipo de programa en cuestión de minutos y sin tener que revivir la historia.

La mayoría de sistemas de sanación conocidos hasta la fecha logran curar muchas de las afecciones generadas por estas memorias celulares, pero en ocasiones, después de un tiempo, vuelven a salir a la superficie y reincidimos en desequilibrios físicos, mentales o emocionales. Nuestra responsabilidad en la nueva energía nos invita a obtener curaciones a largo plazo, permanentes, si en nuestras vidas dejamos de traer al presente recuerdos y sentimientos de ira, tristeza, miedo, confusión, culpa, impotencia y una lista interminable de emociones que nos limitan, y más bien tomamos la decisión de comenzar a tener pensamientos que activan nuestros atributos maestros desde el Amor, dejamos de identificarnos con la forma, comenzamos a ser imperturbables en cada momento presente de nuestra vida, activamos nuestra conciencia transformando el ego en nuestro eterno presente, comenzamos a ser conscientes desde la perspectiva de estarnos experimentando como Dioses encapsulados en la materia y honramos desde el Amor todo lo que se encierra en nuestra memoria celular para acceder a nuestro ADN, no solo de esta existencia terrenal actual, sino de nuestra impronta átmica.

IRB nace para no tener que 'sanar'. Ese es el primer paradigma que viene a romper: no hay nada que sanar, solo hay mucho que ordenar y sintonizarse con la dimensión donde habitamos en perfecto balance de salud, porque la historia no se borra, se reescribe, observándola desde una perspectiva diferente.

La psicología, por ejemplo, ha intentado encontrar una manera de curar las memorias celulares, aunque en muchos casos el hablar sobre los 'problemas' una y otra vez en la mayoría de los casos tiende a empeorarlos y a regrabar de nuevo el suceso traumático.

La Programación Neurolingüística (PNL) logra entrenarnos en pensar de manera diferente acerca del suceso, permitiéndonos hacer un reencuadre acerca de él, lo que es una gran ayuda, pues se eliminan el sufrimiento y el dolor. Adicionalmente, la PNL explica que de todas las memorias o recuerdos que tenemos, o registros de lo que nos ha sucedido alguna vez, más del noventa por ciento de ellos se alberga en nuestro subconsciente, esto significa que es muy difícil, o casi imposible, recordarlos; y que solo cerca del diez por ciento de los recuerdos son conscientes y podemos rememorarlos si lo intentamos, eso podemos graficarlo con la metáfora de un iceberg, es decir, que el noventa por ciento de nuestros recuerdos se encuentran debajo del nivel del agua y apenas el diez por ciento flota sobre ella.

Lo anterior solo se refiere a esta existencia, de la cual claramente tenemos conciencia. Pero si esa memoria archivada debajo del agua en esta vida tiene su origen en una experiencia vivida en otra existencia u otra dimensión, o pertenece a alguien más de mi familia del alma, entonces se encuentra archivada es en nuestra Capa 8 de ADN, en la que se acumulan todas las experiencias vividas en nuestras vidas pasadas, paralelas —nuestro mismo ser en otras realidades o dimensiones— y futuras. Es en nuestro ADN donde en realidad se encuentran nuestra mente subconsciente, nuestra conciencia y nuestra impronta espiritual, esto es, la totalidad de quienes somos, incluyendo nuestro genoma humano, nuestras emociones, nuestro vehículo de ascensión, nuestra escalera de Jacob, nuestro Yo Soy, nuestra automaestría, nuestra impronta Divina, nuestra perfección, nuestro creativo femenino, nuestra Divinidad y el contenido de toda la información del universo en cada una de nuestras células, que a la vez se conecta con el ADN de todo lo que es, con la Fuente, con la esencia Divina, la única que nos permite volverlo a su estado original, retornar al origen, regresar al paraíso, a eso que hemos llamado edén. IRB hace fácil y hermoso ese camino de regreso.

Por su parte, la medicina tradicional puede balancear los quími-cos de nuestro cerebro, pero como el desequilibrio químico es un resultado de la experiencia vivida, tampoco logra la sanación definitiva, porque va al efecto y ya sabemos que lo que no se tra-te en la causa es imposible que actúe en el efecto. Eso es lo que hemos realizado durante años: curar los síntomas, lo cual significa que el desequilibrio continúa y solo hemos aprendido maneras de manejar el dolor. Lo que realmente queremos es el retorno del Balance a nuestras vidas para siempre, en esta vida o en cualquiera de nuestras existencias en cualquier otro plano que decidamos experimentar.

Por consiguiente, IRB se enfoca en transformar o desinstalar el pa-trón de energía de la memoria celular destructiva para que el Patrón Original Divino resurja. Queremos con IRB es cambiar para siempre el rostro de la salud —y cuando hablamos de salud nos referimos a todos los ámbitos cotidianos de una persona, a las trece áreas de su vida— logrando balancear las frecuencias internas generadoras de desequilibrio en el cuerpo, accediendo a una informa-ción de niveles supremamente altos que acrecientan la vibra-ción de los cuerpos y las mentes de cada persona o ser vivo en el planeta, transformando sus patrones de energía en el orga-nismo.

Tenemos la manera de archivar estas imágenes, estos recuerdos, con el *software* de nuestra elección, por eso debemos cambiar nuestra percepción interna de las cosas, para que la fotografía

—o la película— quede sustentada con emociones que nos favorezcan, en lugar de aquellas que enferman y nos limitan, cambiar nuestra conciencia desde el núcleo de nuestras células a fin de generar una nueva película que empodere nuestra capacidad Divina.

Las experiencias se transforman en creencias y estas pueden ser empoderadoras, o destructivas, limitantes; todas ellas, de cualquier tipo que sean, llevan a activarse la respuesta de desbalance en el organismo, a desconectarse el sistema inmune y a producir los problemas que conocemos en nuestras vidas. La sustancia de los recuerdos, de las memorias y las imágenes son frecuencias de energía que desencadenan nuevos comportamientos; cuando damos rienda suelta a los recuerdos dolorosos, tristes, de depresión, de enojo, y permitimos que nuestro enfoque esté en ellos, damos rienda suelta a nuestras emociones negativas, ocasionando que con el tiempo nuestro organismo adquiera patrones de enfermedad.

Con nuestra mente consciente podemos elegir tener recuerdos y pensamientos buenos, felices y saludables, pero con nuestra mente subconsciente ese noventa por ciento que está por debajo del iceberg es imposible elegir lo que pensamos, ya que es ella la que elige la manera de hacerlo, pues trabaja por asociación. Esto quiere decir que cuando se está en una situación negativa semejante a alguna vivida en el pasado la mente subconsciente reactiva esos recuerdos negativos y comenzamos a sentirnos mal, sin siquiera saber el por qué. Esto sucede todo el tiempo y ocasiona dificultades en nuestra vida, de ahí la importancia de bajar nueva información al ADN de las células.

Lipton, en 2005, afirmó que una creencia equivocada hace que tengamos miedo cuando no debiéramos tenerlo. Eso explica por qué a veces nos hacemos preguntas como: ¿Por qué me enojo cuando no debería? ¿Por qué como demasiado, si sé que no debo hacerlo, ya que estoy intentando retornar a mi peso ideal? ¿Por qué pienso en cosas en las cuales no quiero pensar? ¿Por qué si quiero pensar en cosas buenas, saludables, positivas, pareciera que no puedo deshacerme de esta situación que tiene que ver con mis pensamientos, sentimientos y conductas? Porque ella está anidada en el núcleo de las células, no en el cerebro; de ahí la importancia de cambiar el programa, la perspectiva de cómo se recuerda, y al igual que a un computador, decodificarlo por completo de modo que no contenga virus ni programas chatarra que hagan que, nuevamente, limitantes de otra índole se vuelvan a instalar en él.

Además de cargar las memorias y recuerdos almacenados en esta vida, también se encuentran las marcas de la totalidad de nuestras experiencias de vida, sean estas pasadas, paralelas o futuras, porque todo el tiempo cuántico es la misma 'sopa', inseparable e indivisible. No obstante, para poder vivir esta experiencia humana necesitamos del vehículo de una madre y un padre, quienes a su vez tienen la impronta de sus propias vidas. Eso quiere decir que no solo almacenamos lo propio, sino lo de nuestros padres, quienes, por su parte, contienen lo de los suyos, o sea lo de nuestros abuelos, y así crece la pirámide infinita, almacenando una infinitud de memorias de tatara-tatara-tatara-tatara-tatara-tatara-tatara-buelos. Lo que hay que 'sanar' realmente es la punta de la pirámide, el presente, para afectar la totalidad del origen. Al darle balance a lo Total, la identidad ya no está más ni con el personaje ni con el suceso, porque entonces comprendemos que somos el suceso mismo, el cosmos, la Presencia, lo perfecto.

El saber y tener conciencia de que los pensamientos, creencias y conductas de alguien pueden brotar de algo que ni siquiera sucedió en su vida, puede convertirse en algo frustrante que podría conducir a la desesperación, la depresión y la enfermedad. Esta es una de las razones por las cuales las técnicas tradicionales de curar no han sido eficaces para un gran porcentaje de personas a lo largo de los años, es muy complicado tratar con un problema que ni siquiera sabemos que existe. Pero si sencillamente transformamos, diluimos desde la alta frecuencia de IRB todo lo que no sea compatible con el Amor, permitimos que la información origen y perfecta del ADN en la completitud y la Sabiduría infinita propia de su Patrón Original emerja, llegando al origen, sin importar qué hubo, ni cuánta información errática o limitante haya en las células, debido a que ahora todo se incorpora como parte de una experiencia vivida desde los cuatro Pilares: Amor, Sabiduría, Presencia y Compasión.

Y lo más poderoso y sorprendente es que no solo logramos sanar al individuo, sino a toda la sociedad que lo gestó, a razas enteras, ¡del individuo para el mundo sin límites! IRB, al retornar a la persona a su Patrón Original, logra restablecer el orden, no solo en ella, sino al entorno al que pertenece, ya que todo está interconectado.

En nuestra infancia todo lo que vivimos se graba en forma de recuerdo. El nivel de razonamiento en el momento en el cual se vive la experiencia es el nivel de conciencia de un bebé que no tiene la información completa, solo la de su pequeño mundo. Por esto, cada experiencia vivida en la edad más temprana se fija directamente en nuestra memoria celular, sin pasar por el filtro de un juicio consciente. Por ejemplo, si un bebé llora a medianoche por hambre, o porque tiene los pañales mojados, y la respuesta es de una mamá enojada o un papá que a regañadientes se levanta para atenderlo, en la conciencia del bebé no existe la realidad de que sus padres han trabajado arduamente durante el día y requieren descansar, su experiencia solo asume la realidad de que por tratar de evitar una molestia como el hambre o la incomodidad de los pañales húmedos se ve obligado a enfrentar el que sus padres, en ese preciso momento, no sean más amorosos.

Eso crea confusión, y en su edad adulta esta memoria celular puede manifestarse, cuando deba pedir que se satisfagan sus necesidades físicas, o cada vez que piense en encontrar amor en una mujer, e incluso, cada vez que despierte en medio de la noche.

Esto es tan solo un pequeño ejemplo de la cantidad de recuerdos, temores o dolores que se almacenan cada segundo con cada suceso vivido y terminan por bloquear en el presente la salud, el bienestar, la relación de pareja, el éxito en el trabajo, las relaciones interpersonales, la capacidad de merecer, la abundancia y un sinnúmero de aspectos en la vida cotidiana.

Siempre que esas memorias o recuerdos se reactivan lo hacen como si tuviéramos la corta edad en que quedaron grabados, no como si los estuviéramos viviendo en la edad adulta y pudiéramos experimentarlos de una manera racional, ya que los aflora es la mente reactiva, no la lógica. ¿Podemos cambiar lo vivido? ¿Podemos retroceder en el tiempo? ¿Podemos escarbar en nuestro archivo para racionalizar recuerdo por recuerdo y así poder sanar? No. Pero sí podemos acceder a nueva información que nos permita observarlas y sentirlas de manera diferente en el núcleo de la célula, y transformar de esta manera no solo esas memorias, sino las de la historia completa, en nuestro ADN.

Así como el pie reacciona para frenar cuando el auto que va adelante hace una parada intempestiva, sin tener que poner en marcha la lógica, de esa misma manera se reacciona violentamente ante estímulos que simplemente se asemejan a lo vivido en esta vida o en vidas anteriores y se encuentran almacenadas en la célula. Esto es de lo que el doctor Lipton habla con relación al por qué las personas se asustan cuando no deberían tener miedo. El miedo hace que evitemos actuar de la manera como somos capaces de hacerlo; no permite que entremos en relaciones de amor como deseamos; cierra nuestras células, y ya vimos cómo cuando las células se cierran no se alimentan y, al no alimentarse, producen la enfermedad.

Esta es la razón principal de por qué tantas veces decimos o hacemos cosas en contra de lo que realmente queremos en nuestras vidas, sin saber el motivo. Si no sustentamos estas memorias desde la responsabilidad de ser la causa de lo que creamos, se convierten en un sistema de creencias programado que se disfraza de protección, y las creencias pasan a nuestra mente consciente, que comienza a clasificarlo todo y a sintonizarnos con la dualidad y los límites, generando como resultado que nuestras relaciones se vengan a pique, que nuestros trabajos no se logren y que activemos nuestra víctima o nuestro victimario, íntimamente relacionados. Estas memorias están almacenadas en el núcleo de nuestras células, y para nuestra mente esos asuntos no se encuentran en el pasado, están sucediendo ahora mismo, pues absolutamente todo es presente.

Nuestra mente, todo el tiempo, es una realidad actual, sonido envolvente de trescientos sesenta grados. Así, cuando un recuerdo de dolor o placer se activa, no solo estamos tratando con algo que sucedió hace diez, veinte o treinta años, ni en otra vida, es una emergencia que ocurre ahora. Es en ese momento cuando reaccionamos hacia un estado de confusión, de conflicto. Lo que se siente es muy fuerte y requiere de nuestra atención. El problema radica en que, en ese preciso instante, pareciera que no tiene ningún sentido. Por eso IRB llega con esta nueva energía para desde el poder y el Balance del Rayo Índigo, vivir la vida con amor, gozo y en paz.

Las creencias son un sistema operativo programado para protegernos de repetir situaciones dolorosas en nuestra vida, que suelen tener un efecto enorme en la manera como la vivimos porque no se basan en razonamientos lógicos. Cuando las memorias de traumas suceden el cerebro racional es pasado por alto y se ocupan de las cosas el cerebro emocional y el cerebro reactivo, dando respuesta al dolor y generando estrés y desequilibrios latentes, es entonces cuando nuestro pensamiento consciente o racional toma la opción de desconectarse o de disminuirse y simplemente reacciona.

Mis preguntas, en este mismo instante en que usted lee este libro, son: ¿Está viviendo la vida que quiere, o se encuentra en constantes estados de confusión? ¿Será que las viejas memorias de traumas se están reactivando por las circunstancias actuales? Si su respuesta es afirmativa, es el resultado de que sus recuerdos dolorosos de esta vida y de vidas pasadas, paralelas o futuras están anclados en sus células y tienen prioridad sobre cualquier otro tipo de memoria, para así permitirle sobrevivir y crecer.

Cuanto más grande haya sido el trauma ocasionado, más probabilidades hay de que se reactive en nuestro presente por una gran cantidad de asociaciones, esto hace que cualquier situación semejante al evento doloroso se active, para así poder estar en alerta, pues si vuelve a suceder el sentimiento podría ser el de no volver a ser capaz de sobrevivirlo; y estas asociaciones pueden ser mínimas, como el color de una prenda que hubiese estado cerca en el momento del hecho.

Esto hace que ni siquiera sepamos qué está sucediendo ni por qué estamos sintiendo lo que sentimos o por qué hacemos lo que estamos haciendo. Por lo tanto, la única manera de reaccionar es transformando la información de las memorias ocultas. Y recordarlo es demasiado doloroso en la mayoría de los casos, o no lo recordamos por estar en el fondo del iceberg, donde, si lo hiciéramos, repetiríamos el dolor tan intensamente que podríamos volver a anclarlo, ahora con nuevos recuerdos y asociaciones del presente. Merecemos experimentar, transformar, trascender, sin más dolor, sin más carencia, sin más enfermedad; recuperar la frecuencia y la información original de nuestro ADN sagrado, cuántico, para una solución definitiva.

Para acabar de completar la perfección de nuestro sistema celular, estas memorias de traumas se encuentran protegidas por nuestra mente subconsciente con el fin de evitar que puedan ser curadas. Suena un poco absurdo que si se toma conciencia de un trauma vivido, nuestra mente subconsciente pretenda no querer curarlo, pero el principio es tan simple que la mente subconsciente se resiste a permitir que esos tipos de recuerdos se eliminen, como protección contra daños similares. Esto quiere decir que si se borra podemos volver a atraer la misma experiencia y ser tan dolorosa que si permitimos el suceder otra vez podríamos no sobrevivir al nuevo trauma, llegar a extremos como el suicidio o a desarrollar una terrible enfermedad. Por esta razón es de vital importancia cambiar la perspectiva desde el Amor sobre la experiencia generada, en lugar de borrarla, a fin de no tener que repetirla nunca más. Y esto no se realiza desde la reprogramación neuronal, ni cerebral, ni lógica, ni de nada que tenga que usar la fuerza de voluntad para cambiar los síntomas, es necesario ir al origen, a la Fuente, y solamente hay un origen: el ADN.

Muchas técnicas de sanación genética que han pretendido 'borrar' lo sucedido en nuestras vidas pasadas, dejando nuestras memorias en blanco, ocasionan el altísimo riesgo de volver a anclar patrones que ya habíamos superado en esas vivencias. Por eso la solución no está en borrar, sino en transformar con nueva información que incorpore desde una perspectiva amorosa la experiencia de lo vivido. No es práctico utilizar el ego cambiando información, porque este siempre está íntimamente ligado a las creencias que tenemos en el momento en el cual intentamos la reprogramación y siempre pensamos que cuanto creemos en el momento es lo mejor que deseamos conseguir. Solo la Inteligencia Universal del Todo puede hacer esta transformación, en la energía del Amor y la libertad, despojada de cualquier tipo de creencias que vuelvan a anclar nuevos códigos de información limitantes posiblemente para una vida futura desde el presente.

Capítulo XVI
El poder de las creencias

No os creáis nada. No importa dónde lo leáis, o quién lo haya dicho, aunque lo haya dicho yo, a menos que concuerde con vuestra propia razón y vuestro sentido común.

Buda

Una historia cuenta que una maestra de matemáticas pidió a sus estudiantes que resolvieran un problema, anunciándoles que quien lograra solucionarlo tendría un premio especial, ya que hasta ahora en sus clases nadie había logrado hallar la respuesta. A esa clase había faltado una niña, quien por ese motivo no escuchó lo que la maestra dijo sobre la dificultad del problema; pese a ello, fue la única que llegó al día siguiente con él resuelto. La maestra entendió que, aunque la niña era talentosa, había sido capaz de lograr lo aparentemente imposible por haber creído que podía hacerlo, sin ninguna duda en su corazón; resolver el problema de matemáticas era, simplemente, la manifestación física de las creencias interiores.

Hoy, ¿cuáles son los 'problemas de matemáticas' en su vida? Cualesquiera que sean, es probable que estén ahí debido a un sistema de creencias. Puedo asegurar que cuando nos conectamos a la Verdad, a través de la Luz Viviente, los 'problemas de matemáticas' que están bloqueando el camino se pueden resolver. Lo que esa niña logró es una representación perfecta del poder que se adquiere al creer que nada es imposible.

Y para hacer realidad 'lo imposible' no basta con afirmar que creemos poder lograrlo, puesto que el noventa por ciento de nuestras creencias son subconscientes. Cuando decimos: "Yo creo", se está afirmando que "Yo, subconscientemente, creo", pero esto no es suficiente para manifestar en nuestra realidad física lo que queremos cocrear. Podemos pasarnos el día entero repitiendo decretos, mas si las circunstancias a nuestro alrededor reactivan memorias dolorosas, las creencias conscientes se suelen ignorar y dejamos que terminen por abortar, continuamos viviendo con base en nuestras creencias subconscientes sin siquiera saberlo y le atribuimos el 'fracaso' a nuestras circunstancias actuales, en lugar de a nuestros pensamientos, sentimientos y acciones; caemos en la energía de la culpa y el autocastigo, adjudicándole a las circunstancias el motivo del 'problema'. Es nuestro sistema de creencias el que causa el bloqueo y limita nuestro poder creativo. Solo logramos transformar este sistema desde el origen, desde el ADN.

Estas mismas memorias pueden atarnos a 'malos hábitos', a adicciones que poco a poco nos destruyen. La mayoría de expertos en romper hábitos se enfocan casi con exclusividad en el pensamiento y la conducta consciente, y esto es tan difícil como si nos pusiéramos a empujar una roca muy pesada por la falda de una montaña. Tratar solo a fuerza de voluntad de acabar con un vicio, una adicción o un mal hábito puede convertirse en un círculo vicioso que nos llena de frustración y consume demasiados años de nuestra encarnación presente, sin contar que podría reactivarse en otra, siguiente o paralela.

En el caso de los alcohólicos, por ejemplo, casi todos son conscientes del ciclo de dejar el alcohol por un tiempo y luego romper la abstinencia. Esto mismo sucede con la droga, el cigarrillo, el sexo, la comida, o con cualquier tipo de adicción. Superar la adicción puede tardar años y quizás nunca lograrse, mientras que despejando la información de las células y las memorias subconscientes con sesiones personalizadas de Equilibrio en IRB, donde la resonancia de la perfección se sintoniza con la resonancia de nuestro corazón, podemos erradicar esas creencias que llevan a la adicción, a la depresión y a duelos profundos, para dejar el hábito, desbloquear el programa que genera el vicio y, al permitir que la información origen del ADN resurja, cambiar el sistema de creencias limitantes por creencias de Amor y Verdad al desarrollar habilidades excepcionales en cualquier área.

Las creencias limitantes generan que el arquetipo del saboteador en la sombra sea el bloqueador de muchos logros en la vida. Este personaje es el creador número uno de todo tipo de excusas que nos impiden llevar a cabo cosas al parecer importantes de realizar pero que, sustentadas en la energía del miedo, crean excusas tan lógicas que parecen reales como un resfrío: alguien debía proporcionar algo indispensable para llevar a cabo la labor y no lo hizo; sufrir un accidente; presentarse una situación en ese momento de mayor valor que el propósito inicial; una persona muy cercana o querida requirió nuestra presencia; que la 'culpa' es de alguien externo a nosotros y en definitiva nos impidió llevar a cabo lo propuesto.

Todas estas cosas aparentan ser reales. Y realmente nos han sucedido. Lo importante es descubrir que no son ellas las que han impedido cumplir la tarea, admitir el no ser más que excusas y que estas se convierten en un vicio que pasa a ser una realidad y a generar nuevas creencias como: "no tengo suerte", "siempre estoy enfermo", "no logro tener una relación de pareja estable"; en resumen, terminamos viviendo una vida indeseable.

En verdad, nuestra creencia limitante acerca del resultado a obtener cuando hayamos llevado a cabo las acciones, es la que impide realizarlas. Cuando solucionamos la creencia activadora de la emoción que nos limita y causa el impedimento nuestra creencia consciente racional cambia de manera automática, y si bien pueden suceder a diario cosas que no marchen tal y como queremos, ahora podemos aceptarlas como se presentan y sacamos a la luz todas nuestras habilidades y talentos, que nos hacen sentir lo grandes que somos. Nuestro poder creativo ya no tiene límites, ni excusas, porque la emoción que activa nuestra creencia se transforma en Amor. El detonante de la enfermedad y el padecer en el organismo es siempre una creencia limitante, y a la inversa: cuando transformamos nuestras emociones en Amor accedemos a la Verdad y entonces nuestras células, nuestro ADN, se hacen impermeables al padecimiento y a la enfermedad.

Cuando nuestras emociones no encajan en las circunstancias vividas en el momento presente, es porque existe alguna vieja memoria que se está activando; casi nunca somos conscientes de ser un recuerdo lo que produce nuestra emoción, pues los sentimientos son tan reales que pensamos que las circunstancias presentes la causan. Por eso es tan importante tomar conciencia de vivir en el presente; la única razón de que las memorias celulares dolorosas se reactiven y provoquen pensamientos y sentimientos limitantes es el permitir que emerjan del 'pasado'.

En realidad casi toda adicción o hábito destructivo queda contenido dentro de nuestras células como un recuerdo y las creencias que se forman y anidan en nuestra memoria celular y en el subconsciente son reactivadas, lo cual nos causa dolor o nos limita e impide poder crear la realidad desde la propia Divinidad de nuestro ADN.

¿Qué tal si dejamos de procrastinar la vida que siempre hemos soñado, sin limitaciones, reconociéndonos en la totalidad y asumiendo el poder que existe dentro de nosotros?

Las creencias son tan fuertes y marcan tan profundamente el comportamiento, que aun lo que llamamos equivocación lo es por creer en algo 'equivocado'. Jamás podemos hacer nada que vaya contra nuestras creencias, pues estas conducen nuestras acciones. Una cosa es lo que se quiere creer y otra lo que realmente se cree, es imposible hacer algo en lo cual no se cree. La paradoja radica en las creencias subconscientes, aquellas de las cuales no somos conscientes y se contraponen a una creencia consciente, generando la incoherencia que bloquea nuestro poder cocreador. Por eso, tomar conciencia de vivir la Verdad en el Amor y vivirla consciente y subconscientemente con armonía es una transformación contundente, como la vivida por una mariposa cuando logra trascender la oruga que la contenía.

Todos podemos acceder a esta transformación sin límites para poder elevar nuestro vuelo, camino a la evolución multidimensional, al logro de la maestría, a la perfección de nuestro ADN, sin más esfuerzo y sin tener que seguir discutiendo ni con nosotros mismos ni con nuestro entorno el 'tener la razón' sobre algo, pues la idea es acceder a esa parte del Campo Punto Cero que logra esta activación de manera automática para sanar estas memorias celulares de manera definitiva, permanente, y dejar de producir bloqueos subconscientes, ya que al aceptarlas y permitirles ser en balance con el todo dejan de ser un problema.

Podemos dejar de vivir en el problema —cualquiera que sea su nombre: enfermedad, pobreza, estrés, conflicto, limitación— por el resto de la vida y de manera muy efectiva tratando nuestras creencias limitantes desde la completitud de nuestro ADN.

Las creencias son como una estación de radio que emite constantemente información acerca de sí mismas, a tal punto que después de años de escuchar esta versión, sin manera de poder cambiar la emisora, empezamos a creerlas y actuar en consecuencia. Por eso es necesario romper el ciclo, trabajar desde el ADN y no desde la mente. La mente es el consciente, el ADN trabaja de la mano con el subconsciente. Ahí, en la Capa 8 del ADN, está el mayor secreto. Y el Amor es el vehículo que cambia esta información.

Capítulo XVII
La importancia del corazón

Quien mira fuera de su corazón sueña.
Quien mira dentro de su corazón despierta.

Carl Jung

Cuando el corazón y la mente entran en conflicto iniciamos un desequilibrio o incoherencia en nuestro organismo. El corazón debe permanecer siendo el maestro y la mente su sirviente, dice Osho; es por eso que si la mente intenta ganar y mandar el control se apodera de lo que pensamos, sentimos, decimos y hacemos, razón importante de por qué sintonizar nuestras frecuencias en la vibración del Amor y la Sabiduría y permitir que sea el corazón el que comande desde la Verdad y la Visión. El lenguaje cuántico que se experimenta en el silencio es fundamental en el proceso de equilibrar y neutralizar lo que llamamos incoherencia. Aquí se deja ver la importancia de la activación de los conceptos y vehículos de transformación que nos devela la frecuencia de IRB: el Comando del Corazón, el cual alberga las doce primeras Capas de ADN y el Pilar del Amor; el Comando de la Corona, que alberga el Pilar de la Sabiduría, y la Capa 13 de ADN, que es el silencio más puro.

Hay personas que tienen tan arraigadas sus memorias dolorosas y alimentan su adrenalina con el dolor que les produce, que les cuesta mucho imaginar y hasta llegan a perder esta habilidad, pues cuando lo hacen las activan, están siempre latentes y prestas a emerger a la superficie de la mente, hasta llevarlas a realizar cosas que no quisieran. Por eso es imprescindible activar el Comando del Corazón, que gobierna nuestras doce primeras Capas de ADN y por ende el corazón: cuando hablamos del corazón no nos referimos al músculo físico así denominado, sino al núcleo de las células, a nuestro ADN cuántico.

William Thiller, profesor de la Universidad de Stanford, autor de varios libros y una de las estrellas de la película ¿Y tú qué sabes? —2004—, considerado por muchos como el físico cuántico más prominente de nuestros tiempos, nos habla sobre la importancia de la intención, que tiene dos facetas: la intención consciente y la intención subconsciente. La intención subconsciente existe para la mayoría de los asuntos en la vida y es la voluntad del Espíritu, del universo; en ella no interviene la voluntad consciente. Sin embargo, la mayoría de nosotros nos referimos acerca de la intención consciente como una forma real e imprescindible de cocrear, siendo que esta intención no lo determina todo, ya que cuando la intención consciente y la intención subconsciente entran en conflicto la subconsciente predomina. El universo posee una intención subconsciente, la cual permite que todo suceda, como en el caso de una flor que en el verano se convierte en fruto. La flor no tiene la intención consciente de convertirse en fruto, es la intención subconsciente que vive en ella y está unida al Todo, la que lo logra.

El doctor Bruce Lipton afirma lo mismo, la casi imposibilidad de que cambiemos nuestros asuntos usando la fuerza de voluntad, por ser la mente subconsciente un millón de veces más poderosa que nuestra fuerza de voluntad o voluntad consciente. De ahí la importancia de 'soltar el control' para que las cosas se manifiesten de manera fluida.

En este momento supongo que se está preguntando: ¿De qué sirven entonces la intención, los decretos, el manifestar lo que queremos cocrear? Si no los sintonizamos con el Campo Punto Cero, desde la energía del Amor, ¡de nada! Es necesario transformar el patrón de energía limitante de la memoria anclada en nuestras células, que contiene la creencia equivocada y genera tener miedo cuando no se debería sentirlo, a la vez que activa el sistema de reacción sin motivo lógico, conduciendo a cualquier tipo de desequilibrio físico, mental, emocional o espiritual. Fusionar la ciencia, la espiritualidad y el arte para manifestarse desde el Campo Punto Cero, donde todo se crea en la energía del Amor, es la clave.

Entonces, si queremos liberarnos de asuntos de salud física, mental, emocional, o de cualquier otro aspecto, es imprescindible permitir que nueva información y la información origen surjan desde nuestro ADN en forma de luz, color, sonido, y números. No de manera consciente, solo permitiendo la sincronía de la creación; no dando órdenes desde las creencias existentes, sino más bien escuchando desde el más sagrado silencio, para fluir con el subconsciente del cosmos, que es Sabiduría pura.

Ahora, lo que hemos estado esperando, la 'puerta dorada' por la que pasa la Luz Viviente, lo que las mentes científicas más lúcidas de nuestros tiempos recientes han predicho, comenzando por Albert Einstein, y que recién se pone a disposición de la raza humana en la Tierra: la energía que dejan los programas limitantes en nuestro ADN, pueden ser transformados desde el corazón. IRB va aún más allá: no controlar, solo acceder a la información apropiada.

¡Qué bueno es tener conciencia de que tenemos acceso a nuestro Patrón Original, donde nos encontramos en estado puro de perfección y somos totalmente sanos! Al tener esta conciencia, cualquier desequilibrio actual se 'cura'. Usted, yo, todos, nacemos con un programa multidimensional que nos faculta cambiar nuestro estado en el momento en que lo activemos, está diseñado para ser capaz de 'arreglar' cualquier desbalance antes de que llegue a convertirse en un bloqueo. Incluso, si algún desbalance se presenta, nuestro programa puede incorporar la experiencia vivida desde el Amor y, de esta manera, corregirlo tan pronto surge, sin permitir que se vuelva pasado y cargue como memoria destructiva. El simple hecho de dejar de verlo como un problema y cambiar la perspectiva con la cual se observa y se vive, es suficiente para que deje de existir, solo existiría si le damos el poder de archivarse con la fuerza del miedo.

Como superseres, estamos dotados con todos los dones de la Divinidad.

Pese a ello, mientras creamos en falsedades y vivamos desde la manipulación de la separación, sintonizada en la frecuencia del miedo, que nos hace creer limitados, los archivos de estos dones se corrompen, ocasionando que el programa funcione más y más lento y eventualmente falle. IRB brinda la manera de corregir los archivos con la finalidad de retornar a la capacidad innata del ser a fin de sintonizarse con el Campo Punto Cero, que permite acceder al ciento por ciento de la información y entrar en la perfección del balance para sí, tal y como fue diseñada desde el origen. Así como creemos que esto es posible en un modelo de computador, comencemos a verlo viable en nuestro modelo humano.

El mensaje dado por Kryon a través de la canalización con Marina Mecheva, transcrito al inicio de este libro, puso a prueba mi espíritu; y en esta prueba afiancé mi propósito porque desde el principio de los tiempos he recorrido un camino de transformación de conciencia. Ese es mi principal propósito en esta encarnación y lo vivo todos los días. Logré comprender que para producirse la transformación es muy importante estar en un espacio sano, haciendo las preguntas correctas, con la intención de lograrlo; además, que cuando estoy ansiosa y me frustro con las distracciones, como: ¿qué está ocurriendo a mi alrededor?, ¿quién me 'molesta o lastima'?, ¿quién está haciendo su trabajo o no u 'obstaculizando' mi camino?, estas forman parte de mi senda de transformación, o mejor, de mi evolución.

Cuando trato de pasar por las distracciones lo más rápido posible me pierdo las verdaderas oportunidades de transformación y liberación. Hoy le llamo transformación a lo que en una época llamé sanación, porque al adentrarme en el concepto que la mente brinda como sanación comprendí que sanación es permanecer en perfección desde la conciencia. Si sigo queriendo descubrir y desarrollar herramientas de sanación para cumplir con mi propósito, en mi universo, en mi mundo, seguirán existiendo enfermos para poder cumplir con él. Por eso, a partir de ese instante, mi propósito se convirtió en generar conciencia con la cual poder fluir desde y hacia la perfección del Absoluto.

IRB nos invita a enfocar la mente en la gratitud cuando nos levantamos cada día, conscientes de las consecuencias y avanzando en Amor para sentir la alegría de la creación al comenzar cada mañana. No es tan difícil pensar permanentemente en actitud co-creadora, solo requiere práctica. Todos poseemos la energía de la perfección, basta con ampliar los canales que conectan el diálogo con la esencia más elevada de nuestro ser para abrazar la Luz Viviente que crea.

Es importante mantenernos presentes y responder con plenitud a cualquier cosa que el momento nos brinda; ser Uno con lo que hacemos, Uno con el ahora, Uno con las personas a quienes servimos y con quienes nos sirven, Uno con cada actividad que realizamos.

TERCERA PARTE

IRB y el ADN

Capítulo XVIII
Transmutación alquímica de la conciencia hacia la vida real y el propósito

El campo cuántico no responde a lo que queremos,
sino a quien estamos siendo.

Centro de Investigación HeartMath de California

Muchas personas han realizado una infinidad de protocolos para hablarle al ADN y darle las órdenes correctas de 'sanación'. Todos estos intentos han marcado una pauta maravillosa acerca de que el ADN está vivo, conserva memorias y guía nuestro proceder en el momento presente. Hasta hemos podido comprender que nuestro ADN escucha en tono *alpha*, el cual lleva al cerebro a frecuencias cerebrales bajas y estables que facilitan la relajación y la práctica del control mental, sonido que el oído humano no es capaz de captar pero permite armonizar el espacio y relajarse, logrando un estado similar al del cerebro cuando soñamos. Por eso, cuando logramos hablarle en ese tono, nuestro ADN obedece nuestras órdenes. Lo que aún no habíamos descubierto como problema es que seguíamos dándole instrucciones a nuestro ADN con base en nuestro sistema de creencias actual.

Así como en otras experiencias de vida hicimos votos de obediencia, castidad, celibato, pobreza y muchos más, porque en ese momento creíamos, por ejemplo, que ordenarnos de religiosos era la mejor manera de llegar a Dios, de esa misma manera, en el momento en que instruimos o damos órdenes a nuestro ADN volvemos a hacerlo basados en las limitantes de nuestras creencias del momento.

Por eso, el cambio radical que nos propone IRB es no dar más instrucciones desde nuestra conciencia actual, permitiéndole a nuestro ADN expresarse en la completitud sin límites de su perfección Divina. La idea es: "Escuche a su ADN". Y para poder escucharlo es preciso entrar en un estado de profundo silencio cuántico, lo que se logra al activar nuestra Capa 13 de ADN.

Somos solo observadores de lo que sucede. Cuando pretendemos darle explicación a cada suceso, aterrizamos la experiencia a la mente y esta maneja las creencias limitantes. Cuando simplemente aceptamos lo que sucede, somos libres. La aceptación es el principio activo de la libertad. A veces queremos forzar lo que sucede desde lo que creemos es correcto; por ejemplo, si hoy plantamos una semilla de manzana y no sabemos que la manzana tarda tres años en dar su primer fruto, ¿qué pasaría si al año vemos apenas una rama que está tomando forma, que recién está comenzando a engrosar su tronco y que aún no da frutos? Podríamos pensar que este árbol plantado es estéril y abandonar el proyecto de recoger manzanas.

Si no estamos ahí dos años más, probablemente otro recoja los frutos que sembramos y pasar la vida entera cosechándolos; generamos la creencia de no valer la pena el esfuerzo de la siembra porque no se recogen los frutos. Así entonces, es preciso saber reconocer que en cada instante hay un regalo maravilloso y que cada momento está lleno de vida, aun cuando la manifestación de esa vida no tenga la forma que hemos preconcebido de ella. Es por esta razón que la confianza y la paciencia —la ciencia de la paz— son atributos de maestría tan importantes.

Para poder entender un poco más a fondo lo que hemos explicado y generar la evolución contundente de nuestro ADN con la propuesta de IRB, haremos primero un breve resumen de cada una de las Capas que componen nuestro ADN en esta Tierra, según las enseñanzas contenidas en *Kryon XII: Las doce Capas del ADN,* con las adiciones proporcionadas por las comprobaciones realizadas a través de IRB.

Antes de comenzar, cabe explicar que estas doce Capas están divididas en cuatro grupos de tres Capas cada uno. El primero es el grupo del Humano, que contiene las Capas 1, 2 y 3, donde hacemos conciencia de estar viviendo una encarnación lineal y de experimentación. El segundo es el grupo del Humano Divino, que contiene las Capas 4, 5 y 6, lo cual quiere decir que con ellas ya hacemos conciencia de que somos dioses viviendo una experiencia humana; que la luz de quien realmente Somos se encapsula en un pequeño cuerpo físico, lleno de límites imaginarios, con el fin de trascender la materia y generar los milagros que desde la conciencia Divina somos capaces de producir. El tercer grupo es el que Kryon ha llamado el Lemuriano y que en IRB vamos a llamar el grupo de la Historia, cuyas Capas 7, 8 y 9 abarcan la totalidad del tiempo cuántico, rompiendo lo lineal de pasado, presente y futuro, en la comprensión de la Totalidad de quienes somos, incluyendo los talentos y la maestría junto con la capacidad de transmutarlo todo. Y el cuarto y último es el grupo Divino: con estas Capas, la 10, la 11 y la 12, llegamos a la comprensión total de la no separación, activando plenamente nuestro poder interior donde se hallan la Verdad y la capacidad de crearlo Todo.

Capa 1: *Keter Etz Chayim* - El árbol de la vida

Esta Capa abre el grupo uno del Humano, contiene todo el genoma humano que, como seres encarnados, poseemos. Es decir, contiene la herencia genética: de padres, abuelos, bisabuelos, tatarabuelos... Y cuando transformamos sus memorias celulares, no solo activamos nuestra Capa 1, sino la de nuestra generación venidera, pues evitamos que en ella se reactiven los programas contenidos en nosotros dentro de esta Capa, en el transcurso de millones de generaciones anteriores. La Capa 1 contiene los cromosomas, el tráiler y los telómeros que inciden directamente en nuestra salud física y nuestros límites dentro del diseño humano.

IRB cuenta con varias meditaciones; entre ellas, una con la cual activamos nuestro cuerpo de luz, que se llama Meditación de Cuerpo Dorado y permite traer nueva conciencia a cada parte de nuestra fisicalidad para activar el vehículo que utilizamos en esta encarnación, con un patrón de conciencia de superser. Además, esta meditación nos conduce a generar la hormona de la sanación desde nuestro timo o centro del alto corazón, el centro energético que potencia la conciencia más elevada de Amor genuino.

Se cree que a los treinta años, tiempo lineal medido en tiempo terrestre, la célula llega a su madurez. Al activar nuestro Cuerpo de Luz comenzamos a vivir con un cuerpo que permanece en la vitalidad de esta madurez celular equivalente a treinta años de edad. Kryon nos dice que *Kether Etz Chayim* significa 'el árbol de la vida'. En la tradición *kabbalística*, 'el árbol de la vida' contiene los *sephirots*, cualidades de toda la vida que, a su vez, se asocian con cada uno de los principales centros energéticos del cuerpo humano, también conocidos como *chakras*. La ciencia tradicional y la medicina han trabajado siempre sobre esta Capa, lo que se conocía como el diez por ciento de nuestro ADN, manejando la química y la física convencional de nuestro cuerpo. En ella se activan o desactivan los desequilibrios físicos o enfermedades en el plano terrestre.

Capa 2: *Torah E'ser Sphirot* - Programación de la Ley Divina

תורה עשר ספירות

En esta Capa está impresa la Impronta Divina, aquella que llamamos el *Blueprint* y nos permite entender cuanto vinimos a hacer en esta encarnación, nuestra misión de vida. En ella se encuentra anclada la programación de las energías espirituales, programación que realizamos antes de aterrizar en el cuerpo que hoy tenemos. Aquí están los acuerdos que hicimos con nuestra personal evolución y deseo de experimentación desde el bardo o estado medio o transicional, como parte de lo pendiente de resolver o vivir en esta experiencia de vida. Si le interesa profundizar en el tema de bardos y todo lo que sucede durante la vida como preparación al momento de la muerte y su trascendencia a otros planos, puede consultar el Taller de IRB "Un camino a tu iluminación".

Va de la mano con la Capa 8; aunque ninguna puede coexistir separadamente, las explicamos de esta manera para que la forma como nuestro cerebro entiende —que es de manera lineal— pueda comprenderla de manera más sencilla mientras se acostumbra a vivir cada experiencia como un todo mezclado, sin divisiones. También significa, en la vieja energía, la dualidad, como lo que en este plano está marcado con el número 2. Veremos más adelante, en el apartado de numerología, que el 2 en IRB ya no es más una dualidad, sino un complemento perfecto, la unión de los opuestos. Al unirla a la Capa 8 se convierte en una unidad indivisible, pues 2 + 8 = 10 = 1, llevando a la práctica el concepto de indivi-dualidad, del que ya hablamos.

En esta Capa están contenidas nuestras emociones, que afianzan nuestros pensamientos y constituyen el motor fundamental de nuestro bien-estar o de nuestro mal-estar, y nos permite abolir el concepto que el hinduismo ha llamado karma, ya que logra transformar la experiencia en conciencia pura.

Cuenta la historia que una niña vio cómo su madre al hornear el pernil para la cena de Navidad, le cortaba las puntas antes de meterlo al horno. Entonces le preguntó la razón del por qué hacía esto, a lo cual ella respondió que era una tradición familiar y, aunque no sabía los motivos, también lo había aprendido de su madre, que hacía el mejor pernil del mundo.

La niña, inquieta como todos los niños pertenecientes a la raza índigo, que no pasan entero, llamó por teléfono a su abuela para preguntarle por qué el hecho de cortarle las puntas al pernil hacía que fuera la mejor receta, recibiendo la respuesta de que era una tradición familiar y, aunque tampoco sabía los motivos, lo había aprendido de su madre, que hacía el mejor pernil del mundo. La bisabuela, por su parte, que aún vivía, recibió asimismo la llamada de su bisnieta con la misma pregunta hecha a las dos generaciones siguientes, y la anciana respondió:

—Mi niña, yo siempre le corté las puntas al pernil porque el horno de casa era muy pequeño y no cabía completo el pernil dentro de él.

Esta historia nos recuerda cómo muchas veces repetimos comportamientos simplemente por el estado de comodidad que nos generan y por creer que es lo correcto. Por eso la Capa 2 almacena lo que Eckhart Tolle describe como 'el cuerpo del dolor', que se alimenta de la historia, los pensamientos y las emociones que nos produce el recordar la historia de nuestra vida, nuestra familia o nuestra raza o pueblo. Es importante cambiar el concepto de karma. Karma no es castigo, ni un suceso que tengamos que seguir cargando vida tras vida, pues siempre vivimos el presente y todo forma parte de una experiencia en la cual intercambiamos información, creando e innovando en cada situación con el objetivo primordial de cambiar la perspectiva y de esta forma evolucionar; karma es solo el efecto de una causa que puede transformarse cuando hacemos conciencia de nuestra Capa 2 de ADN y desde nuestro propósito, desde nuestra impronta Divina, comprendemos la experiencia y sobre todo tomamos responsabilidad de la causa propia que produjo dicho efecto.

IRB, al activar esta Capa, logra evolucionar pueblos y naciones enteras; a través del Amor elige y, de esta forma, trasciende el karma, el castigo, y lo convierte en Conciencia y en Presencia; transforma la adicción al drama en nosotros y en nuestra familia del alma con la que encarnamos una y otra vez hasta romper la rueda del Samsara. Cuando esto sucede, logramos la evolución que permite mudar la piel.

La Capa 2 es como el manual de instrucciones; si la escuchamos, comprendemos claramente la manera como debemos vivir el momento presente para llevar a cabo nuestra misión de vida. La Capa 2 permanece planteándonos la dualidad entre el diseño biológico y el diseño Divino. Transformar lo que nos limita, lo que nos separa a nivel de creencias y arquetipos, es 'sanar' la herencia genética, y cuando cambiamos la perspectiva sobre la herencia genética afectamos directamente nuestra Capa 1. Aunque todas las Capas pasan a través de nuestra glándula pineal, la Capa 2 la gobierna.

Capa 3: *Netzach Merkava Eliyahu* - Ascensión y activación

Esta es la Capa que contiene nuestro vehículo de ascensión, al que Drunvalo Melchizedek le dio el nombre de *Merkabah*. La Capa 3 nos permite entendernos como seres multidimensionales y galácticos. IRB nos lleva a trascender el *Merkabah* hacia el *Merkana*, que sube su complejidad de geometría sagrada a la de un icosaedro, poliedro de veinte puntas, moviéndonos a una luz mayor que luego nos permite activar nuestro vehículo ilimitado de Luz Viviente hasta llegar a la máxima complejidad, que es el poliedro sagrado de sesenta y cuatro tetraedros. Más adelante explicaremos la importancia de los tetraedros, el origen de toda vida, como lo explica abundante y magistralmente Nassim Haramein. IRB también cuenta con una meditación muy poderosa que permite esta transición del *Merkabah* hacia el *Merkana*.

La Capa 3, en sí, es un catalizador de altas frecuencias, cuya invitación es a trabajarlo con la Capa 6: 3 + 6 = 9. El 9, en numerología, es la conclusión o finalización, sin que esto quiera decir terminar, sino trascender. Es vital trascender, evolucionar a una nueva energía, a un nuevo paradigma de creencias sin límites, ascender a una nueva vibración que facilita el desarrollo del superser explicado en *El Libro del Conocimiento: las Claves de Enoc*.

La Capa 3 posibilita desde IRB ser esa directriz que nos abre a un estado de conciencia contundente. Esta Capa activa las potencialidades que estén dormidas, a través de la química de la doble hélice, presentes en la Capa 1. Es, además, la responsable de mantenernos conectados a nuestro niño interior, de ahí la importancia de re-crearlo; no solo conectarse con él, sino crearlo en todo lo que deseamos que sea. Nuestro niño interior siempre está sintonizado en la frecuencia índigo y es por eso que desde IRB esta Capa enciende motores y permite que la nave vuele a cualquier tipo de dimensión sin límite de tiempo ni de espacio.

¿Nos hemos dado cuenta de lo que sucede en un espectáculo de magia? Existen dos tipos de adultos que asisten a este tipo de eventos: unos van con el deseo de averiguar dónde está el truco, y cuando lo conocen, salen a decir que todo es una mentira, que es solo una artimaña, que nada de lo presentado es real; el otro grupo acude con la misma intención, pero si no descubren el truco se amargan la noche y siguen rodando la película en su mente, tratando de descubrir dónde está el secreto. Por su parte, a este mismo espectáculo asisten niños, y ellos, más allá de descubrir si hay truco o no, se asombran con lo que ven y se divierten con todo lo que sucede.

Re-crear el niño interior es no permitir jamás dejarse de asombrar con los regalos que la vida nos presenta paso a paso, sin intentar averiguar qué hay detrás, solo divertirse y aceptar cuanto ocurre. ¿Qué más da saber si es truco o no, si permitimos asombrarnos con la destreza y divertirnos con lo mágico de la vida? Catalizar el estado de la alegría es una de las máximas expresiones que nos brinda la conexión con nuestro niño interior, además de la conexión a la verdadera riqueza de la vida, ya que la frecuencia de la Riqueza es inseparable de la frecuencia de la Felicidad, como lo vemos en nuestro Taller "El dinero como extensión de ti mismo". La Capa 3 está muy presente en la hipófisis, que es la encargada de producir la magia de la visualización, de nuestros viajes interdimensionales. Esta es la última Capa del grupo uno, el del Humano.

Capas 4 y 5: *Urim Ve Tumim y Aleph Etz Adonai*
- Cueva de la creación

אורים ותומים
אלף עץ אדוני

Kryon nos explica que estas Capas son inseparables; aunque como ya lo dijimos, de una u otra forma todas lo son, estas representan algo así como las barandas de una escalera de gato: si una no está, los travesaños que nos permiten ascender o descender por ella se caen. Lo que IRB asocia a esta metáfora es la inseparabilidad, porque la Capa 4, *Urim Ve Tumim*, es la conexión a tierra y a nuestro cuerpo físico, y la Capa 5 nuestra conexión con el universo, con nuestra Sabiduría superior. Más adelante, cuando veamos Pilares, Comandos y Mantras, vamos a ver cómo se asocian con el Pilar de la Presencia y el Pilar de la Sabiduría, y con los Mantras del Comando de la Garganta *Phowa y Buddha*, conectándonos en una verticalidad sagrada que nos permite traer información para manifestarla en nuestro presente.

IRB nos conecta en su totalidad a estos dos opuestos y logra activar, al hacerlo, nuestro Comando del Corazón, que nos permite poner en marcha nuestro Cristo interno, al cual veremos un poco más en profundidad al resumir la Capa 6. Jesús muere para resucitar: su vida es una gran metáfora que nos indica el camino exacto para activar el Cristo en nosotros, la esencia más pura y cristalina. Debemos abatir el ego para resucitar en la Presencia.

Cuando activamos las Capas 4 y 5 es como si nos montáramos en nuestra propia nave y ascendiéramos, esto es, propiciamos que la Capa 3 realice su misión, la cual depende de que nuestras Capas 4, 5 y 6 sean totalmente resonantes. Esto en la práctica es conectar con lo externo y lo interno y permitir tener conciencia del poder de cocreación desde la perfecta resonancia con el Campo Punto Cero desde la neutralidad.

Son la esencia de la expresión en esta vida específica en la Tierra y la Divinidad en el planeta. O sea que constituyen la unión absoluta del ser humano con Dios, es religar en una sola esencia la realidad de quienes verdaderamente somos. De ahí la importancia desde nuestro Pilar de la Presencia conectar con la

Tierra en completo equilibro con nuestra conexión al Pilar de la Sabiduría, que nos faculta el crear desde las elecciones responsables y amorosas la realidad como verdaderos dioses.

En el cristal de la cueva de la creación que encarnan estas Capas está presente nuestro origen, la unión de todos nuestros niveles de conciencia con la que se nos reconoce en cualquier rincón de todos los universos conocidos y desconocidos; activar estas Capas es generar en nosotros el poder del Uno en la Totalidad.

El segundo grupo de Capas que encabezan es el del Humano Divino. Juntas, suman 9. Concluyen lo mortal, las reencarnaciones, rompen la rueda del Samsara cuando tenemos nuestra verticalidad realmente conectada, podemos admitir y vivir como Seres de Luz encarnados. Hemos de recordar que Todos Somos Uno. Nada está separado. Todos los comités espirituales son esencias dimensionales que están dentro de cada uno de nosotros, más específicamente en la Capa 12. Lo único que precisamos para entenderlo y vivirlo es cambiar la vibración del ADN. Cuando sentimos que 'Dios nos ha abandonado' es porque se está dando ese cambio. Lo incorporamos en nuestro ser. Asumimos la responsabilidad de la madurez espiritual.

La activación de estas dos Capas concede cocrear como humanos, desde el Espíritu Divino. Es la esencia del Yo Soy en la Tierra; 4 es igual a luz y poder; 5, es igual a la energía cristalina esencial, el Amor.

Es la manifestación total de la Llama Trina en nuestro ser.

Capa 6: *Ehyeh Asher Ehyeh* - Yo Soy Ese, Yo Soy

אהיה אשר אהיה

Esta Capa cierra el segundo grupo, el del Humano Divino; representa a esa Divinidad que vino a enseñarnos el maestro Jesús. La Capa 6 es la que une al Maestro y al Dios en un solo ser. Es esa doble vía de la verdadera comunicación que se establece entre la meditación y la oración; en la primera se recibe información, en la segunda somos nosotros quienes hablamos. En la Capa 6 se activa la comunicación entre la Fuente, los seres de luz y el ser humano hecho Dios. Cuando logra hablar y ser escuchada, se experimenta Conciencia.

Por eso esta es la Capa absoluta de la Conciencia, nos hace entender que somos Divinos; nos permite irradiar Divinidad, sacralidad y totalidad. En el idioma inglés 'totalidad' y 'sacralidad' suenan muy parecido —*wholeness* y *holiness*—. Cuando activamos nuestra Capa 6 de ADN activamos nuestro Corazón e irradiamos esta sacralidad a todo cuanto nos rodea, logrando la comprensión absoluta de ser espirituales. El corazón, como lo explicamos en la segunda parte de este libro, no como órgano, sino como Comando, es Amor puro. Y solo es Amor puro cuando reconoce su Ser Divino.

Ahí es donde está la trilogía pura: Humano, Dios y Maestro, lo que vino realmente a enseñarnos Jesús cuando se encarnó en el Cristo que dio origen a la era que acaba de terminar, la de Piscis. Por lo tanto, activar y conectar la Capa 6 es lograr activar nuestro Cristo interno. 'Cristo' significa 'cristalino', lo que no tiene sombra. Y cuando Cristo ya no es un personaje, sino una raza entera, se obtiene la evolución, logramos la Raza Crística, la Raza Koradi, la cual solo se puede activar desde el Amor. Esta es la Séptima Raza, que ya comenzó a poblar la Tierra con los llamados niños índigo, quienes le dan vida al potente Rayo Índigo que IRB permite balancear desde la sincronía con el Campo Punto Cero para su máxima expresión. Cuantos deseen profundizar en las seis razas anteriores que han poblado el planeta pueden estudiar a Blavatsky

—1888—, y para los que quieran profundizar sobre niños índigo tenemos conferencias y talleres al respecto.

Sobre la Séptima Raza, Blavatsky nos dice en el cuarto volumen de su obra:

> La expresión de Pablo de que "él no vería la muerte" —*ut non videret mortem*—, tiene por tanto un sentido esotérico, pero no sobrenatural. La maltrecha interpretación que se da a algunas alusiones bíblicas al efecto de que Enoch, "cuya edad igualará a la del mundo" —del año solar de 365 días—, compartirá con Cristo y el profeta Elías los honores y la dicha del último advenimiento y de la destrucción del Anticristo, significa, esotéricamente, que algunos de los grandes adeptos volverán en la Séptima Raza, cuando todo error haya sido desvanecido, y el advenimiento de la verdad sea proclamado por aquellos *shishta*, los santos "Hijos de la luz".
>
> Así es, verdaderamente; el veda de los primeros arios, antes de que fuese escrito, fue comunicado a todas las naciones de los lemuro-atlantes, y sembró las primeras semillas de todas las religiones antiguas ahora existentes. Los brotes del jamás moribundo árbol de la Sabiduría han esparcido sus hojas muertas hasta sobre el judeo-cristianismo. Al fin del *Kali*, nuestra edad presente, Vishnu o el "Rey Imperecedero", aparecerá como Kalki y restablecerá la justicia sobre la Tierra. Las mentes de los que entonces vivan, serán despertadas y se convertirán en diáfanas como el cristal.
>
> Los hombres que así se transformarán por virtud de aquel tiempo especial —Sexta Raza— serán como las semillas de otros seres humanos, y darán nacimiento a una raza que seguirá las leyes de la edad Krita de la pureza; esto es, será la Raza Séptima, la Raza de los *Buddhas*, los "Hijos de Dios", nacidos de padres inmaculados.

Comenzar a pensar, sentir, hablar y actuar desde las enseñanzas de IRB nos concede ser esos padres inmaculados, esos Hijos de la luz que crean la nueva Tierra cristalina para una nueva humanidad desde el Amor. Iniciarnos en la Frecuencia de IRB nos permite ser ese puente de unión entre la vieja energía y la nueva, para crearles a las nuevas generaciones el ambiente apropiado en el que puedan crear e innovar un mundo desde su poderoso propósito.

Como comentamos en la explicación de la Capa 3, acerca de la metáfora de la vida de Jesús en la Tierra, IRB nos permite, al activar nuestra Capa 6, desarrollar los potenciales de nuestro Cristo interior, esto es, las mismas facultades Divinas que el Maestro Jesús nos mostró en su paso por este planeta, como: rendirnos ante la voluntad de Dios, lo cual es en realidad fluir con el subconsciente del cosmos que todo lo propicia sin control hacia un mismo propósito universal; saber y aceptar los designios Divinos; amar a la humanidad y a todo ser; ascender a Dios, que es reconocer nuestro Patrón Original; 'sanar las enfermedades', reconociendo nuestra perfección como su reflejo; crear las sustancias de lo eterno y aceptar que no existen faltas ni errores, ni nuestros ni de los demás, pues no hay nada que perdonar, porque todo es parte de nuestra propia creación para una mayor evolución y maestría. Activar esta Capa, entonces, nos facilita incorporar en nuestro campo las cinco iniciaciones que Jesús realizó en su vida: nacimiento - bautismo - transfiguración - crucifixión - resurrección y ascensión.

Nada mejor que entender estas cinco grandes iniciaciones, como nos las explica el español Juan Carlos García en su libro *Los cuentos de hadas en el cine*, basadas en la magistral película *El rey León*, de Disney:

El nacimiento

El que no naciere de nuevo no puede ver el reino de Dios.

(Juan 3:3)

Al comienzo vemos al león —Simba— recién nacido, heredero del reino de su padre, la Fuente, siendo aún insconsciente de lo que tiene entre sus manos y del vasto imperio que dirigirá algún día. Es atrevido e inmaduro, no sopesa el daño que puede causar con sus acciones arriesgadas. Sueña con ser un buen rey, pero olvida las responsabilidades para con su reino. El presagio de que será un gran monarca y que está escrito en las estrellas le acompaña desde el momento de su nacimiento, cuando el mono Rafiki, el equivalente a san Juan Bautista, al sabio Asita y a tantos que en cada filosofía religiosa anunciaron la proximidad y el inminente nacimiento de la Divinidad encarnada para redimir a la humanidad, lo eleva en el aire frente a un rayo de luz que desciende del cielo abriéndose paso por entre las nubes y envolviéndole. Todas las criaturas vivientes le adoran y se postran ante él. Esto sincretiza el momento de la adoración de los Reyes Magos y los pastores en la vida del Cristo. Scar, su tío, moderno equivalente de Herodes, teme perder la sucesión al trono; por ello conspira para matar al joven león, sin lograr su propósito.

El peligro del mundo psíquico: el joven león, no haciendo caso a las advertencias de su padre y los demás miembros sabios de su 'reino', se adentra, por recomendación de Scar, que de un modo más cotidiano es también la representación del miedo, hasta la región donde habitan los peligros más grandes para el discípulo espiritual, Simba: el mundo psíquico, o plano astral. El sentido común, representado en el tucán Zazú, no es escuchado y pronto el joven príncipe se lamenta por ello.

Allí todo es oscuro y mortífero. Las emociones se alteran y se abalanzan sobre el incauto discípulo que se adentra en sus dominios, resucitando en su interior temores olvidados en el fondo del subconsciente. Las hienas, que aquí representan las emociones 'negativas', cobijadas por el miedo, le asaltan burlándose sarcásticamente de él. Pronto interviene la luz de la Presencia, de la Fuente, en la forma del rey Mufasa, liberando al discípulo de la opresión de este reino de ilusión y muerte.

El bautismo, la transfiguración y la crucifixión

Después de la huida al desierto, perseguido por las hienas, así como pasó con Jesús cuando huyó a Egipto para escapar de Herodes, se encuentra con una serie de personajes a quienes se les podría denominar seudoinstructores, pues poseen una filosofía muy peculiar, *Hakuna Matata*, acerca de la vida.

El encuentro con Nala, la pequeña leona, ya adulta, es el reencuentro con el mundo espiritual perdido y olvidado en la soledad del desierto. Nala representa el Cristo interno y por eso Simba se une a ella, simbolizando la tercera iniciación, la transfiguración, todo bajo el marco de la maravillosa melodía de *La noche del Amor*.

Luego, Rafiki encuentra a Simba en el campo y le dice que su padre no ha muerto, que sigue vivo dentro de él, y lo lleva hasta un manglar con la finalidad de que se refleje en el agua y vea dentro de sí mismo para que la Presencia, a través de su esencia suprema, sea revelada. Los cielos se abren y se oye la voz del silencio, que dice:

> Has olvidado quién eres, y al olvidarte de quién eres, me olvidaste a mí. Mira en tu interior, eres más de lo que crees ser. Debes ocupar tu puesto en el ciclo de la vida. Recuerda quién eres: eres mi hijo, el único y verdadero rey. Tú eres mi hijo amado, mi predilecto. (Lucas 3:22)

Entonces ya la personalidad queda totalmente al servicio del Cristo inmanente, la crucifixión, y emprende la labor de reconquistar su reino. Encontrando su misión, vence sus miedos, representados en Scar, el gran manipulador, y retoma su puesto en el ciclo de la vida, el ciclo sin fin, la Eternidad.

La resurrección y ascensión

Cuando Nala y los demás preguntan a Rafiki por Simba, este les dice que ya no lo verán más allí, sino en su reino, pues ha regresado: "¿Por qué buscáis entre los muertos al que vive? No está aquí, ha resucitado" (Lucas 24:5).

El reino se encuentra en un estado verdaderamente lamentable. No hay comida, provisión Divina, y el miedo se ha apoderado de sus habitantes. En una lucha contra las fuerzas siniestras que tenían sitiada la ciudad, Simba y sus amigos triunfan al final. Scar, tras intentar todo tipo de artimañas, muere devorado por las hienas, pues el mal se 'destruye' a sí mismo. Simba asciende al trono y de nuevo la vida regresa al reino engalanando de verdes y azules la región. Todas las criaturas saludan y reverencian al nuevo rey. El ciclo de la vida se ha completado.

La Capa 6 es el conducto, la tubería, lo que conocemos como *Antakarana*, algo así como: "Yo soy el camino, la verdad y la vida", el cual, más que ser un hilo que comunica dos partes separadas, es la conciencia de ser Uno, lo que los mayas describen como "Yo soy tú y tú eres yo", cual se explicó en el capítulo XI. Esta Capa contiene el gran secreto del código de Moisés, develado ampliamente en el documental de James F. Twyman, porque al reflejar nuestra realidad en el otro y comprender desde el Amor que el otro soy yo también, la Unidad se hace magistral en el Yo Infinito.

Aunque la Capa 6 no puede ser sin las de su mismo grupo, las Capas 4 y 5, trabaja en total sintonía con la Capa 3 y ambas conforman la última de su grupo. En numerología cuántica el 6 significa comunicación, equilibrio y armonía, las características que más se acercan al Campo Punto Cero. Por esto también el nombre de las Capas 3 y 6 forman parte de los Mantras que constituyen parte fundamental de IRB, en el Comando del Corazón

Capa 7: *Kadumah Elohim* - Divinidad revelada

Esta Capa es la primera del tercer grupo, el de la Historia, que contiene las Capas lemurianas. Los lemuro-atlantes fueron parte de la Cuarta Raza, considerada la Primera Raza humana; por lo tanto, estas Capas contienen toda nuestra historia y gran sabiduría en este planeta. Las Capas 4 y 5 nos conectan con nuestra Sabiduría multidimensional, permitiendo que las Capas 7, 8 y 9 actúen en la Tierra desde la guía de esta Sabiduría. La Capa 7 es el opuesto, o mejor, el complemento de la Capa 6, aunque se catalogue en otro grupo. Esto nos funde con esa unidad perfecta de opuestos, entre Dios y el Maestro.

La Capa 7 nos conecta con la maestría absoluta. Kryon dice que en el lenguaje lemuriano es el hogar del ADN, y que nos fue dada por pleyadianos como complemento Divino de la progresión normal del ADN de la Tierra.

Para IRB esta Capa es de una importancia relevante, ya que a través de ella se hace la conexión con las Rejillas de Unidad Planetaria. Nuestro ADN se vuelve una progresión del ADN de la Tierra, al unificar las rejillas. El nombre de esta Capa describe el sentido intuitivo interdimensional que los lemurianos tenían. Es el significado absoluto de la Divinidad revelada, es el entender la verdadera maestría, es ver la realidad de que Jesús se dejó crucificar, se encarnó como humano, hizo grandes milagros, y todo esto para decirnos que su ADN y el nuestro son iguales, la diferencia radica en que él sí creyó en su naturaleza Divina. Así que, esta Capa nos permite reconocernos como grandes maestros de la Tierra. El gran error de las religiones cristianas ha sido venerar a Jesús como Dios, pues lo importante es imitar al maestro, en lugar de adorarlo. Todos los grandes avatares —o encarnaciones terrestres de un dios— que hemos tenido en nuestra historia han desarrollado esta Capa al ciento por ciento y reconocido su Divinidad, activando su maestría. Por otro lado, es la Capa que redime el perdón, ya que IRB asienta el postulado de no haber nada que perdonar, pues desde la maestría no se cometen erro-res, no existe el pecado, somos impecables porque estamos he-chos a imagen y semejanza del Creador, por lo tanto esta es la Capa que nos permite activar la aceptación de la perfección de todo cuanto sucede y como maestros nos hace conscien-tes de la responsabilidad que tenemos como causa de cuanto creamos.

Capa 8: *Rochev Baaravot* - Jinetes de la luz

רוכב בערבות

La Capa 8, la segunda de este tercer grupo, contiene nuestra his-toria, guarda el registro de todas nuestras vidas pasadas, paralelas y futuras, en la vida presente. También, nos faculta el resumir las habilidades y talentos que hemos construido en todas las vidas experimentadas tanto por nosotros como por cualquier manifes-tación de vida.

La Capa que contiene el registro de los maestros y nos permite activar la automaestría, es la de 'los jinetes de la luz', así llama-da por Kryon. En la nueva energía no requerimos seguir a nadie, como dijo el gran Buda: "Sé luz para ti mismo. No creas en algo solo porque lo dice un gran gurú o maestro, o solo porque está escrito". Es una de las Capas entregadas por los pleyadianos para completar nuestro diseño humano-Divino.

La Biblia dice que cuando Jesús regrese llegará en un caballo alado: es el jinete de la luz. Esto quiere decir que el retorno de Jesús es el del Cristo, el de la transparencia, lo cristalino en nuestro ser, y eso lo logramos al activar plenamente nuestra Capa 8 de ADN. Es activar en nuestro ADN el silicio, el isótopo 6-6-1. Trayendo al aquí y ahora los atributos maestros que hemos vivido en cualquiera de las manifestaciones experimentadas por nuestro Ser, en cualquiera de las encarnaciones, más allá de rotular estas vidas como algo bueno o malo, en cada función que hayamos seleccionado para nuestra evolución desarrollamos atributos maestros que nos acercan cada vez más a la verdadera esencia de quienes realmente somos, y todo eso está contenido en esta Capa sagrada.

Su vibración en el nombre lemuriano es la energía de la Sabiduría y la Responsabilidad. Es muy importante en la energía de IRB entender que somos ciento por ciento libres de elegir y responsables de los resultados que nuestras elecciones producen. Es decir, estamos conscientes de ser la causa de todo cuanto creamos. Nunca somos víctimas de las circunstancias, sino responsables de crearlas. Más allá del karma predicado en la vieja energía, debemos entender que todas las elecciones están latentes en los potenciales existentes en el campo cuántico que nos rodea y la relevancia de la elección se halla en la Sabiduría que nos asiste desde la maestría activa, la cual nos aproxima cada vez más a esa realidad que merecemos crear como las partículas subatómicas que somos en constante movimiento e intercambio de información, dentro del gran Todo.

IRB transforma el carbono en cristal. El cuerpo del dolor se encuentra anidado en la Capa 8, en conjunción con las emociones producidas en la Capa 2. Solo la conciencia del poder en el presente logra transformar el cuerpo del dolor, tan bien explicado por Tolle en 2006, desde los atributos maestros que también se encuentran anidados en la Capa 8. Esto en sí es transformar el carbono, esencia de toda vida, en cristal, manifestación de la realidad más pura. El uno sin el otro no tienen sentido y la transformación del uno en el otro nos faculta para desde la esencia amada de IRB reclamar nuestro derecho a vivir ilimitadamente, a hacer nuestro trabajo con conciencia desde el Amor, accediendo a nuestro

Akasha, que se encuentra en la perfección de la completitud de nuestro ADN.

La Capa 8 nos permite recordar que todo está ahí y es nuestra Sabiduría la que nos permite elegir el potencial correcto en el momento correcto, en total Conciencia, no seguir ahogándonos en el sufrimiento y en esa ilusión que nos hace creer en estar incompletos y reconocernos solo como una pequeña porción imperfecta, siendo que todo es completo y perfecto. Administrar la Capa 8 desde la Capa 13 nos posibilita entrar en esa multidimensión en la cual el movimiento de vida se convierte en un despliegue eterno, en el que todo está siendo actualmente vivido y reciclado porque el universo tiene las ideas almacenadas en la mente eterna de reflexión y revelación. Todos los movimientos de vida son almacenados para repetirse de una manera sabia y ser usados por los grandes maestros que somos en dimensiones superiores dentro de mundos infinitos de conciencia de loto, como lo anuncia Hurtak en la clave 1-1-0 de *El Libro del Conocimiento: las Claves de Enoc.*

Capa 9: *Shechinah-Esh* - La llama de la expansión

שכינה-אש

La Capa 9, la tercera de este tercer grupo de Capas lemurianas, encierra los secretos de la 'sanación', de la transmutación; es la clave que enciende las dos anteriores. Cuando hablamos de sanación en IRB nos referimos a transformar lo humano, lo que hasta el momento hemos considerado 'imperfecto', pero la Verdad es que al reconocer la perfección de todo lo que es no sanamos nada, entendemos el no tener nada que sanar porque somos perfectos. Solo necesitamos elegir esa realidad que forma parte de uno de los potenciales que están en el Campo, donde la enfermedad no existe, ni la carencia, ni el sufrimiento, pues son parte de otra realidad que ya creamos y experimentamos en un estado de conciencia muy diferente al que nos sintoniza IRB, por lo tanto no tenemos por qué seguir repitiendo ni luchando contra ella. En IRB no se lucha, se fluye, se disfruta, se ama y se ilumina.

Esta Capa 9 es el principio básico de la energía femenina desde el Espíritu. Lleva implícito el poder de creación de esta energía sutil que es Espíritu. Comprende en su interior lo que es la llama violeta, transmutación, transfiguración, lo que el gran Saint Germain, avatar de la edad dorada, enseñó mediante sus manifiestos del 'Yo Soy'.

Del Rayo Violeta se desprende el Rayo Índigo, que asiste a IRB, ofreciéndonos el absoluto poder de transformar lo que nos ata a la 3D. En la energía de IRB la Capa 9 es capaz de transformar por completo el miedo en Amor. Logra transmutar todos los sentimientos de 3D que hemos llamado negativos, en la Luz Viviente, la cual nos direcciona a ser felices en nuestra eternidad absoluta, eligiendo sabiamente los potenciales de luz disponibles en el Campo para cada uno de nosotros.

La conocemos como la llama de la expansión y es traducida como la Verdad sobre el ADN, que es el Amor puro, la antena interdimensional del ADN que habla con la Capa 1 y provee respuestas de sanación, es decir, de reconocimiento y retorno a la perfección. Es la activación celular humana inteligente. La salud se activa por medio del sonido de la armonía, a través del sonido del silencio, equilibrando la totalidad del ser y haciéndonos entender que la conciencia de la Presencia está en esta Capa; por eso nos activa el ciento por ciento de nuestro sistema inmunológico, al punto de poder comunicarnos con toda nuestra interdimensionalidad. Con esta Capa se cierra el tercer grupo, el de la Historia.

Capa 10: *Va-Yik-Ra* - El llamado a la Divinidad

Esta es la primera Capa del Grupo Divino, el cuarto. La activación de este grupo nos permite conocer nuestra verdadera esencia, aquello que todas las religiones han inculcado: estamos hechos a imagen y semejanza de Dios. Las Capas Divinas hacen posible que podamos activar la Divinidad desde el interior. Y la Capa 10, llamada por Kryon 'la Divina Fuente de la Existencia', es casi inseparable de las Capas 11 y 12, pues al conformar su totalidad en Dios, son las Capas de la acción. Así como veíamos que las Capas 4 y 5 son las de la cocreación, la 10 y la 11 le ponen acción a lo que cocreamos con la 4 y la 5, nos llevan a actuar desde la Sabiduría profunda, no desde el ego. Es importante recordar que todo, sin excepción, es cocreación. El caos también es una cocreación, la diferencia radica en cocrear desde el ego o desde la Sabiduría, que nos otorga Divinidad, como vimos en las Capas 7, 8 y 9, cuando activamos nuestra absoluta maestría.

Los atributos de estas últimas tres Capas son distintos a los de todas las anteriores. Cuando Kryon comenzó a hablar de ellas por primera vez, en *Canalización de Monte Shasta* —2006—, las nombró Capas invisibles, por ser la Fuente Divina de la existencia. En numerología convencional el 9 es el número máximo; para superarlo se requiere un número adicional a la derecha de él. Por eso, en sí mismo es el final, entendiendo por final, como ya lo explicamos, el cierre de un ciclo para comenzar a evolucionar en uno nuevo. *Va-Yik-Ra* representa el 10, que en numerología convencional es 1 y, en este caso, representa la resurrección, esa que vive Jesús después de estar en los 'infiernos', para luego morar en el 'trono de Dios'.

IRB nos lleva a comprender la Divinidad interior al activar esta Capa. De hecho es el llamado a la Divinidad que nos facilita la iluminación a fin de recordar realmente quiénes somos. Retomando las Capas anteriores podríamos decir que la Capa 6 es como el taladro que empieza a romper el velo para que las Capas 10, 11 y 12 puedan correrlo en su totalidad.

La Capa 10 activa esa conciencia. Siempre ha estado ahí, pero al nadar en ella no la hemos reconocido. Vale decir que se asemeja a ese pez que por haber nacido en el mar nunca ha salido a la superficie y cuando le preguntan dónde está el mar, no sabe responder; es tan cotidiano para él, que no sabe diferenciarlo: así nos ha pasado, hemos estado eones sin saber que está ahí. Para poder reconocer la Divinidad, disfrutarla y aprovecharla en su totalidad, es importante sumergirnos de lleno en esta extraordinaria Capa.

La chispa Divina a la que estamos permanentemente conectados enciende la llama denominada *Va-Yik-Ra,* dispuesta a trabajar horas extras para que nuestra preciada esencia suprema, la parte más elevada de nuestro ser, nuestro Yo Infinito, encuentre la manera de sintonizarnos con la Verdad. Verdad que ya no la abandona nunca más, ningún día, a ninguna hora; por el contrario, comienza a pintar un fondo en el cual plasma las más bellas obras de arte jamás imaginadas y nunca tiene fin. Cuando hablamos de Verdad no nos estamos refiriendo al término cotidiano que se opone a la mentira humana, esta Verdad alude a nuestra esencia Divina, y cuando aceptamos esta Verdad nuestro mundo y nuestras creaciones son obras de arte inconmensurables. Estas Capas solo pueden ser activadas en su totalidad desde la intención más pura del Amor, como la que se experimenta en las sesiones de Activación de ADN desde IRB.

Capa 11: *Chochma Micha Halelu* - Sabiduría del divino femenino

חוכמה מיכה הללו

La Capa 11 es la segunda del Grupo Divino y representa el yo creativo, la madre, la que da vida a todo lo creado. Es esa energía femenina que la religión negó por años enteros. Es el útero, la creación absoluta. Es la Sabiduría desde la creatividad, desde la feminidad. No se trata de la energía de la diosa, pues va más allá de la energía femenina; es la Sabiduría de la Divinidad femenina, su trascendencia. Es la energía de la Compasión pura. Es esa tercera energía que se crea entre lo femenino y lo masculino para lograr el equilibrio, el balance más puro en la dualidad.

La era de Piscis se distinguió por la herencia patriarcal, por el culto a lo masculino. Por su parte la mujer, en su afán por lograr 'igualdad', trabajó arduamente para volverse igual de masculina; olvidó su verdad interior, su intuición, su inspiración, su creatividad; se involucró en una incesante competición con lo masculino y ahí se separó de su esencia, tornando aún más masculinos a la sociedad, la familia, el núcleo, y afianzando lo patriarcal. En este sendero, produjo todas las enfermedades hacia su cuerpo, porque se olvidó de la potencia que lo crea. Se intensificaron los cánceres de útero, de ovarios, de senos, los miomas, fibromas y quistes, la endometriosis, por el rechazo al cuerpo, a su esencia. Activar la Capa 11, entonces, hace que retorne el equilibrio real en la Tierra.

IRB nace en esta era de luz y re-nacimiento para activar en cada persona su verdadera esencia, más allá de si es hombre o mujer; para transformar la historia de las naciones y los pueblos, reflejar el ADN de la humanidad, romper los viejos patrones, soltar las ataduras del viejo paradigma. Y la Capa 11 es esa herramienta fundamental que nos permite introducirnos en el nuevo paradigma. IRB vibra lleno con el número 11, un número maestro que nos trasciende al 13, al número del Amor más puro; el 11 significa iluminación.

Capa 12: *El Shadai* - Dios

אל שדי

Es la tercera Capa, la que cierra este Grupo Divino, muy importante de considerarla como parte de la 10 y la 11, ya que las tres representan la acción y juntas son absolutamente diferentes de las nueve anteriores. Esta es la Capa más 'simple', precisamente por ser la más Divina: es el Dios interior, la que tiene la vibración más elevada. No hace nada en sí misma, solo brinda paz, refugio, nos hace sentir en el hogar.

Para poder crear el presente de la forma en que nuestra Sabiduría Divina nos lo permite, es necesario deshacerse de los viejos patrones contenidos en la Capa 8, mediante el poder de la Capa 11 activar los atributos maestros contenidos en ella y a través de la Capa 12 obtener la paz que limpie y desempañe todo lo que vemos. Cuando logramos cambiar el futuro podemos crear el presente que queremos; esto únicamente se logra en estado de conciencia, ese estado que nos lleva a creer que somos capaces de crear, y si somos capaces de crear lo somos también de trascender. Por eso es tan necesario actuar desde la Conciencia Divina.

La Capa 12, *El Shadai,* es la Capa pura de la unicidad. No acciona por sí sola, nos da la conciencia de que podemos hacerlo. Es la que nos abre el espectro del recuerdo para llegar nuevamente al origen. Nos recuerda que venimos de Dios, que todo es Dios y que somos parte del Todo. Nos abre la puerta al entendimiento de este nuevo paradigma.

Las Capas 3, 6, 9 y 12 son el compendio del Todo, la última Capa de cada grupo; activadas simultáneamente rompen los límites, nos dirigen a entendernos como seres multidimensionales, traspasando nuestra propia conciencia, y activan el Comando del Corazón.

Capa 13: *Shem Ha-Mephorash* - El orquestador cuántico

שם המפרש

Según Hurtak —2005—, *Shem Ha-Mephorash* es el tetragramatón que no se pronuncia, sino que se mantiene sagrado. Es el nombre Divino inefable. Este nombre bendice y gobierna la creación humana en todos los misterios internos de la vida, protegiendo la evolución futura del ADN. Este futuro es aquí y ahora. El momento de la evolución llega ya, a través de IRB. Es el nombre número 58 de Dios y este número, a su vez, suma 13.

La Capa 13 es el conector de todas las partes, hace que los ingredientes se conviertan en un plato delicioso; alquimia pura, logra que la indivi-dualidad de cada ingrediente aporte a este su sabor particular y no vuelva a ser más el ingrediente separado, sino parte de un todo que lo hace único al unirse con los demás. Es el director de la orquesta, el orquestador cuántico. Ya aprendimos qué hacen y cómo suenan cada uno de los doce instrumentos de la orquesta, pero sin un director, por más afinados que se encuentren, podrían tocar por separado, cada uno aislado en su propio tono y en su propia melodía. La Capa 13 los dirige para interpretar la más bella sinfonía jamás escuchada en el universo. Por lo tanto, es la que nos guía a trascender y hacer realidad lo que son capaces de emitir cada una de las otras Capas. La Capa 13 lleva a la nueva realidad la manifestación de conciencia de la Capa 12, unida con las virtudes de las demás.

La Capa 13 nos permite traspasar el portal hacia todo lo que Es; activándola nos conectamos con la Totalidad, más allá de la Maestría y la Divinidad, accedemos a la multidimensionalidad. Es conciencia de 'Ser', no de 'estar', trasciende incluso el presente. El presente nos da la conciencia del tiempo espiralado, el que nos enseñaron los mayas, mientras que cuando entramos en dicho estado elevado de conciencia trascendemos este presente, que de una u otra forma nos mantiene anclados en el tiempo. Nos conecta con la Verdad de la inmortalidad.

Si prescindimos del tiempo hay Ser, hay esencia, hasta podemos ir más allá del concepto Amor. Ya no hay nada que sanar. Ya no hay opuestos, ni dualidad, hay unidad completa. Todo Es. No hay que elegir. Todo es más allá del Amor, es esencia, es infinito. Hasta la Capa 12 todavía hay dualidad, hay densidad, y cuando nos sintonizamos desde la Sabiduría, nuestras elecciones se hacen desde la Divinidad. En cambio, cuando activamos nuestra Capa 13 ya no hay dualidad, simplemente hay esencia de Ser. Es la Verdad, la Luz Viviente que nos transmuta la percepción, genera el caos del que se crea una nueva percepción desde la totalidad, derrumba lo que haya que derruir para reconstruir lo resonante con la Verdad del Ser.

La percepción se produce en un nivel mucho más fundamental, que trasciende la materia: el mundo de las partículas cuánticas. No vemos la realidad *per se*, solo su información cuántica, y a partir de ella construimos la imagen en la dimensión donde nos encontremos. Así, damos un paso atrás para contemplar el Todo desde nuestra verdadera esencia de seres. Es el Punto Cero en toda la magnitud de su esencia más pura. Percibir el mundo es sintonizar con el Campo Punto Cero desde la Capa 13 de ADN.

Es, además, ese sonido sagrado que se genera en el interior de cada ser y responde a la emoción con la cual reestructurar la completitud del ADN, que nos habilita para identificar el sonido propio, el sonido interno ordenador del ADN, y recordarnos las características únicas y originales que tenemos para ser parte de la orquesta infinita del universo. Es el sonido que nos transforma. Es acceder al campo morfogenético donde el holograma de quienes realmente somos se manifiesta en la dimensión en la que nos encontremos. Es activar célula por célula sin pérdida de energía para distribuir las frecuencias del Campo Punto Cero en espejo hacia nuestro cuerpo, creando una 'internet' corporal en su interior que se enlaza con el exterior, y puede comunicarse a través del proceso cuántico interno que construye IRB en nuestro ser, permitiéndonos alcanzar la coherencia al penetrar la energía nuclear que se halla en el núcleo, en el ADN más puro, lo cual produce la cooperación colectiva y explica internamente la unidad de pensamiento y conciencia.

Cuando sintonizamos nuestro proceso Divino desde IRB la coherencia se hace contagiosa, pasa del indivi-duo a los grupos, excede la capacidad de cualquier conexión conocida hasta el momento en nuestra dimensión —en la Tierra—, accede a una sintonización que resuena con cada persona y los pueblos enteros con la más elevada esencia suprema del Ser sin importar dónde se encuentren, porque igual que la metáfora de la flor de loto existe en su más puro estado, sin mezclarse con su entorno, es decir que, asentada en un estado indivi-dual establecido permanece en estado cuántico, condición previa de todos los estados posibles. Puede elegir el estado potencial cuántico y actualizarlo permanentemente desde la totalidad a la que pertenece y crea una energía perfectamente coherente, en conjunción con los demás individuos, unificando la mente y la materia desde el Espíritu, codificando la información existente en el Campo Punto Cero y transmitiéndola a todas partes a la vez.

El nombre de la Capa 13 fue otorgado también en hebreo, como los doce anteriores, para lograr el balance final necesario que conecta nuestro holograma actual con el Patrón Original del Adam Kadmon —POAK—, con los patrones de Creación Redentora, y permitirnos cruzar el Alfa y el Omega hacia una nueva creación.

La Capa 13 de ADN se activa únicamente a través del portal de esta frecuencia, su canalizadora, en los Seminarios de Iniciación de IRB de manera personal.

שם המפרש

ADN Capa Trece

SHEM HA MEPHORASH

Significado: El Orquestador Cuántico

Canalizado por: Ximena Duque Valencia

Ilustrado por: Astrid Murillo Aristizabal

Capítulo XIX
El Campo Punto Cero

Si cada persona observa tres cualidades, podrá ser Uno con Todo. Experimentarán la Divinidad en ustedes. Las tres cualidades comienzan con la letra P, ellas son: Pureza, Paciencia y Perseverancia. Cualquiera que posea estas tres cualidades estará libre de temor dondequiera que esté.

Sai Baba

El Campo Punto Cero, al cual a partir de ahora llamaremos CPC, está conformado por infinitas ondas de información que se hallan a nuestra disposición. Es un gran almacén de realidades, de memorias sagradas. IRB, al poner en acción la Capa 13 de ADN, nos faculta para acceder de forma ilimitada a esas frecuencias, basadas en una formulación matemática explícita en el Seminario de Iniciación de IRB que guía este proyecto, el cual, en otra canalización con Kryon a la cual accedí a través de Marina Mecheva, a principios de 2013, ella describe como: "Un proyecto tan poderoso, tan cambiavidas, tan capaz de transformar realidades […]".

Cuando nos permitimos interactuar conscientemente con el CPC activamos al ciento por ciento la intuición y la creatividad, comprendiendo lo que hemos llamado 'milagros' hasta el momento. Esto apunta a llevar las capacidades de superser hacia un conocimiento y una comunicación mucho más profundos y extensos de lo que podemos suponer en este momento a partir de nuestro saber limitado, pues elimina por

203

completo el sentido de separación, ya que al acceder al CPC no hay un dónde acabamos nosotros, ni un dónde comienza el resto del mundo; la Conciencia existe entre nosotros y en el Campo.

Deja de haber un 'ahí, afuera', porque todo está interconectado, ya no solo a nivel de saberlo, sino de experimentarlo, de tener conciencia manifiesta de este hecho inminente. Ello produce un concepto tan vasto que es complicado de entender leyendo apenas este libro. Es necesario comenzar a vivirlo para conocer su completitud; es empezar a intercambiar dicha energía, estructurarla, para desde el CPC, desde la Capa 13 de ADN, abrir todo tipo de posibilidades en la relación con el universo. Si nos permitimos seguir preguntándonos cómo, o por qué, seguiremos retrasando nuestra evolución como lo han hecho muchos científicos por décadas. Si continuamos ignorando el efecto de IRB dentro del CPC eliminamos la posibilidad de interconexión, oscureciendo lo que llamamos milagros, desde la explicación limitada que sustrae a Dios de nosotros.

Recordemos, como se explica en el capítulo VII, que un axioma de los grandes cambios en el mundo del pensamiento consiste en que muchas mentes comienzan a plantearse las mismas afirmaciones al mismo tiempo. Por lo tanto, la realidad emerge del CPC con la participación de una conciencia viva, así que nada existe independientemente de nuestra percepción de ello. La propia conciencia crea orden, esto es, crea el mundo y su interrelación con toda manifestación de vida. Si la realidad es el resultado de la interacción de la conciencia con su entorno, la conciencia se basa en un sistema ilimitado de posibilidades.

Cuando nuestro CPC se deshace de los limitantes, de los viejos patrones, de todo cuanto lo coarta, logra tener una gran incidencia en la conciencia que permite acceder a voluntad desde el Amor, no desde el miedo, ni de la avaricia, ni de la competencia, como hasta ahora, a esos potenciales infinitos e ilimitados que nos presenta el CPC.

A partir de sus estudios en física cuántica, Louis de Broglie, físico francés galardonado en 1929 con el Premio Nobel de Física por su descubrimiento de la naturaleza ondulatoria del electrón, conocida como hipótesis de De Broglie, concluye que "la conciencia individual tiene su propia separación 'particular', pero también es capaz de tener un comportamiento de 'onda', por el que puede fluir a través de cualquier barrera o distancia, para intercambiar información e interactuar con el mundo físico" (s. f.).

IRB nos invita a ceder nuestra identidad separada por una entidad mayor y más compleja, por la esencia más elevada de nuestro ser, para desarrollar coherencia. Si nos proponemos hacerlo de manera indivi-dual lo lograremos, y si lo hacemos en pareja, con alguien con quien nos una un sentimiento profundo, esto tiene un efecto mucho más poderoso que cuando actuamos de manera separada. Ahora bien, si los efectos en pareja son potentes, ¿a qué podemos acceder cuando lo hagamos en masa? Esto concluye que el efecto depende de la resonancia de la conciencia de quien participa en el proceso de creación y los efectos más intensos se producen entre personas que comparten identidades, y quiero aclarar que esto no tiene nada que ver con el consciente. Es la esencia la que tiene la capacidad de comunicar con el mundo físico subtangible ese mundo cuántico que contiene todas las posibilidades y es capaz de generar algo tangible en el mundo manifestado.

La mente subconsciente es ese mundo anterior al pensamiento y a la intención consciente. El CPC es la sustancia invisible que existe en el estado probabilístico de todas las posibilidades. La sincronía, la resonancia entre estos dos estados, es el poder máximo de la cocreación, el cual se logra profundizando en el mundo cuántico, donde no existe la diferencia entre lo mental y lo físico, pues esto es un concepto dualista y separatista. Operar en estado consciente de unidad es simplemente encontrar el sentido a todo el torrente de información, en el que no existen dos mundos, solo uno: el CPC y la capacidad de la materia de organizarse coherentemente.

IRB nos sintoniza con la conciencia de ser una cascada ondulante de coherencia cuántica indivi-dual que permite actuar como única unidad, reflejada en el CPC, extendiéndose hacia el mundo a partir de la unidad de pensamiento en coherencia.

Capítulo XX
Los vehículos de transformación

¡Todas las raíces superficiales deberán ser arrancadas
porque no son lo suficientemente profundas
para sostenerte!

Helen Schucman

La glándula pineal

Cuando logramos traspasar nuestros sentidos físicos, como el ver más allá de la 3D, pre-sentir, escuchar octavas más allá del percentil del oído, comunicarse sin necesidad del lenguaje de 3D, la telepatía, mover objetos sin utilizar las manos o telequinesis, etc., todo tiene que ver con una glándula pineal desarrollada que se describe como el 'tercer ojo'; a esto comúnmente se le llama 'sexto sentido', pero en realidad, va más allá del sexto: otra vez el número 13 vuelve a aparecer en nuestra historia, pues la activación de esta glándula nos conduce a traspasar trece sentidos, aparentemente desconocidos.

La glándula pineal ha sido un gran misterio durante siglos. Está localizada aproximadamente en el centro de la cabeza y, como dice David Wilcock, uno de los principales develadores de este poder en nuestra época actual, es el punto de acceso entre nuestro cuerpo astral y nuestro cuerpo físico. De color violeta rojizo, pese a ser del tamaño de una alverja, con forma de piña de pino o una mazorca, lo cual se ve en la iconografía de muchas filosofías y religiones en el mundo, y pese a que se tienen referencias de que su tamaño adecuado debe ser el de una bola de tenis de mesa, es el punto por donde entra toda la información del universo.

Según describen los cirujanos, la glándula tiene una apertura, con un lente para distinguir la luz, es hueca y cuenta con receptores para distinguir los colores; su visión es de noventa grados. El único sentido donde no puede mirar es hacia abajo.

Defensores de la glándula pineal —como David Wilcock— afirman que dentro de esta glándula se encuentran moléculas de agua capaces de la recepción más fina de las frecuencias vibratorias del universo, y de decodificar todas las geometrías y entendimientos de cómo la realidad fue creada. Esta comprensión está en todos nosotros, grabada en nuestro ADN, pero en la 'caída' cambiamos de la conciencia armónica a otra inarmónica, así que lo olvidamos, y sin nuestras memorias comenzamos a respirar diferente. Por eso el principal objetivo de IRB está en activar el balance puro, donde la información es recordada.

La respiración es un factor primordial para la vida y el recordar que somos Conciencia, porque la energía pránica, o energía de la vida, circulaba en el origen por el centro de la glándula pineal. Al irse calcificando esta poderosa glándula, debido al flúor y manipulaciones del agua y los alimentos, se deja de usar el prana, la energía vital del universo, que cesó su pasar por la glándula pineal y de esta forma dejó de circular por todo nuestro sistema. Se dice que esta es la causa principal del por qué empezamos a respirar por la nariz y la boca, haciendo que ahora percibamos la realidad como buena o mala, es decir, se creó la dualidad como realidad existente, que solo es una ilusión creada por la inhalación incorrecta del prana. Consideramos que al activar la totalidad del ADN podremos recordar de nuevo cómo respirar mediante nuestra glándula pineal, el prana del universo.

El hinduismo explica que el no pasar ahora nuestra energía vital por el tercer ojo causa que dejemos de ver las cosas como son realmente y lo que se nos presente ahora sea una realidad alterna, o quizás, una interpretación diferente, a la cual se conoce como conciencia polarizada, o conciencia del bien y del mal. Los resultados de esto nos hacen creer erradamente que estamos dentro de un cuerpo mirando hacia fuera, separados de lo externo a nosotros.

Restituir el prana o energía vital a través de la glándula pineal se logra con una antigua iniciación atlante heredada por los egipcios, quienes eran expertos en esta modalidad. Esta técnica, aparte de activar la glándula pineal, activa el cuerpo de luz que todo ser humano trae consigo al momento de nacer.

El cuerpo de luz es el medio por el cual la esencia más elevada de nuestro ser se sincroniza con la totalidad de quienes somos, portando la información de nuestros registros akáshicos, los cuales compartimos en cada manifestación de vida que elegimos experimentar. Recordar quiénes somos antes y después de cada experiencia de vida está relacionado con la glándula pineal.

Cuando nos iniciamos en los antiguos misterios atlantes y logramos activar la glándula pineal y el cuerpo de luz adquirimos la conciencia de inmortalidad, aquella que nos recuerda quiénes hemos sido en cada experiencia de vida, y desde la Sabiduría y la máxima Compasión podemos incorporar en el presente todo lo aprendido. Esta es la verdadera inmortalidad, la que nos permite volver a casa usando nuestro cuerpo de luz conectado a la glándula pineal.

IRB permite evolucionar a una frecuencia en la que todos los dones, incluyendo la clarividencia, se convierten en parte del día a día. Para algunos esto es un regalo que viene natural, como los niños índigo que están naciendo. Para otros, es un viaje. En la vieja energía se requería de experiencias cercanas a la muerte, encuentros con otros seres, fiebres altas, accidentes serios, golpes en la cabeza o en el coxis, utilización de enteógenos, sustancias vegetales que proporcionan una experiencia Divina, por eso su significado es 'Dios dentro de nosotros', provocando estados de posesión extática y chamánica en quien las ingiere, al encontrarse inspirado y poseído por el dios que ha entrado en su cuerpo.

Estos estados se asocian a los trances proféticos, la pasión erótica y la creación artística, así como a aquellos ritos religiosos en que los estados místicos eran experimentados mediante la ingesta de sustancias transustanciales con la deidad o la apertura de energías Kundalini para lograr elevar la potencia de nuestro ser. Ahora, con IRB, se logra de manera natural, con la simple conexión al Campo que permite reconocerse dentro de la perfección suprema del Adam Kadmon, el Hombre Primitivo, el Hombre Divino.

Para profundizar en la historia de la glándula pineal y su reverencia en el transcurso de la historia y las religiones, incluyendo el hinduismo, los egipcios, el Vaticano, los masones y un sinnúmero de tendencias, nada mejor que leer a David Wilcock, experto historiador y conocedor de este potente órgano.

Hablando en términos médicos, la glándula pineal desempeña cuatro funciones principales: causa la sensación de sueño; convierte señales del sistema nervioso en señales endocrinas; regula las funciones endocrinas y secreta la melatonina, hormona que ayuda a regular el proceso de pubertad; protege al cuerpo de daño a las células causado por radicales libres.

Al fluorizar el agua, la sal y elementos vitales de consumo diario inhibimos estas funciones, lo cual incrementa el uso de fármacos que activan la producción de melatonina artificialmente, haciendo que nuestro organismo funcione pero no se desarrolle y más bien necesite cada vez más fármacos para otro tipo de cosas que nos tornan más dependientes e incluso robots de la manipulación.

Esta pequeña glándula ha despertado la atención de los grandes pensadores e iluminados desde tiempos inmemoriales. Entonces: ¿Por qué ha sido foco de inhibición de la élite manipuladora en la historia? ¿Por qué esta élite posee la información solo para poder mantenerla vedada? ¿Por qué la mayoría de la gente no puede simplemente utilizar la glándula pineal y 'ver'?

Antes de 1990 no se habían realizado estudios en profundidad sobre la glándula pineal, hasta que la doctora Jennifer Luke, de la Universidad de Surrey, en Inglaterra, llegó al meticuloso descubrimiento de que la glándula pineal es el blanco principal de la acumulación corporal de fluoruro. El tejido suave de una glándula adulta contiene más fluoruro que cualquier otro tejido en el cuerpo, cerca de trescientas partes por millón, con la capacidad de inhabilitar enzimas. La glándula también contiene tejido duro —cristales de hyroxyapatite—, tejido que acumula más fluoruro aún, con casi veintiún mil partes por millón más que los dientes o los huesos. Luego de este hallazgo, la doctora Luke se dedicó a experimentar en animales con el propósito de determinar si la acumulación del fluoruro podía afectar el funcionamiento de la glándula, principalmente en la regulación de melatonina. El resultado mostró que los animales tratados con fluoruro reflejaban niveles reducidos de melatonina en la orina. Esto, acompañado de una más rápida pubertad, acelera el proceso de crecimiento en el animal. Sus investigaciones fueron resumidas de la siguiente manera:

En conclusión, la glándula pineal humana contiene la mayor concentración de fluoruro en el cuerpo. El fluoruro está asociado con la depresión de la síntesis de melatonina pineal, produciendo un acelerado proceso de maduración sexual sobre todo en las niñas. Los resultados fortalecen la hipótesis de que la glándula pineal tiene un rol en la duración de la pubertad. (Luke, 1990)

Cada vez con mayor intensidad, la manipulación empuja a las corporaciones mundiales a adoptar el uso del flúor en nuestra agua potable y en los artículos de primera necesidad. Por esto se hace necesario vivir en conciencia orgánica, para facilitar la conexión directa con nuestra esencia suprema a través de la Totalidad de lo que somos e impedir el darle cabida a factores externos cuyo propósito es el de mantenernos idiotizados.

Cuando conocemos la Verdad podemos vivir en libertad y dejar de ser manipulados, viviendo con verdades a medias y veladas. Descalcificar nuestra glándula pineal y activarla se relaciona con la leyenda del ave Fénix, mitificada por diversas culturas, desde la egipcia hasta la católica, en diferentes versiones. Para lo que nos ocupa, esta leyenda nos indica de gran manera lo que representa en este momento de vida activar nuestra glándula pineal.

El sol deja de verse cuando la noche, la oscuridad, florece. Metafóricamente, muere en la noche y renace en la mañana; asimismo el ave Fénix, al igual que lo que representa la glándula pineal. Cuenta una leyenda egipcia que se construyó un templo sagrado en la ciudad de Heliópolis en honor al ave Fénix para que ella regresara allí cada quinientos años, a morir y resurgir de sus cenizas. Ahora, han pasado veintiséis mil años de oscuridad, se acaba la noche y el nuevo amanecer galáctico da entrada de nuevo al sol.

ES EL MOMENTO de que la glándula pineal regrese a su origen, después de haber sido quemada, calcificada, y de resurgir lo suficientemente fuerte, como el nuevo Fénix, activando todo el saber obtenido desde sus orígenes para que un nuevo ciclo de inspiración comience. En el Taller de IRB "Lo que aún no sabes de la glándula pineal", que tenemos para usted acerca del Comando del Tercer Ojo, encuentra información y prácticas muy valiosas para activarla.

Los primeros cristianos, influidos por los cultos helénicos, creían que en el edén, debajo del árbol del fruto prohibido, floreció un arbusto de rosas. Allí, junto a la primera rosa nació un pájaro de espectaculares plumas y canto incomparable, cuyos principios le convirtieron en el único ser que no quiso probar las frutas del árbol. Cuando Adán y Eva fueron expulsados del paraíso, cayó sobre el nido una chispa de la espada de fuego de un querubín y el pájaro ardió al instante. La inmortalidad fue el premio a su fidelidad al precepto Divino, junto a otras cualidades como el conocimiento, la capacidad curativa de sus lágrimas, o su increíble fuerza. Además, de las llamas surgió una nueva ave, el Fénix, con un plumaje inigualable, alas de color escarlata y cuerpo dorado.

IRB permite activar nuestras alas, los colores, los sonidos, el renacimiento y el sentido de la inmortalidad, a través de la glándula pineal. ES EL MOMENTO de volver a comenzar, pese a vivirse situaciones adversas; de cambiar la forma de verlas, y tener claridad acerca del poder de renacer física y espiritualmente.

A la glándula pineal también se la asocia con la leyenda de *ónfalos*, palabra griega que significa 'ombligo', considerado desde tiempos remotos el símbolo del centro. A partir de ese centro se realiza la creación del mundo. La glándula pineal está ubicada en el centro del cerebro y significa la creación de nuestro propio mundo. Cuanto creemos que podemos crear, es posible mediante este 'ombligo craneal'. En la leyenda *ónfalos* es una piedra que se encuentra en el museo de Delfos, con forma de piña o de medio huevo, y tiene grabado en relieve el árbol de la vida, los símbolos del infinito que se entrecruzan —de los cuales hablaremos en el siguiente capítulo—, además del Mantra que tenemos en IRB, el cual representa perfectamente este 'ombligo craneal' y activa esa Visión capaz de crearlo todo. La leyenda cuenta que el dios Zeus mandó volar a dos águilas desde dos puntos opuestos del universo y estas se encontraron en Delfos, donde *ónfalos* muestra el lugar, convirtiéndose en símbolo del centro, del lugar donde empieza la creación del mundo.

En la Biblia encontramos una frase: "Si su ojo es bueno, su cuerpo estará lleno de luz" (Mateo 6, 22). Esto tiene que ver con la glándula pineal, el tercer ojo, el ojo que todo lo ve, el que logra trascender los sentidos terrenales y que al activarse llena de luz nuestro vehículo de comunicación con la esencia más suprema de nuestro ser, permitiendo mantenernos sintonizados con el CPC de creación original.

Según la medicina sufí, la glándula pineal necesita luz natural y entusiasmo para que funcione adecuadamente, así es que la conexión con la naturaleza y el contacto con el sol pueden ayudar bastante a su activación. En el Taller "La importancia de meditar" se encuentra una poderosa meditación con el Sol, destinada a activar el sol interno que permite una conexión estupenda con su glándula y su entusiasmo, mientras toma la decisión de acceder de lleno a IRB, donde al iniciarse puede encontrar la felicidad plena que da el balance y la conciencia permanente en su vida.

La glándula pineal tiene todas las propiedades de un cristal de cuarzo; por lo tanto, posee la capacidad de producir la chispa necesaria para encender la llama de la iluminación. Existe un fenómeno al que se le llama la piezoelectricidad, presentado por determinados cristales que al ser sometidos a cierta presión o tensión adquieren una polarización eléctrica en su masa, es el fenómeno que hace que un encendedor produzca chispa. El efecto piezoeléctrico es normalmente reversible: al dejar de someter los cristales a un voltaje exterior o campo eléctrico, recuperan su forma. La glándula pineal tiene las mismas características del cuarzo y de la turmalina, motivo por el cual, al ponerla en contacto con los fluidos apropiados, se le transmiten sus vibraciones y produce ultrasonidos. Esto hace que generemos nuestro propio sonido, el que eleva nuestras vibraciones a las más altas frecuencias jamás imaginadas, para conectarnos a la esencia más sagrada de nuestro ser.

Cuando producimos nuestro propio sonido, el alto voltaje obtenido es el necesario para que salte la chispa, algo similar al clic-clac que produce un encendedor. Cuando encendemos la chispa en nuestra glándula pineal nos sintonizamos con la frecuencia propia que produce la resonancia en el grado máximo de oscilación y es entonces cuando generamos la llama interna resplandeciente que llena nuestro vehículo entero para experimentar la totalidad de las células, la totalidad del ADN. IRB activa este sonido a partir del Mantra mencionado, que se encuentra centralizado en el Comando Nuclear del Tercer Ojo, el cual se explicará someramente más adelante.

Cuánticamente, el Rayo Índigo posee una frecuencia que permite activar los cristales de DTM, calcio y otras aguas existentes en la glándula pineal. Cuando esta glándula entra en contacto con el Rayo Índigo las moléculas de los comprimidos de su cristal se liberan y emiten fotones de luz, lo cual crea millones de colores que en la 3D ni siquiera hemos visto, nuevas realidades, y se puede experimentar el pasado, el presente y el futuro contenido en el registro akáshico de todas las civilizaciones de luz que han vivido en la Tierra e incorporar esta Sabiduría superior en la propia, a fin de poder vivir sin la manipulación del tiempo lineal, en el eterno presente.

Todos los cuerpos o sistemas tienen una o varias frecuencias características. Cuando un sistema es sintonizado en una frecuencia específica su vibración es la máxima posible. El aumento de vibración se produce porque en la empatía de estas frecuencias el sistema entra en resonancia. Por ejemplo, cuando sintonizamos una emisora de radio hacemos funcionar un circuito interno en una determinada frecuencia que al entrar en resonancia con la de la emisora, esta última se amplifica, permitiendo ser escuchada. Cuando un sistema físico se somete a un estímulo de energía se crea una frecuencia determinada en que la absorción es la máxima posible; esto puede dar lugar a la ruptura en algún punto de él, como sucede con una soprano que hace estallar el cristal al alcanzar una nota especialmente aguda, que no es otra que la frecuencia de resonancia de la copa.

Activar nuestra propia frecuencia evita coincidir con otras frecuencias que podrían afectarnos y en cambio logra sintonizarnos con todas aquellas que crean una realidad desde la Luz Viviente. No se trata de protegerse contra nada, sino de no estar en sintonía con frecuencias que nos perjudican. La iniciación en IRB permite sintonizarnos con la frecuencia propia que nos unifica con la totalidad.

Dice Hurtak en su Clave 1-1-0 de *Las Claves de Enoc*, que cuando interconectamos el lenguaje egipcio con el hebreo, el sánscrito, el tibetano y el chino logramos abrir la plantilla de nuestra mente a la luz eterna, activando la comunicación pictográfica dentro del cerebro. La información de IRB en los Mantras que activan el Comando Garganta —CD 2 del álbum *Activación Divina Índigo*— está compuesta por una musicalidad que es la plantilla de unión de estos cinco lenguajes y los convierte en música mántrica, en sonidos energéticos sagrados que activan formas de pensamiento de Luz Viviente capaces de lograr la conexión con la Sabiduría de civilizaciones superiores, unificando el humano y el Dios a través de una vibración lumínico-cósmica única.

Una vez se activa la glándula pineal con esta música —sonidos sagrados-semillas simiente—, que hace realidad esta clave, se hace permanente al facilitar los patrones verticales y horizontales por medio del vector Divino, creado por la fuerza lumínica enfocada, que forman los eslabones necesarios para conectar las dimensiones inferiores de percepción sensorial con las dimensiones superiores, las cuales brindan una calidad infinita de gozo. Lo que logra IRB en este paso del procedimiento es abrirnos a la Presencia del patrón evolutivo que nos otorga el poder Divino de Luz Viviente. La "Meditación que activa la paz en tu ADN" es el inicio de este proceso; puede descargarla gratuitamente desde cualquiera de nuestras redes sociales y compartirla con quien desee.

El tetraedro como base de la geometría sagrada

El tetraedro es una de las figuras que conforman la geometría sagrada y los sólidos platónicos. Por medio de la geometría sagrada entendemos de manera sencilla la conexión profunda existente en toda la creación, ya que es el lenguaje simbólico del universo que nos permite entender cuanto conocemos intuitivamente.

Todo en el universo proviene de una misma Fuente o Inteligencia Universal, no importa si el rótulo que se le da es Dios, Madre Naturaleza, Gran Espíritu, Cosmos, Fuente, Espíritu, Ser... La geometría sagrada nos demuestra con conceptos qué puede captar nuestra mente racional, cómo todo lo que existe es creado por medio de los mismos principios básicos, desde un átomo hasta una galaxia. Todo en la naturaleza, en el universo, sigue el mismo patrón geométrico.

En cada manifestación de vida, sea mineral, vegetal o animal, aparecen triángulos, círculos, hexágonos, elipses y espirales. Han transcurrido millones de años para que podamos reconocer las semejanzas entre las criaturas existentes en la Tierra y agruparlas en los fundamentales básicos.

Hay siete formas principales dentro de la geometría sagrada: los cinco sólidos platónicos, el círculo y la espiral.

Los cinco sólidos platónicos son: el tetraedro, el cubo, el octaedro, el dodecaedro y el icosaedro, formas completamente simétricas que tienen todos los lados iguales, todos los ángulos iguales, de las mismas medidas, y los cinco caben en la matriz universal que es la esfera.

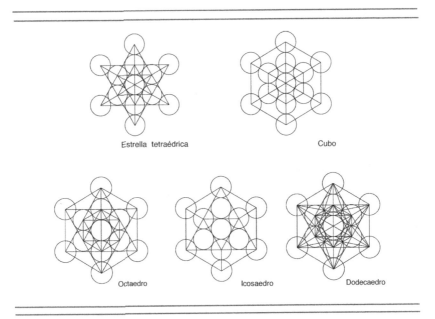

Estrella tetraédrica

Cubo

Octaedro

Icosaedro

Dodecaedro

El *tetraedro,* que es un triángulo con base, representa la conciencia del fuego. Tiene seis aristas, cuatro caras triangulares, cuatro vértices. Es símbolo de la Sabiduría por representar al fuego sagrado, el primer elemento. Contiene toda la potencia de la energía sexual, concebida como la energía Divina, no como el placer de los sentidos. Es el inicio de la vida; IRB sustenta todo su poder iniciático en esta figura, que da vida a todas las demás. Es la base del Merkabah y la nave-antena que permite que toda manifestación se nutra con la información apropiada para poder manifestarse.

El *cubo,* con doce aristas, seis caras cuadradas, ocho vértices, representa el secreto del mundo natural. Es la Conciencia de la Tierra, la experiencia de lo que ha nacido de la naturaleza.

El *octaedro,* de doce aristas, ocho caras triangulares, seis vértices, es como dos pirámides invertidas unidas en sus bases. Es el aire. Simboliza la perfección de la materia por el espíritu. Varias de las meditaciones de IRB, sobre todo las que tienen que ver con activar nuestro poder de cocreación y la frecuencia de la riqueza, están sustentadas en este sólido que resuena con la geometría sagrada del humano en expansión.

El *dodecaedro*, con treinta aristas, doce caras pentagonales, veinte vértices, representa el quinto elemento —*éter, prana, chi, ki*—. Es considerado el poder femenino de la creación y la forma madre.

El *icosaedro*, con treinta aristas, veinte caras triangulares, doce vértices, es la conciencia del agua. Representa la semilla de la vida, la forma del universo, es lo masculino. La meditación del *Merkana* de IRB es un viaje evolutivo del *Merkabah* al *Merkana* a partir del poder de activar este sólido dentro de la geometría sagrada indivi-dual del humano.

La creación juega transformándose de una forma a otra, generando un ritmo y una danza sagrada en el intercambio del icosaedro masculino y el dodecaedro femenino, mientras pasa y se recrea con los otros sólidos platónicos, generando redes planetarias y campos morfogenéticos que son las matrices sostenedoras de todas las formas existentes. La red hace que la información recibida a través de la especie llegue a cada uno de sus integrantes, como se explicó en la teoría del centésimo mono. Este concepto no es nuevo, pues Platón teorizó sobre él, al igual que los mayas, los egipcios, los indios hopis y muchos otros. Dichas redes se agrupan y relacionan mediante las estructuras geométricas de los sólidos platónicos, por lo que al venir todos de la misma fórmula somos realmente Uno.

A la Tierra la rodea una red electromagnética conformada por una matriz de geometría sagrada. Platón decía que la estructura básica de la Tierra se encontraba en proceso de evolución a una red icosaédrica —de veinte triángulos—. Estas matrices son enrejados que cubren nuestro planeta, nuestro cuerpo, nuestros lugares, nuestras células, átomos, modulando el patrón que sostiene y crea cada forma. Son de origen cristalino, imperceptibles a la visión humana, se mueven a la velocidad de la luz, envían información de manera permanente y facilitan nuestro desarrollo a modo de un método de aprendizaje sin necesidad de libros o intelecto. Los niños índigo, nuestras nuevas generaciones, tienen sincronía total con esta red y por eso para ellos la educación actual resulta obsoleta. Este poder de comunicación y aprendizaje se activa en la Meditación del *Merkana* de IRB. Dicho lenguaje está formado por ciento cuarenta y cuatro mil sellos de energía cristalina —forma en que se decodifica la luz— y crea la conciencia crística en la Tierra.

Más allá de la serie de los sólidos platónicos, existe otra forma geométrica que se genera a partir del antiguo cristal icosa-dode-caedro —unión femenino-masculino—. Esta es la red que evoluciona al planeta creando una resonancia de frecuencias superiores que elevan el estado de conciencia hacia un nuevo escalón existencial. Esa resonancia viene a través del Rayo Índigo, el cual proporciona desde el tetraedro base una nueva rejilla, un *Merka-na* evolucionado al *Merka-ra*, a un sinfín de formas poliédricas que conecta al infinito ilimitado del Ser.

La esfera es un patrón de unidad en el que todas las formas y las redes se unifican; aunque cada una tenga sus propias características e interconexiones y conserve las propiedades exclusivas de su individualidad y del sólido que representan, se unifican en la Fuente de la que todas provienen.

El planeta vive transformaciones notorias, tanto en el clima como en el tiempo, las rutas de migración de las aves están cambiando, incluso el campo electromagnético de la Tierra, como ya se explicó. La nueva red de conciencia incrementa su frecuencia a medida que la red magnética disminuye. La vieja red se desvanece y una nueva matriz de cristal puro se está formando. Somos parte de la nueva formación crística.

La geometría sagrada de la red cristalina planetaria contiene los patrones de la flor de la vida, que es la matriz de la creación. La flor de la vida es el código holográfico de todo diseño en la creación y manifestación de cuanto existe en el universo. Este código es el que crea, expande y desarrolla toda manifestación de vida. Lo que existe, lo que es, nace a partir de esa matriz Divina. El holograma representa una secuencia geométrica esférica, unidad conformada por infinitas esferas que se contienen y entrelazan unas con otras dando forma a la 'flor de la vida'. A su vez la flor de la vida está constituida por infinitos códigos de color, sonido y formas geométricas con los cuales se diseña y expresa cada átomo de vida. Cada célula de nuestro ser contiene la información de la perfección, de la memoria universal, de la armonía y de la plenitud contenida dentro del POAK.

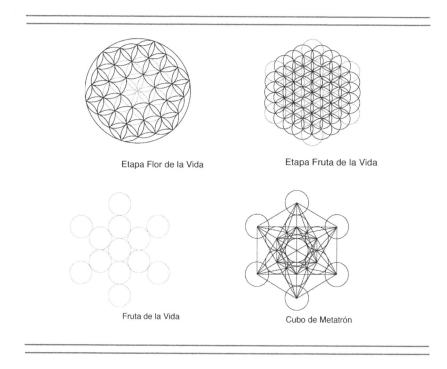

Etapa Flor de la Vida

Etapa Fruta de la Vida

Fruta de la Vida

Cubo de Metatrón

Al activar el POAK en nuestro holograma actual se restaura cualquier parte desarmonizada, restableciéndose el balance, el rejuvenecimiento y la perfecta salud en la totalidad del ser. Un iniciado en IRB conscientemente comienza a evolucionar su POAK a través de cada una de las herramientas impartidas.

IRB permite diseñar a conciencia el holograma como símbolo de perfección en estos momentos, en el planeta índigo. El ser humano es la flor misma de la vida.

Cuando somos capaces de comprender desde el microcosmos al macrocosmos, los hologramas, los fractales, las espirales, creamos el milagro del Uno.

IRB basa su propósito en la base creadora tetraédrica que nace de lo más sagrado de la estructura fundamental, para llegar a las estructuras más complejas e ilimitadas, que nos permiten pasearnos por la multidimensión sin ningún límite, en completa unicidad con el Todo.

IRB ha diseñado una estrategia a partir del mandala de geometría sagrada, basada en el poder del tetraedro y la espiral que manifiesta la Capa 13, representando las fuerzas cósmicas que acercan el pensamiento a la expresión de un lenguaje celestial, fijando la observación y elevación del estado de conciencia mediante la representación visual que liga la experiencia interior. El sistema de estructuras geométricas ensambladas crea un conjunto de estímulos y representaciones de colores y formas que actúan en el observador como concentrador y generador de energía y brindan inspiración, despertándonos hacia niveles de conciencia superior, puertas de conexión con la esencia más sagrada del ser que permiten encontrar las llaves con las cuales reconectarnos a la Luz Viviente para experimentar y comprender que formamos parte de una Conciencia superior. Lo invito, querido lector, a que mire diariamente durante trece minutos consecutivos la Capa 13 impresa en este libro, mientras escucha el Mantra *Shem Ha-Mephorash*, que se encuentra en el CD 2 del álbum *Activación Divina Índigo* y puede descargarlo del enlace http://bit.ly/IRB_Musica

Este mandala trabaja enviando estímulos sensoriales mientras activa la luz en todas sus formas posibles, ampliando a infinitas las posibilidades multidimensionales y preparando a la mente para centrarla y expandirla a un nuevo conocimiento que parte de la Sabiduría infinita universal. Al acceder a este nuevo nivel de conciencia sobrevienen nuevas formas de crear desde la Conciencia pura del Amor.

El círculo integra todas las formas, interrelacionándolas en la unidad. El centro de todo círculo es un punto y el punto es el inicio de cualquier dimensión, por lo tanto, de toda manifestación. Nos conecta con la totalidad de las dimensiones, ya que al carecer de extensión es total. Existe dentro de todo y por eso es el símbolo más perfecto de la unidad, la totalidad y la perfección. El punto lo contiene todo, solo que en potencia, no manifestado. De él nacen todas las formas, se revela en todo lo que existe y nos enseña que todo es una progresión infinita basada en el reflejo de sí mismo: el espejo. Todo el universo está compuesto de puntos infinitesimales, partículas subatómicas repletas de información y en continuo movimiento que crean constantemente nuevas formas y nueva información.

La expresión máxima de la flor de la vida se observa en el dibujo de trece esferas, ya explicado como el cubo de Metatrón, que contiene en sí la realidad tangible de cuanto es. En su interior se halla condensada toda la información del universo. Y aquí vuelve a hacer presencia nuestro número 13: cada una de las trece esferas describe detalladamente cada aspecto de nuestra realidad, incluyendo la estructura atómica actual.

La geometría sagrada nos hace comprender la unidad de la vida y encontrar el origen común de toda forma mediante la integración de los opuestos que unifica la dualidad en todas partes, iniciando el proceso de integración como unidad de conciencia.

Al lograr la unidad de conciencia representada en la esfera comenzamos a vivir en la conciencia de multidimensión, en la cual pasamos de una dimensión lineal a un acceso ilimitado de potenciales contenidos en el CPC, donde todo es posible de crear, según la conciencia pura y cristalina que nos acompañe. La conciencia multidimensional que construimos a partir de la perfección del tetraedro está matemáticamente constituida como una matriz Divina, como un orden autoexistente de relaciones numéricas y armónicas relacionadas entre sí.

En la perfección de la creación no hay números irracionales ni quebrados, hay series de fractales cuyo poder exponencial es infinito, nos permite traspasar los límites de la 3D y conectarnos con la multidimensión.

Es por eso que ni el tiempo, ni el espacio, pueden concebirse como lineales, no tienen ni un punto de partida ni un punto final. El proyecto IRB transforma en los iniciados su disposición molecular, aunque sea invisible, a nuestro mundo material. Esta nueva disposición molecular nos enseña que no necesitamos del conflicto para crecer, nos activa el poder del Amor y la Luz Viviente y hace imperceptible el miedo. El pensamiento se convierte en ciento por ciento creativo, mantiene la conciencia de crear instantáneamente lo apropiado en cada momento. La densidad que nos ha acompañado en la dimensión actual se vuelve sutil e incorpora para cada quien la información apropiada que nos permite crear desde la conciencia, y esta conciencia es grupal, es en Unidad. El avance indivi-dual afecta positivamente al grupo de manera sinérgica y obviamente el avance del grupo es el avance indivi-dual.

Otra de las formas perfectas es la espiral. Todos los cuerpos geométricos señalados se complementan con la espiral, figura geométrica que genera el corazón al amar. Cuando la energía crea corrientes de espiral —lo que en IRB llamamos conos—, se produce el infinito, con una espiral que apunta hacia abajo —la receptiva— y otra proyectiva, que apunta hacia arriba. La espiral femenina nos permite recibir información del cosmos; la masculina, proyecta nuestra energía para abarcar la vida allí donde se encuentre. La espiral une todos los cuerpos geométricos y los hace viajar en el espacio. Por lo tanto, cada sólido platónico es una nave de conciencia. IRB, durante las sesiones personalizadas de Activación de ADN, utiliza los conos como símbolos de estas dos espirales, al igual que a las espirales toroidales y a los infinitos, como vehículos potencializadores de la activación individual que se da en dichas sesiones.

Se conocen dos tipos de espirales: la áurea y la de Fibonacci. La áurea es una espiral cósmica, como nuestra galaxia, que no tiene principio ni fin.

La de Fibonacci, por su parte, comienza en un punto determinado. Cuando hablamos del ser humano, y del cuerpo como parte de su forma en este momento dimensional, esta espiral comienza en el centro energético del corazón y se une en el espacio con la espiral áurea, formando lo que se conoce como el toroide. La fuerza que mueve el corazón es el Amor, de manera que el Amor es la inteligencia que conecta con la gran Sabiduría del universo y genera un toroide energético con una gama infinita de posibilidades de combinación que se convierte en la llave maestra de acceso a la ciencia de creación.

En las sesiones de Activación de ADN desde IRB las ondas se organizan en el patrón tipo rosa al que se le llama fractal y dan origen a todas las fuerzas: de vida, gravedad, percepción, color y éxtasis, iluminación, lo cual significa que podemos diseñar, literalmente, espacios sagrados y de salud cuando activamos y tomamos conciencia de estos campos eléctrico-fractales.

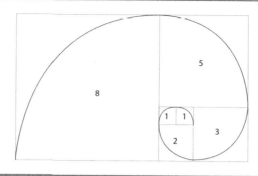

La espiral de Fibonacci es utilizada por la naturaleza para crecer. La encontramos en animales, plantas, flores, frutos, minerales. En la ubicación del espacio de las pirámides de Gizeh también se encuentra plasmada la espiral o progresión de Fibonacci. La espiral es la llave de acceso a la conexión con el Campo y el ADN, que asimismo tiene forma de espiral.

Los Mantras de IRB —semillas simiente—, o cantos sagrados, tienen interiormente la estructura de la espiral. Aunque supuestamente bajo la percepción de nuestros sentidos de 3D la música no sea vista por nuestros ojos, está totalmente compuesta de geometría sagrada. Por eso un Mantra siempre se canta repetidamente, ya que con la repetición se va formando la espiral en el espacio. En el capítulo XVIII hablamos de cómo es importante comenzar a escuchar al ADN en lugar de hablarle y darle instrucciones desde nuestro obsoleto sistema de creencias. Hablamos además de cómo nuestro ADN, cuando se le habla, escucha en tono *alpha*. Por eso, cantar los Mantras apropiados en la frecuencia de IRB, situados más allá de la conciencia del entendimiento, diseñados bajo la geometría sagrada tetraédrica y de modo que conformen espirales perfectas, son capaces de conducir el ADN a su máxima expresión de perfección en unidad absoluta con el POAK, con la Matriz Divina.

La glándula timo

El timo ejerce marcada influencia sobre el desarrollo y maduración del sistema linfático, en la respuesta inmunitaria de nuestro organismo y en la evolución de las glándulas sexuales.

Es una glándula que tiene forma de pirámide, de base cuadrangular. Está formada por dos lóbulos, derecho e izquierdo, y se halla detrás de la parte superior del esternón. El timo está mucho más desarrollado al nacer que en la edad adulta. Se ha creído que solo crece hasta la pubertad, época en la cual inicia una lenta involución y la glándula va siendo sustituida por tejido adiposo. Esto se debe, básicamente, a que el timo es en realidad la glándula de la felicidad. Y aquí es importante hacer énfasis en que felicidad no es tener ni poseer lo que desde nuestros pensamientos o creencias queremos; felicidad es simplemente ser, la felicidad viene de la aceptación.

Al crecer y abandonar la autenticidad de nuestro niño interior y convertirnos en adultos, cargándonos de malentendidas responsabilidades, de limitantes, y dejando atrás nuestro verdadero Ser, al conectarnos con el hacer y el tener la glándula del timo deja de alimentarse, ya que se nutre de la risa y los momentos felices. Ella crece cuando estamos alegres y se encoge a la mitad o a su más mínima expresión cuando nos hallamos estresados, incluso aún más cuando enfermamos. Por eso la medicina se confundió durante mucho tiempo, ya que solo era conocida en las autopsias y siempre se la encontraba achicada o encogida. Se ha llegado a decir que después de los 7 años de edad esta glándula se reabsorbe y desaparece de nuestro cuerpo; esto no es cierto.

El timo produce la hormona tímica, de gran relevancia en el funcionamiento del sistema inmunológico. Se sabe que es capaz de modificar los linfocitos procedentes de la médula ósea en linfocitos madurados T, los agentes que responden inmunológicamente contra enfermedades infecciosas.

El timo almacena temor y es el que gobierna, junto con el bazo, nuestro sistema inmunológico, de forma que el miedo hace que una persona se minimice ante una situación de pánico y cuando esto sucede el cuerpo permite la entrada de cualquier tipo de virus. Si a una persona la ataca un virus es porque experimentó miedo o cualquiera de sus manifestaciones.

En esa parte que tocamos con nuestras manos cuando decimos 'yo' es donde se estimula la glándula del timo. Su significado es: 'energía vital', y creo que con esto se dice todo acerca de por qué es fundamental como vehículo de transformación.

Parte de la gran manipulación para ocultar o desviarnos de nuestro POAK ha sido el desconocer este maravilloso poder dentro de nuestro cuerpo físico, ya que se comporta como una central telefónica por donde pasan todas las llamadas, permitiendo la conexión hacia afuera y hacia adentro. En la religión católica se le estimula, con un mudra —posición de manos— poderoso en forma de cono, con el Mantra "Por mi culpa, por mi gran culpa". ¿Se imagina lo que pasa cuando por años, desde la infancia, se repite este ritual semana tras semana?, podemos ver el resultado: guerras, conflictos y acusaciones en nuestro entorno por esta información grabada colectivamente en el ADN de la humanidad, porque Todos Somos Uno. La culpa lleva al castigo, el castigo se produce por un enjuiciamiento y el enjuiciamiento se da por negarse a la perfección. Es no reconocer la impecabilidad de la creación Divina.

Igual que la glándula pineal, el timo es altamente sensible a imágenes, luces, colores y estímulos sensoriales, así como a palabras y pensamientos. Por ello se alimenta con el Amor y la Felicidad, manteniendo eficiente nuestro sistema inmune. Y al igual que los pensamientos limitantes tienen más poder sobre él que los virus y las bacterias, los pensamientos de Luz y Amor consiguen activar todos sus poderes.

IRB trabaja ese cambio de conciencia en el que todo es transformado en Amor y Luz Viviente, motivo por el cual esta glándula se activa a su máxima expresión después de una iniciación.

La meditación

Sé lo que realmente eres.
Para aquellos que viven en el Sí mismo como la belleza exenta de pensamiento, no hay nada que deba pensarse. Eso a lo que hay que adherirse es solo la experiencia del silencio, debido a que en ese estado supremo no existe nada que alcanzar, otro que uno mismo.

Sri Ramana Maharshi

Cuando un ser realiza el sí mismo, no hay ningún ver, ningún tener, ningún lograr, todo esto es solo 'ser'. El estado de autorrealización, del que han hablado grandes maestros como Osho, Maharshi y muchos otros que han venido a este planeta a generarnos conciencia de Conciencia, no es obtener algo nuevo o alcanzar alguna meta remota, tampoco es llegar a un nuevo destino, es simplemente ser lo que realmente somos y siempre hemos sido, es disipar la ignorancia que nos sumerge en el olvido de nuestra verderera esencia Divina. Lo que se necesita entonces es abandonar la aceptación de lo no verdadero como si fuera verdadero, dejar de considerar como real lo que no lo es. Cuando logramos abandonar esta práctica realizamos el POAK, que es autoevidente y ha estado siempre disponible para nosotros, aunque al haber permanecido hipnotizados durante tantos años dejamos de verlo y lo consideramos como una utopía, de la que hoy podemos tomar conciencia a través de IRB.

Durante largo tiempo ciertas meditaciones nos han enseñado a observar al observador y resulta que no existe en realidad ningún observador para observar nada. El observador que está viendo todo esto cesa de existir y solo permanece el Sí mismo. Es un infinito imparable donde lo observado se une al observador y viceversa, formando el circuito de la unidad constante. Para experimentarlo, lo invito a que vivencie el poderoso Taller de IRB "La importancia de meditar".

Decía Maharshi: "Sepa que la multitud de las diferencias objetivas no son reales, sino meras sobreimposiciones sobre el Sí mismo, que es la forma del conocimiento verdadero".

Después del sonido, llega el gran silencio. El silencio cambia los corazones de todos. En el silencio sagrado de nuestro corazón podemos hallar dónde reside nuestro pensamiento compartido con una vasta humanidad manipulada por creencias limitantes, para generar nuestro propio pensamiento en la Luz Viviente y el Amor que logren crear una nueva realidad compartida, sumándonos para ser el 'centésimo mono'. El silencio es la forma de oración más sonora, es la iniciación más potente, es la onda que nos permite ir más allá de las palabras, más allá del significado, más allá de los símbolos. Para el meditador, el silencio es la instrucción más elocuente. Es también la Gracia en su expresión más elevada, y Gracia y Divinidad es lo mismo. Todas las demás iniciaciones, como por ejemplo la palabra, el tacto, la mirada, la enseñanza, son derivadas del silencio; por lo tanto, son secundarias, pero implícitas. El silencio es la forma primaria, la más perfecta, y comprende las demás iniciaciones. Si tu corazón logra el silencio, la mente se purifica por sí sola para activar al creador desde el POAK.

Las meditaciones diseñadas por medio de IRB como parte de la iniciación en este proyecto de vida nos conectan con nuestro 'adentro' y 'afuera', por lo que somos nosotros mismos quienes creamos las condiciones que nos conducen hacia 'adentro' y a la vez preparamos el 'interior' para llevarle al centro. De esta manera, IRB da el empujón desde 'afuera', ejerciendo una atracción desde 'adentro', de forma que el ser humano pueda establecerse en el centro. En el silencio la dualidad se desvanece hasta dejar de existir. El silencio es la fuerza dinámica, eterna y universal en su naturaleza. Permítase, lector, ser iniciado en el silencio, en la frecuencia de IRB, con el poder del Rayo Índigo en perfecto balance.

Muchos se pueden preguntar: ¿Y por qué se requiere de una iniciación, si el silencio está a disposición de todos? En respuesta, existe una historia de la ancestral sabiduría de Oriente:

Un rey visitó al primer ministro en la residencia y allí le dijeron que estaba ocupado en su meditación, la cual consistía en repetir sílabas sagradas, o Mantras. El rey lo esperó, y cuando hubo terminado le preguntó cuáles eran esas palabras que tenían carácter sagrado y dedicaba una hora de su tiempo a repetir. El primer ministro le dijo que se trataba del más sagrado de los Mantras: el *Gayatri*. El rey deseó ser iniciado por el primer ministro, pero este le confesó su incapacidad para hacerlo. Entonces, el rey lo aprendió a través de otra persona, y reuniéndose con el ministro más adelante recitó el *Gayatri* y quiso saber si lo había hecho correctamente. El ministro le respondió que el Mantra era correcto, pero que no era apropiado para él recitarlo ni estaba logrando los efectos sagrados que el rey requería para sí. Cuando se vio presionado a dar una explicación, el ministro llamó a un paje cercano y le ordenó que apresara al rey. La orden no fue obedecida. La repitió varias veces, pero continuó sin ser atendida. El rey montó en cólera y a su vez ordenó al mismo hombre que apresara al ministro, orden que fue cumplida de inmediato. El ministro rio y dijo que el incidente era la explicación requerida por el rey.

—¿Cómo…? —preguntó el rey.

El ministro aclaró:

—La orden es la misma y el que la iba a ejecutar también, pero la autoridad no. Cuando yo lo ordené, el efecto fue nulo, mientras que cuando lo hizo usted tuvo efecto al instante. Ocurre lo mismo con los Mantras.

IRB ha entrado a través de un portal. Ximena Duque Valencia se otorgó para ser el portal a través del cual esta frecuencia entre al planeta y es por ese mismo portal que deben pasar quienes escuchen el llamado para acceder de manera correcta a la información que nos sintoniza con nuestro propósito de vida y evolución personal. El solo hecho de estar leyendo este libro ya está acercando su camino al encuentro de ese portal.

Las meditaciones en IRB se diferencian de muchas otras 'técnicas' de meditación, ya que no implican esfuerzo, ni dejar la mente en blanco, ni concentrarse en algo específico, y sin embargo permite poner en marcha de manera espontánea la conciencia hacia nuestra esencia ilimitada, desplegar nuestro potencial dentro de la conciencia de unidad, avivando la totalidad de los potenciales disponibles para sí mismos de manera natural en el CPC. La conciencia despierta nuestra dignidad ilimitada, la esencia inagotable, el potencial infinito. Cuando se sintoniza con la perfección del POAK dentro del CPC, se acepta toda la amplitud de la existencia: la actividad y el silencio, el punto y el infinito. No se requiere adquirir un nuevo conjunto de creencias, solo prescindir de las limitaciones y desde una nueva filosofía de conciencia infinita generar una nueva realidad, esa que siempre ha estado en el presente y en la totalidad, aunque aún dentro del sistema limitado de creencias actual pueda parecer imposible.

La velocidad

El agitado mundo del que hoy participamos nos lleva a vivir en una carrera vertiginosa por la vida. Queremos ir contra el tiempo, ganar tiempo, bebernos el tiempo, retroceder el tiempo, llegar pronto a la noche para poder descansar o disfrutar; que transcurran rápido los días para que lleguen las vacaciones o la Navidad, esos ratos que creemos que la vida nos regala para verdaderamente disfrutar de la pareja, de los amigos, de un lugar agradable, de la familia, de los hijos. Y cuando llegan, queremos otra cosa, algo diferente... Más adelante hablaremos del tiempo y del presente. Lo dicho solo nos lleva a pensar en el afán con que estamos viviendo, la velocidad y calidad de nuestros pensamientos y el foco que le damos a cada uno de ellos.

Querer que todo transcurra más rápido, alimentarnos con 'comidas rápidas' y mejor si mientras lo hacemos vemos 'noticias rápidas'... tomar café instantáneo, reaccionar con opiniones instantáneas... La velocidad nos convierte en robots, nos impide accionar desde el Amor y disfrutar del momento presente. ¿Es lógico que de trescientos sesenta y cinco días que tiene el calendario gregoriano por el cual nos guiamos en esta actualidad, solo soñemos con tan solo quince días de ellos para poder 'sentirnos' en vacaciones? ¿Que de siete días que tiene la semana solo creamos tener uno o dos para descansar? ¿Que de veinticuatro horas que marca el día, contemos apenas con dos o tres para compartir con quienes queremos? ¿Esa es la vida que queremos seguir creando y construyendo? Solo existen dos opciones: o disfrutar lo que hacemos las veinticuatro horas del día, los trescientos sesenta y cinco días del año, o encontrar aquello que nos produce felicidad todo el tiempo. Para eso es preciso activar la información que IRB propone en cada una de sus células.

El tiempo tiene que ver con la velocidad. Cuando disminuimos el acelerador del ritmo podemos observar lo que sucede a nuestro alrededor. Mientras vivimos, existen millones de millones de seres, de partículas subatómicas vivientes, viviendo simultáneamente en una multidimensión que nos permite completar nuestra experiencia cuando nos unimos al Todo.

Probemos pasar la mano muchas veces, rápidamente, sin control, sin sentido, por encima de un micrófono de alta fidelidad, y escuchemos los sonidos que produce: es tanto el ruido, que no nos dice nada. Ahora pasemos la mano delicadamente, muy lentamente, suave, con sutileza, y veremos cómo podemos escuchar a través del sonido, cómo logramos ir más allá de lo que simplemente sucede, cómo entramos de inmediato en ese estado sutil de meditación que nos lleva a percibir más allá de los sentidos. Esto es una muestra de lo que produce en nosotros la velocidad.

Lo mismo sucede cuando comemos. A veces no masticamos, solo engullimos; así, nos perdemos la combinación de sabores, de temperatura, de textura, de la magia que encierra, per se, cada bocado; y esto no solo nos priva del placer de degustar cada bocado en nuestro paladar, sino que hace que el alimento llegue sin digerir al estómago y se generen obesidad, mala nutrición, desarreglos estomacales, ansiedad... la velocidad trae ansiedad a nuestra vida, la ansiedad adicciones y las adicciones enfermedad.

La ansiedad nos invita a buscar más, a no disfrutar de lo que hay y anclar el pensamiento de no estar completos, pues como dejamos pasar desapercibida tanta información por la velocidad, al llegar esta nos sentimos vacíos. Dejamos de recopilar toda la información en el recorrido del camino por pretender llegar rápido al destino que nos trazamos al iniciarlo. El placer no está en llegar, el placer está en recorrer. Esto se da en el sexo, en la comida, en el respirar, en el vivir. Disfrutar, ser feliz, está directamente relacionado con la velocidad con que lo hacemos.

En nuestro dialecto moderno una de las palabras peyorativas que le podemos decir a alguien es la de ser 'lento'. La invitación de IRB, por lo tanto, es a que dejemos de absorber la vida; creémosla, diseñémosla, vivámosla, disfrutémosla paso a paso, en cada nanosegundo hay algo que sentir. No la pensemos, solo amémosla, puesto que el Amor es lento, eterno. Convirtamos nuestra vida, nuestro tiempo, nuestra velocidad, en una constante meditación. Vayamos más allá, escuchemos más allá, percibamos cada aroma y cada sabor más allá, sintámoslo todo, experimentemos cada cosa y cada instante desde la esencia misma del Todo, del infinito. Todo ha sido creado para nosotros, de modo que, a partir de este instante, atrevámonos a atravesar el portal que IRB abre para vivir cada escena de nuestro existir, creada por nosotros mismos en pausada, relajada y excitante cámara lenta.

Trascendamos los sentidos con una nueva velocidad que permita crear la verdadera compasión que retorna a la perfección desde el Rayo Azul, ese Rayo Índigo casi negro que nos permite percibir un nuevo espectro de luz y color que jamás habíamos soñado siquiera que pudiera existir, para que no tratemos de entender, sino solo de ver que ningún momento está vacío, que cuando lo experimentemos desde la más lenta velocidad aceptemos lo único e irrepetible de él y de nosotros y sepamos que cada acción se convierte en una meditación, ya que nos volvemos conscientes del presente, del aquí y del ahora que somos cada uno de nosotros.

Una de mis películas favoritas y recomendadas para ver en profundidad esto que queremos expresar acerca de la velocidad es *El camino del guerrero*, dirigida por Víctor Salva y estrenada en 2006. Vivir lentamente es activar la longevidad, es hacerle el amor a la vida, es saber desde lo más profundo que somos Conciencia… la clave está en vivir pausadamente desde las frecuencias más activas, altas y vibrantes. La combinación de las dos nos sintoniza con el Amor.

El holograma

Una cantidad considerable de científicos, entre ellos Karl Pribram, Karl Lashley, David Bohm, Stephen Hawking, Jacob D. Bekenstein, Hugo Zuccarelli, Alain Aspect, Gerard´t Hooft, Leonard Suskind, Craig Hogan, Basil Hiley, han hablado, experimentado y profundizado sobre el concepto del holograma.

Alain Aspect, por ejemplo, junto con un importante equipo de investigadores, descubrieron que partículas subatómicas, como los electrones —todos somos partículas subatómicas—, son capaces de comunicarse de manera inmediata unas con otras, sin importar la distancia que pueda separarlas, si esta es de un metro o de cien mil millones de kilómetros. Siempre, sin excepción, una partícula sabe qué está haciendo la otra. Si profundizamos en este hecho, quiere decir que el pensamiento viaja más rápido que la luz, hecho que desvirtúa el postulado de Einstein, quien afirmó que ninguna comunicación podía viajar más rápido que la velocidad de la luz.

Por otro lado, David Bohm, quien fue discípulo de Einstein, consideró que los descubrimientos de Aspect implican que la realidad objetiva no existe y que, a pesar de la aparente solidez de la materia, el universo está en el corazón de un enorme holograma, fantástico y pleno de infinitesimales detalles. La naturaleza de 'el todo en cada parte' de un holograma nos proporciona una manera completamente nueva de entender un sistema y el orden. Bohm plantea que la razón que habilita a las subpartículas a permanecer en contacto unas con otras, pese a la distancia que las separa, no es porque ellas estén enviando algún tipo de señal misteriosa, sino porque esta separación es una ilusión; sugiere que en un nivel más profundo de realidad estas partículas no son entidades individuales, sino extensiones de la misma cosa fundamental.

Para que seamos capaces de entender mejor lo que él quiere decir, Bohm ofrece la siguiente ilustración:

Imagine un acuario que contiene un pez. Imagine también que usted no es capaz de ver este acuario directamente y su conocimiento de este acuario se verifica por medio de dos cámaras de televisión, una dirigida a la parte de adelante y la otra a la parte lateral. Cuando permanece observando atentamente los dos monitores, acaba por presumir que el pez de cada una de las pantallas es una entidad individual. Esto porque como las cámaras están ubicadas en ángulos diferentes, cada una de las imágenes es también ligeramente diferente. Pero si continúa mirando los dos peces, acaba por adquirir la consciencia de que hay una relación entre ellos. Cuando uno se vuelve, el otro hace una vuelta correspondiente, solo ligeramente diferente. Cuando uno se pone de frente hacia adelante, el otro se pone de frente hacia un lado. Si usted no sabe de los ángulos de las cámaras y se deja llevar solo por los sentidos, puede llegar a la conclusión de que los peces se están intercomunicando, pese a que claramente ese no es el caso.

Según Bohm:

La aparente conexión más rápida que la luz entre las partículas subatómicas, nos está diciendo realmente que existe un nivel de realidad más profundo del cual también hacemos parte, una dimensión más compleja, más allá de la nuestra propia que es similar a la de los peces en el acuario.

Y añade:

Vemos objetos como estas partículas subatómicas como si estuvieran separadas unas de otras porque estamos viendo únicamente una porción de la realidad de ellas. Si la aparente separación de las partículas subatómicas es una ilusión, esto significa que en un nivel más profundo de realidad todas las cosas del universo están infinitamente interconectadas.

En un universo holográfico como en el que vivimos, incluso el tiempo y el espacio ya no pueden ser vistos de manera radical, conceptos como 'ubicación' se rompen ante una perspectiva en la que nada está verdaderamente separado de nada, ya que tanto el tiempo como el espacio son multidimensionales, como lo profundizamos en nuestro Taller "Siempre hay tiempo suficiente". Así como las imágenes de los peces en los monitores, nuestra 'realidad' puede ser vista como una proyección mucho más profunda, como un superholograma en el cual el pasado, el presente y el futuro existen simultáneamente. Podríamos llegar entonces a decir que el gran holograma es la matriz que dio nacimiento a todo en nuestro universo y, por lo tanto, contiene cada partícula subatómica de cuanto existe, de todo lo que es. Si ese mundo material que podemos observar y palpar con cada uno de nuestros sentidos no es nada más que una realidad secundaria, lo que creemos es real no es más que una ilusión óptica o sensorial creada por las frecuencias holográficas, y si el cerebro es ese medio mediante el cual seleccionamos algunas de las frecuencias de esta ilusión para transformarlas matemáticamente en eso que creemos que es real, entonces, ¿qué viene a ser la realidad?

Un holograma, para explicarlo de manera sencilla, es como una fotografía que contiene todos los datos y características generales del objeto o sujeto fotografiado; por lo tanto, se cuenta con lo necesario para ser observado en tres dimensiones, o más. El holograma se puede obtener mediante la fotografía que resulta de un haz de luz láser sobre el objeto, tomada hacia el patrón de interferencia que se obtiene al dirigir otro láser al mismo objeto. Si la fotografía se baña con otro haz de luz láser, se crea el holograma del objeto. Si la fotografía es cortada en pedazos, cada fragmento contiene el objeto completo en tres dimensiones, solo que más pequeño. Por consiguiente, una de las posibilidades que nos brinda un holograma es la de que si se cambia el ángulo en el cual los dos láseres alcanzan un trozo de la película fotográfica, es posible grabar muchos registros diferentes en la misma superficie. Entonces, si el universo posee esta característica holográfica, todo lo que podemos 'ver' en lo que hemos llamado planos astrales, es simplemente otro 'ángulo de registro'. Según la sincronía de la persona, el ángulo de registro puede variar, permitiendo de esta forma que cada quien cree su propio universo holográfico, y el ángulo de cada uno permite observar de manera diferente lo que se registra.

Durante el seminario de Iniciación en IRB se habilita el 'láser de lectura' en esta 3D en la que nos encontramos, a fin de que con la práctica usted mismo lo calibre para acceder a esta información y, desde el POAK, modifique el holograma de su entorno en cualquiera de los ángulos necesarios para verlo y vivirlo de manera apropiada a la conciencia, permitiéndole navegar por la multidimensionalidad mental e incluso físicamente, ya que lo físico es solo una proyección de lo mental. De esta forma se ratifica el concepto de Carl Jung, quien describe que todo lo que llamamos 'realidad' es parte de la inconsciencia humana, a la cual todas las mentes están interconectadas.

Entender el concepto de holograma, tan cotidiano ahora en aparatos electrónicos, nos permite aterrizar en el concepto de ser un reflejo de lo que proyectamos, consciente o subconscientemente, sobre nosotros mismos: la aparente estructura física del cuerpo es la proyección holográfica de la conciencia. Si llevamos esto a nivel de 'sanación' —cuando hablemos de paradigmas profundizaremos más en este concepto—, entenderemos la clave para eso que llamamos milagros, que no es más que la comunicación instantánea entre las partículas subatómicas que nos deja crear nuevos puntos de vista de esa realidad.

En la década de los noventa los físicos Leonard Suskind y Gerard Hoof't afirmaron que la teoría de un universo holográfico tiene la misma importancia que la teoría de la relatividad, la mecánica cuántica o la teoría de las cuerdas, pues no es solo la idea ilusoria de un individuo con ideas poco comprensibles, sino una teoría derivada de la interpretación de conceptos científicos totalmente comprobables.

Podemos concluir, por lo tanto, que la realidad externa la conocemos a través de los sentidos. Cuando observamos un objeto o alguna manifestación física lo que hacemos es interpretar la recepción de fotones de luz por medio del ojo y luego el cerebro se encarga de construir una imagen tridimensional a base de impulsos electroquímicos. Nunca somos partícipes de esa realidad en forma directa, ya que apenas nos hacemos una idea de cuanto percibimos del entorno y de nosotros mismos con base en la codificación de señales que emite cada uno de nuestros sentidos. O sea que eso a lo cual llamamos realidad exterior, realmente no está allá fuera, sino en nuestro cerebro, porque así es como lo percibimos. Imaginar que lo que vemos o tocamos es real, es una ilusión formada por una codificación de señales de los sentidos en nuestro cerebro.

Si todos los humanos estamos equipados con los mismos mecanismos y desde el nacimiento estamos condicionados a vivir una realidad que otros ya han manipulado, detectamos realidades muy similares y por esto llegamos a pensar que en verdad vivimos en un mundo material probado. Una película que ilustra plenamente esta teoría es *Los juegos del hambre*, estrenada su primera parte en 2012, la segunda —*En llamas*— en 2013, *Sinsajo* —parte I— en 2014 y *Sinsajo* —parte II— en 2015, dirigida magistralmente por Gary Ross, protagonizada por Jennifer Lawrence y basada en la novela del mismo nombre, de Suzanne Collins, publicada en 2008.

Así entonces, si el universo entero es un holograma, si el entorno que percibimos y lo que somos individualmente es en realidad solo lo que imaginamos ser, podemos recrearnos y cocrearnos desde una nueva conexión con la Conciencia y con toda la fuerza del POAK que nos brinda IRB.

Los Mantras

En principio, y de manera muy básica, los Mantras son sílabas, palabras o grupos de palabras. Los más antiguos y mundialmente conocidos se diseñaron en sánscrito y son utilizados para repetirlos verbal o mentalmente con el fin de lograr una concentración que permite liberar la mente. Por eso se busca no tener en cuenta su significado mientras se pronuncian o cantan, para no llenar la mente con pensamientos específicos, sino por el contrario, lograr vaciarla y de esta manera ir al centro con la finalidad de encontrar paz y calma en ella. Por el ritmo y vibración que producen, tienen el poder de realizar grandes cambios de estado. Mientras repetimos un Mantra la mente no tiene espacio ni tiempo para otros pensamientos; por ende, se logra un estado de relajación y meditación muy profundo.

El concepto básico de los Mantras es el de ser sonidos; el sonido es vibración y la vibración genera energía al sintonizarse en una frecuencia específica, de ahí que tienen la habilidad de generar cambios en el campo donde se cantan y en quien los canta. Si nos detenemos a escuchar plena y conscientemente a nuestro alrededor, nos sorprendemos de la variedad y formas que el sonido adquiere. Cada movimiento, por ejemplo, es una expresión de sonido que podemos o no percibir con nuestro oído. Hasta en el más profundo de los silencios encontramos al sonido presente, aunque a veces no somos conscientes de ello. Algunos sonidos tienen resonancia con nosotros. El lenguaje sagrado que se origina en el silencio es único y universal. La vibración que recibimos de él traspasa todos los límites, enseñándonos que, pese a las diferencias de la forma, todos provenimos de la misma Fuente, en la que cada uno de nosotros es un instrumento fundamental de la gran orquestación del universo para vivir y manifestarse.

La vibración que proporciona un Mantra nos permite instalar un nuevo patrón que restaura, revitaliza y reordena los sistemas de energía en la totalidad de nuestro ser, conectándonos a frecuencias más sutiles. Al elevarse las octavas vibracionales en nuestras células abrimos la puerta de ingreso a la Conciencia expandida, con la que somos capaces de experimentar el mundo invisible o subconsciente de manera más real, lo cual puede afectar de manera consciente nuestro holograma. Decimos que la repetición correcta de las palabras sagradas canalizadas para IRB conduce a reconocernos y actuar en el Amor, la Verdad, la Visión de la Luz Viviente, la Sabiduría, la Presencia y la Compasión, desde la Totalidad que nos fusiona en Unidad.

El sonido es un poderoso estímulo que activa las funciones celulares y crea las condiciones necesarias para el restablecimiento del POAK. Los Mantras y la música manifestada para IRB generan un campo de ondas electromagnéticas consciente que interactúa con el organismo y penetra profundamente hasta el núcleo de información de las células, produciendo la activación de los Comandos Nucleares que le dan vida a la Capa 13 de nuestro ADN, para poner en marcha la sinfonía que cada ser esté dispuesto a sintonizar en su vida.

Como lo explicamos, en nuestro primer vehículo de transformación, la glándula pineal, íntimamente ligada a este y a todos los demás, tanto la música como los Mantras manifestados para la activación de los vehículos de transformación del ser por medio de IRB se basan en los lenguajes sagrados clave que mentalmente nos conectan con civilizaciones que representan la 'evolución superior'.

Por tal motivo, IRB activa los cuatro Comandos Nucleares con sonidos energéticos sagrados y formas-pensamiento de luz para efectuar la conexión con las inteligencias de planos superiores, al unificar todos los lenguajes cristalinos que abren la plantilla de la mente a la Luz Viviente y Eterna y que permiten activar la comunicación pictográfica de las más altas frecuencias universales dentro del cerebro, creando una distorsión de tiempo mental que vivifica al POAK como un recipiente humano de experiencia en la conciencia mediante una vibración lumínica cósmica que lleva a unificar la totalidad del ser desde su esencia más suprema.

Estos sonidos, aquí, se transforman en un lenguaje de vibración energética que se forma con Mantras, semillas simiente, cuidadosamente seleccionados, los cuales elevan la conciencia corporal a la mente cristalina, de modo que al salir en trayectoria espiral de nuestro paradigma de conciencia y pasar a través de las pirámides lumínicas de esta estación de vida podemos entrar a esa dimensión donde todo el movimiento de vida se convierte en el despliegue eterno, donde todo está siendo actualmente vivido y reciclado, porque el universo tiene todas las ideas almacenadas en la mente eterna de reflexión y revelación; podemos acceder a cualquier dimensión en la que se esté usando ese foco lumínico a través del CPC.

Estos Mantras son entregados en la iniciación de IRB que se vive en el primer nivel de sus seminarios, para poder tener la vibración apropiada al cruzar el portal que abre las puertas a la conciencia de nuestra autocreación. Además, puedes escucharlos a través del CD 2 del álbum *Activación Divina Índigo*, del que ya he hablado en varias oportunidades.

Para acercarnos un poco a lo que pueden hacer los trece Mantras en nosotros, vamos a hacer una breve descripción.

Los cuatro primeros —aclarando que 'primeros' no corresponde al orden lineal establecido en esta 3D— se activan por medio de un mismo Comando Nuclear —más adelante explicaremos a qué nos referimos con Comandos Nucleares—, que es el Comando del Corazón. Estos Mantras corresponden a cuatro de las Capas de ADN que se incluyeron al principio del capítulo XVII. Son suficientes para ser conscientes de lo que activan en la totalidad del Ser y del universo las doce Capas allí mencionadas cuando se transmiten mediante el Comando del Corazón de IRB. Se soportan en la energía del Pilar del Amor para activar la totalidad de lo que se es, en el ADN sagrado y cuántico:

NETZACH MERKAVA ELIYAHU. El primero activa las tres primeras Capas, soportando la evolución en esta encarnación y accediendo a la multidimensión desde la conciencia del niño interior. Soporta plenamente la frecuencia de la felicidad.

EHYEH ASHER EHYEH. El segundo activa las tres segundas Capas, desarrollando el poder de manifestación desde el Cristo interno, desde el reflejo de la sacralidad manifestada en la Tierra. Su significado, 'Yo Soy Ese', 'Yo Soy', genera la unidad absoluta explicada en el capítulo XI: Somos Uno: *Namasté*, permite resolver cualquier tipo de conflicto y separación.

SHECHINAH-ESH. El tercero activa las tres terceras Capas, incluyendo la información de la totalidad de nuestras experiencias vividas y por vivir, desde el poder de la transformación y el cambio de perspectiva hacia una nueva realidad. Es el activador de la alquimia, nos permite transformar desde una situación momentánea incómoda hasta una mal llamada enfermedad terminal.

EL SHADAI. El cuarto activa las tres cuartas Capas, que manifiestan la más sacra Divinidad incorporando la totalidad de los Seres de Luz en nuestro ADN para la vivencia desde lo que verdaderamente somos a partir de nuestro Origen Divino. Nos da la conciencia del Absoluto indivisible y eterno.

El conjunto de estos cuatro Mantras combinados con la música y frecuencia de IRB desde el primer Comando Nuclear del Corazón, nos permiten abrirnos a la frecuencia del Amor Infinito en nuestra realidad. Existe un Taller: "Activa tu herencia Divina", que profundiza en cada uno de ellos.

Los siguientes cinco activan el segundo de los cuatro Comandos Nucleares, el Comando de la Garganta, que nos facilita reconocer la Verdad, hablar la Verdad y vivir desde ella conscientes de cada acto y cada manifestación creada, comprendiendo como la Verdad Suprema nuestra esencia Divina y sagrada.

AMEN PTAH. El quinto de los trece Mantras activa el masculino interno, con tanta fuerza, que lleva a que todo el poder de la acción, desde la Sabiduría plena y la Presencia, se convierta en algo cotidiano. Es la orden misma, amorosa pero contundente, que abre la cueva en la que se encuentran escondidos los más grandes tesoros disponibles para nosotros en cualquiera de las dimensiones existentes.

GABRIEL. El sexto tiene el poder de transferir el poder Divino desde la palabra. Abre la capacidad de hablar desde la Verdad absoluta y creadora, sustentando la pureza y lo diáfano en el verbo mismo de la creación. Es la androginia, que le completa en el más delicado balance entre el reconocimiento del poder y de la acción, siempre dentro del marco grandioso de la humildad. Se relaciona ampliamente con el Pilar del Amor.

BUDDHA. Poderosa es la transmisión de este séptimo Mantra en el segundo Comando Nuclear de la Garganta, que logra hacer una aplicación práctica del bienestar, relacionado con el Uno, del Todo; genera el entendimiento absoluto de que nada está separado, de que nada existe independientemente, ni los átomos, ni las personas, ni las culturas, por lo tanto activa el altruismo desde la Sabiduría, unifica la espiritualidad y la ciencia. Nos conduce a entender que el cuerpo físico, nuestra propia imagen, la cuenta bancaria, son simples fenómenos, puras apariencias a las que atribuimos significados y valores de los que carecen en sí mismos. Termina el juego de nuestra mente, que crea significados y rótulos y luego se los atribuimos al objeto como propios; es decir, nos libera de la ignorancia, del 'yo', y nos interconecta con el Todo. También nos permite actualizar la información de la mente cotidiana a la mente unificada del universo, donde todo habita interconectado; acceder a una nueva forma de percibir la realidad; cambiar la emisora que nos había sintonizado hasta ahora con un 'mundo real', tangible, y establecernos en los mundos de la Conciencia, del espíritu, de la ciencia y del arte aún inexplicados. Se crea, así, una nueva realidad acorde a esta nueva Conciencia de Balance, Luz Viviente y Amor, que nos permite actuar en concordancia con el ser una onda vibrando a frecuencias superiores, con la cual se puede navegar en diversas dimensiones. Esto no es solo para elevados matemáticos, ni físicos, ni líderes espirituales renombrados; es para usted y para mí, para todo aquel que quiere dar un salto existencial en su conciencia de forma diaria y permanente. No requiere de explicaciones ni demostraciones científicas; tampoco, de saber cómo actúa, solo es necesario ponerlo en marcha, de la misma manera que no necesitamos saber mecánica para conducir un vehículo. Se relaciona ampliamente con el Pilar de la Sabiduría.

PHOWA. Con el octavo Mantra de estos trece se transfiere la conciencia que se logra en el momento de la muerte, al pasar por el bardo de la iluminación, donde entendemos realmente la grandiosidad de nuestro espíritu, más allá de nuestros cuerpos y mentes, con la capacidad de iluminar todo lo que nos rodea, permitiendo que la mente se mantenga en un estado permanente de gozo y creando desde una nueva realidad en la que el ego y la ilusión ya no son más los maestros de vida, porque la Presencia atemporal prima en nuestro devenir cuántico. En ese instante, cualquier asomo al miedo se transmuta en la energía del Amor. Es capaz de diluir cualquier obstáculo físico, mental o energético.

KWAN YIN. Mediante el noveno se complementa el masculino interno con la deidad femenina que activa en el Ser los códigos de la misericordia y la fortuna y permite asimilar cada sonido creador en nuestro propio universo. Es uno de los encargados, como parte fundamental de la herramienta, de activar el Pilar de la Compasión, ese que nos permite permanecer en estado cuántico de sanación, y conduce a vivir en absoluta libertad. Activa el poder del espejo, el de reflejar esto en todo nuestro universo, desde el corazón que es Sabiduría esencial y posee el latido de vida que siempre trae vida. Abre por completo nuestra capacidad de escuchar, desde el gran sonido del silencio, que es el sonido absoluto de la voz Divina, permitiéndonos ser Uno con cuanto nos rodea. Trabajarlo de la mano de la Capa 13 de ADN activa infinitamente nuestra capacidad de hacer milagros. Este Mantra tiene la capacidad de lograr que las células se sintonicen con la parte del CPC donde la vitalidad y la juventud, al unificar lo masculino y lo femenino, reflejan la transformación del balance en la vida humana y en el planeta que representamos, siendo el Rayo mismo de la Compasión en acción que abarca y contiene un gran océano de creación de Conciencia original, visible a los más altos potenciales de luz destinados para nosotros y nuestra creación, donde no existe la dualidad.

Aprenda a utilizarlos en su vida cotidiana, para cualquier asunto, a través del Taller "Establece una comunicación directa con tu poder creador".

LAY-OO-ESH. El décimo Mantra activa el tercer Comando Nuclear, el Comando del Tercer Ojo, el cual se encarga de ampliar la Visión, la Conciencia, y proyectar la Luz Viviente que es Dios en Acción. Es tan poderoso este Mantra que el Comando del cual hablamos cuando tocamos el tema de la glándula pineal solo requiere de dicho Mantra para activar tres atributos potentes que nos brinda este Comando activado; actúa directamente, sin ayuda de ningún otro. Es la chispa que enciende el fuego de la creación. No requiere de más explicación. Es un gran signo dado a nosotros como parte del proyecto IRB, que permite la venida del coronamiento piramidal de la luz de Cristo desde las más altas esferas y ahora viene hacia nosotros sobre las bases piramidales del campo cristalino *Urim y Tumim*, aquí, en esta Tierra sagrada, nuestro amado planeta índigo, y nos conecta con la realidad de ser parte del pueblo de Dios — lo que representan también las Capas 4 y 5 de ADN—. No como una religión, no como un dogma, sino como parte de una misión. Al activarlo, todos los misterios nos son revelados, para que la pirámide no esté más separada entre la punta y la base —léase Icke, *The Biggest Secret,* 1998— y sea parte del 'ojo que todo lo ve', incluyendo las maravillas de la eternidad. Esta activación nos funde con el "Pilar de la Luz" que descansa sobre el tabernáculo en el viaje hacia el siguiente nivel de la inteligencia creativa. Se recomienda profundizar esta información con el Taller "Lo que aún no sabes de la glándula pineal".

Para activar el cuarto Comando Nuclear, el Comando de la Corona, que se encarga de la conexión suprema a la Sabiduría Superior, se nos han revelado tres Mantras. Ninguno de los trece Mantras es algo nuevo, siempre han estado ahí, tan visibles y tan velados, solo que ahora llegan con la intención apropiada del despertar cuántico de su GranDiosidad. No GranDiosidad como parte de un ego, sino como la verdadera magnitud de quienes Somos, honrando la esencia suprema de donde venimos. Muchas personas suelen preguntarme cómo oso decir que somos dioses. La respuesta es sencilla: si el hijo de un perro es un perro, si el hijo de un gato es un gato, ¿cómo puede ser posible que el hijo de Dios no sea un Dios? Amo explicar esto en el Taller "Reconoce tu GranDiosidad con IRB", donde aprendes a vivir en tu cotidianidad con la conciencia de tus cuatro Pilares totalmente activos: Amor, Sabiduría, Presencia y Compasión. Al final de este libro podrás inspirarte mediante algunos poderosos testimonios de que nuestros talleres, seminarios y herramientas, los cuales hemos dispuesto al alcance de la humanidad, dan milagrosos resultados.

SHEM HA MEPHORASH. El primer Mantra de este cuarto Comando, el Comando de la Corona y el Mantra 11 de los trece, es tal vez el más sagrado. Con solo escribirlo y pronunciarlo, todo mi cuerpo tiembla mientras intento explicar con limitadas palabras el poder de su significado. Es el principio cósmico no manifestado y contiene la creación en sí. Ha estado oculto por años en el libro del *Éxodo* en la Biblia hebrea y compone la totalidad de los nombres de Dios, que, a propósito, se le dio este nombre para no llamarlo por su verdadero nombre, que se decía, era Innombrable. Está también contenido en la Capa 13 de ADN, el director que orquesta la creación desde el Amor, la Presencia, la Compasión y la Sabiduría. Permite que nos convirtamos en la salvación —la liberación de la esclavitud en que los límites ilusorios de la humanidad, personificados en el miedo y la separación, nos han encerrado— y que nuestro nombre quede escrito en la eternidad. Al convertirse en un Mantra de activación de este importante Comando Nuclear de la Corona, con su debida iniciación desde IRB comienza a ser parte de ese renacer en la nueva vibración cuántica de nuestro ADN y abre paso a los dos últimos. Es por esto que, a pesar de contener todo el poder del 13 en sí, el orden en el que activa a IRB es el 11.

YOD HE VAU HE. El segundo Mantra de este cuarto Comando de la Corona, el 12 entre los trece, contiene el poder del tetragramatón, dado a conocer por las hermandades del Viejo Mundo como un símbolo de poderío, a la vez que ocultado durante años y tergiversado por muchos como base de manipulación. Ahora, desde esta nueva energía, nos da la base sagrada del 4, siendo simiente de la geometría sagrada, de donde nace la vida, como explicamos en el apartado del tetraedro. La vida humana se origina de él; el cigoto, al dividirse, genera un tetraedro en su estructura base, en la cual se crea toda la perfección que luego se autoconstruye en el vientre materno. Está asociado con el corazón, como Comando

Nuclear de la Creación, del Amor. Trabajado en conjunto con SHEM HA MEPHORASH, contiene el nombre inefable que da vida a toda creación sublime de Luz Viviente y eterna. Cuando activamos los códigos de luz contenidos en estas cuatro letras: YHVH, podemos autocrearnos desde el Amor y la Luz Viviente eterna del creador al que hemos llamado Dios, para ocultar su verdadero nombre. Es un Mantra que libera por completo del miedo en cualquier circunstancia, permite atravesar el océano de la liberación para vivir eternamente libres de cualquier tipo de esclavitud y manipulación.

KADOSH, KADOSH, KADOSH, ADONAI TSEBAYOTH. El último Mantra, el 13 de los trece, como parte de activación de este cuarto Comando Nuclear de la Corona, unifica lo que hemos llamado negatividad en el cuerpo denso de esta dimensión, creando puentes con todas las otras dimensiones y activando desde la totalidad las redes sagradas en nuestros cuerpos. Es un puente de 3D hacia las demás dimensiones. Cuando nos imbuimos en su canto nos convertimos en un solo corazón, unimos los niveles inferiores de vibración con los niveles más altos de la creación, lo que le permite al sistema circulatorio operar con la pulsación del corazón cósmico, pues establece la conexión entre todas las jerarquías. La energía de luz creada por este nombre sagrado faculta al cuerpo para experimentar la energía directa de los maestros de luz —contenidos en nuestra Capa 12 de ADN— formando parte de nosotros. El Mantra contiene escalas cromáticas adicionales de resonancia, emana ochenta octavas encima de ochenta octavas abajo de nuestro planeta. Este código sagrado se conecta con el infinito, que pone en balance lo positivo y lo negativo como una sola fuerza creadora, ya que activa redes especiales de sintonización de resonancia con la hermandad de la luz y permite que la energía se junte para trabajo y culto mutuo. Crea además, desde este Comando Nuclear de la Corona al que se dirige con IRB, combinado magistralmente con la música y frecuencia con las que fue manifestado para esta herramienta, un hipervórtice o Pilar de Energía Divina por medio del cual el espacio-tiempo se atraviesa para ponernos en resonancia con otros niveles de inteligencia de conciencia superior. Por esta razón, cierra la secuencia y ocupa el lugar número 13.

Se recomienda profundizar la información de estos tres Mantras supersagrados en el Taller "Una megatecnología para permanecer conectado".

Comandos Nucleares de Poder

La Clave 1-0-6 del citado libro de Hurtak nos habla de que nuestro universo fue creado a partir de la 'síntesis lumínica' del siguiente universo, como la cuna y el trono de nuestra conciencia. Para poder sentarnos en este trono es preciso calibrar nuestro Ser, y para eso, solo basta con activar los cuatro Comandos Nucleares que activan los vehículos de transformación para acceder al POAK desde nuestro núcleo. La activación de estos Comandos Nucleares nos lleva al centro, a la energía nuclear, el cual moldea el núcleo atómico que luego es usado en la construcción del sistema energético físico de nuestra galaxia visible, para utilizarlo como purificador de la luz atrapada durante toda la vieja energía. Vivimos en un agujero negro que comprime nuestro universo. La activación de estos Comandos Nucleares representa la clave de la nueva creación en este plano físico, el principio galáctico de la familia Adámica física en expansión y descompresión para beneficio del movimiento incesante entre un agujero negro y un agujero blanco.

Kryon, en su mensaje específico para IRB por medio de Marina Mecheva, a principios de 2013, año en el que este proyecto tomó forma, refiere:

[...] Tiene que ver con calibración personal y, eso es a través de lo que te vas a mover antes de que completes esto, para que puedas llevarlo a un nivel superior. Permítenos continuar y completar este intercambio compartiendo contigo que un corazón abierto, una garganta abierta, un tercer ojo abierto y una coronilla abierta, son el método de anclar la realidad a través de los tres inferiores centros energéticos. Te estás moviendo a través de una sincronicidad que tiene que ver con estos centros particularmente, para permitir sanar, dejar ir y calibrar de manera diferente con el Ser; a medida que te mueves a través de estos patrones de tu propia realidad, de tu propio compartimiento y de tu propio Ser, va a haber un sentido de ligereza que vendrá de un lugar mucho más alto...

[...] todo esto tiene que ver con el sistema que estás desarrollando. Pues tu misión es ayudar al otro a recordar su Ser más puro y para lograrlo, debes ayudarlos a llegar a un lugar donde se sientan más ligeros y donde hayan dejado suficiente espacio para que su Ser superior entre [...]

[...] Esto es hacia lo que estás trabajando, empoderar a los otros a través de tu empoderamiento. Te saludamos desde el interior, a medida que empezamos un movimiento hacia las dinámicas de una energía que está lista para llegar al siguiente nivel. Sigue, sigue y nunca pares, porque lo que te mueve desde el interior es un motor de amor inspirado, amor inspirado y así es.

Cuando estas palabras llegaron, ya estábamos haciendo pruebas con estos Comandos Nucleares que, en la manera como nos fue dada la información, se refiere a no ser necesario pensar en activar cada partícula aisladamente, porque hay un trabajo anterior que ha puesto a punto el vehículo, solo se requiere encenderlo para que pueda tomar vuelo y cumplir con su máximo propósito Divino en este nivel de conciencia actual.

No hay límites, es apenas el inicio de unos nuevos veintiséis mil años poblados con la Raza Índigo, la Séptima Raza, como testimonio para las naciones en evolución, esa raza que contiene los poderes espirituales del Cristo y para los cuales IRB incorpora en el resto de la humanidad esta conciencia de luz superior, a manera de semillero, la cuna con la cual sustentar la conciencia preexistente de luz. En la cuna es donde la simiente de conciencia entra a la matriz física de espacio y tiempo a través de los que son elegidos, dándoles la oportunidad a los que acudan al llamado para graduarse en otros universos superiores, entendiendo como elegido no a uno, sino a todos; se trata de una autoelección y las posibilidades son para todos, pero el libre albedrío jamás se coarta, por lo tanto podemos elegir estar o no. Siempre se Es.

A estos cuatro Comandos Nucleares se les considera, entonces, el fundamento para la armonía de la creación, pues permiten que quienes escuchen el llamado pasen a través de su activación y purifiquen sus pensamientos y su energía hacia el reino de luz para alcanzar el estado de la 'no evolución divina' —de trascenderla y por tanto no requerirla—, que los califica para vestir el cuerpo del POAK y les brinda el conocimiento para dotar a toda la especie con la capacidad en unidad de llevar luz a otras creaciones. Juntos, podemos pasar por el portal que nos eleva al nivel de las inteligencias estelares superiores, como una sola familia, unida en la Divinidad, totalmente libre.

Los cuatro Comandos activan nuestra energía nuclear —relativa a núcleo, a centro—; abren los cielos inferiores al quitar el mango de control y permiten así sintonizarse con el verdadero indicador estelar de los planos superiores en perfecta armonía, pues las formas de pensamiento de guerra y destrucción ya no son nunca más emanadas, solo existen la Luz Viviente y el Amor contenidos dentro del POAK, cuyos códigos son accesibles a todos. De este modo, los Comandos Nucleares nos brindan las claves necesarias para poner en marcha el programa de libertad ante las fuerzas lineales de control que nos mantuvieron esclavizados a rendir homenaje a los cielos inferiores durante eones. Permitamos, entonces, purificar a tal punto nuestros vehículos que la automaestría genere el poder de materializar nuevos cielos en esta nueva Tierra, desde la gematría infinita que nos hace libres.

Estos cuatro comandos son:

1. Comando Corazón.

2. Comando Garganta.

3. Comando Tercer Ojo.

4. Comando Corona.

En el segundo CD —*Semillas Simiente*— del álbum *Activación Divina Índigo,* canalizada simultáneamente con esta información, se encuentran los trece Mantras, clasificados en cada Comando al que pertenecen.

Capítulo XXI
Los conceptos

*Nuestra cabeza es redonda para que el pensamiento
pueda cambiar de dirección.*

Francis Picabia

El infinito

El infinito, como su nombre lo indica, tiene un sinfín de maneras de significarlo, y es casi imposible roturarlo y explicarlo con el limitado lenguaje humano, ya que es totalmente cuántico. Tal vez para poder comprender mejor este concepto que nos sumerge en la totalidad y más allá de las posibilidades, es preciso saber lo que no es: no es lineal, no tiene límites, no tiene ni principio ni fin, trasciende el alfa y el omega. Para IRB es una conexión cuántica pura con la Esencia, con el Todo, con la Conciencia de Ser, de ser yo y de ser el universo, en el aquí y en el ahora, en el vacío cuyo nombre es el de Infinito.

Lo que más se acerca a nuestro concepto aún pobre de infinito, es aquella frase expresada por T. S. Elliot cuando se preguntó cómo era posible que algo pudiera salir de la nada, refiriéndose al universo: "O decir que el final precede al inicio, y el final y el comienzo siempre estuvieron allí, antes del principio y después del final. Y todo es siempre ahora [...]".

Estamos en un universo, como ya lo hemos explicado ampliamente y lo seguiremos argumentando, que descansa en posibilidades y no en absolutos fundamentalistas. La filosofía binaria, que nos lleva constantemente a lo dual y nos indica que algo simplemente es o no es, ha comprobado sus limitaciones para profundizar en la comprensión del universo, es por eso que durante eones caímos en la polarización y la guerra de extremos que, gracias a la física cuántica, aceleradamente cede terreno a una perspectiva en la cual la realidad se basa en pulsos que emiten posibilidades y no en leyes o reglas definitivas.

El Infinito, entonces, se asemeja a la eternidad, a lo inmaterial… En el conocido símbolo que lo contiene, el 8 acostado —∞— nos muestra su baile infinito en perfecto equilibrio, donde el Amor se vivifica en un constante dar y recibir que no es más que un infinito compartir entre fractales. Es la manifestación pura del CPC desde donde todo se crea en un punto céntrico y neutral; contiene *per se* toda la energía nuclear, porque todo se crea desde el núcleo mismo y jamás se desequilibra; todo parte del centro, todo parte de nosotros; entra en sintonía con todo lo que es, en una danza cósmica sin principio ni fin, sin espacio, ni tiempo… simplemente, Es, de la misma forma que es el aire, del que no puede determinarse dónde comienza ni dónde termina.

Nos recuerda también el vuelo veloz de una libélula, personificando el deshacerse de todas las creencias que dicen que no podemos hacer esto o aquello, alcanzar un sueño o meta, recordándonos que todo es posible cuando realmente alcanzamos el entendimiento de que somos parte del Espíritu y como tales tenemos el poder de manifestar lo que decidamos de manera infinita y desde la Conciencia infinita. Y más allá de quedarnos encerrados en un símbolo o movimiento que recorre siempre las mismas líneas, es la comprensión de ser capaz cada movimiento que se expande y se comprime, de crear más infinitos que se multiplican ilimitadamente hacia dentro y hacia fuera, como el universo mismo. Sin embargo, esto es tan profundo que corresponde a un segundo nivel de IRB.

También está la ouroborus como símbolo del infinito, esa serpiente que se muerde la cola para, al comerse a sí misma, renacer en la Conciencia infinita, recordándonos que quien logra volverse un círculo entra en un mundo sin limitaciones, donde el 'arriba' y el 'abajo' ya no están separados, ni siquiera existen. Todas las virtudes, las riquezas y los poderes de su Yo Superior trasmutan a su Yo Encarnado para fundirse en el Yo Infinito. Lo superior y lo inferior se funden en uno solo y el humano reconoce su Divinidad.

El espejo

Cuenta la historia que un joven que quería cambiar al mundo predicó su filosofía y su verdad en los mejores años de su vida, pero veía que sus esfuerzos eran vanos. Decidió entonces continuar ya no con el mundo, sino en su país. Allí hablaban su mismo lenguaje, le entenderían mejor y, además, si lograba cambiar a su país, cambiaría al mundo. Así pues, los años siguientes se dedicó a recorrerlo, sin embargo obtuvo el mismo resultado: todo esfuerzo de cambio fue inútil. Recapacitó y optó por empezar con su ciudad natal, de la que conocía bien las costumbres y creencias; al cambiar a su ciudad, cambiaría a su país y después al mundo.

En ese momento era un hombre adulto. Recorrió su ciudad confiado en que por su experiencia los demás lo seguirían; no obstante, el resultado fue también negativo. Ya anciano, pensó que durante toda su vida había vivido en un error, que debió haber empezado por su familia, y así, cambiando a su familia, cambiaría a su ciudad, a su país y por último al mundo. Por lo tanto, dedicó los años de vida que le quedaban tratando de cambiar a la gente más cercana a él, con iguales resultados: el cambio jamás se gestó. En su lecho de muerte, confesó: "Si tan solo hubiera empezado por mí, habría podido reflejar mi cambio en mi familia y ellos a su vez en la ciudad, el país y el mundo".

El universo es la realidad creada por cada uno de nosotros a manera de espejo, refleja constantemente las condiciones internas de quienes somos.

El incremento de la conciencia hacia quienes somos nos genera evolución, traza una curva de crecimiento exponencial que amplifica la capacidad de autoobservarnos directamente y como reflejo de los demás. Esta capacidad de autoobservación aumenta aún más la capacidad de conocernos cada vez mejor y de reconocernos en la realidad que creamos a partir del otro. Cuando nos reflejamos en la presencia del otro se abre una puerta a través de la cual generamos una nueva mirada dentro de nosotros, porque el otro siempre está reflejando algo que no podemos ver o no veríamos nunca de nosotros mismos. Cuando profundizamos la conciencia de quienes somos es como si estuviéramos puliendo el espejo universal en cuyo interior nos vemos, así que la vida nos refleja, en un infinito regreso cada vez con mayor definición, nuestra manifestación actual en esta experiencia humana.

Entre más evolucionamos, más sensibles y vulnerables a los detonadores internos y externos nos volvemos, porque al integrar permanentemente las formas de nuestro subconsciente empieza a parecer como si el cosmos en su totalidad estuviera sucediendo dentro de nosotros. Al mismo tiempo, se vuelve más difícil distanciarnos de los demás, pues estamos asumiendo responsabilidad, no solo de nuestros pensamientos, palabras, emociones y acciones, sino también de los de los demás —aunque solo con relación a nosotros mismos— y entonces todo lo que sucede aterriza en nuestra puerta. Carl Jung seguía la máxima de que "todo lo que nos irrita de otros nos lleva a un entendimiento de nosotros mismos".

Por eso IRB trae como concepto fundamental el ejemplo, la transformación de nuestro universo personal, a partir de nuestra propia transformación. Es absurdo e imposible insistir en 'peinar el espejo'. Si algo en el reflejo que estamos viendo en el espejo no nos gusta, cambiémoslo inmediatamente en nosotros, porque es imposible cambiarlo en él. Este es el poder de crearnos a nosotros mismos y poder aportar en la creación del otro. Tiene mucho que ver con el ejemplo de la azafata que nos instruye en que si hay un accidente primero nos coloquemos nuestra máscara de oxígeno, antes de intentar auxiliar a otros, y tiene que ver con el ejemplo de Jesús, quien decía que solo podía dar de lo que tenía, así cuanto poseyera fuese solo amargura.

Los principios de correspondencia son sencillos: como es afuera, es adentro; como es arriba, es abajo. No podemos reconocer algo afuera de nosotros que no hayamos previamente encontrado dentro de nosotros; no podemos recibir algo que no hemos dado, no puede haber reflejo de algo que no hay en nosotros. No existen las víctimas de las circunstancias; como dice Aldous Huxley, "La experiencia no es lo que te sucede, sino lo que haces con lo que te sucede", y ahí entra la voluntad de aceptar la responsabilidad de quiénes somos, qué pensamos, qué decimos, qué sentimos y qué hacemos. Nada sucede por sí solo, podemos seguir siendo personajes pasivos de la historia, seguir quejándonos y seguir sufriendo, o empezar a resonar desde nuestro propio centro, con la frecuencia más íntima de nuestro Ser, y para eso es importante pensar con el corazón y conocer lo que queremos crear de nosotros mismos.

El espejo es el reflejo del infinito, se crean juntos y son inseparables. Cuando colocamos un espejo frente a otro y nos situamos en medio de ellos, nuestro reflejo inmediatamente se multiplica al infinito; sería imposible querer hacer de cada reflejo algo diferente, ya que todo se crea exactamente igual a la Fuente original, que sigue siendo nosotros mismos en el centro de esta creación. Esa es la gran importancia de afectar el núcleo para ver un resultado diferente en el resultado.

La numerología y el *Alpha-Beto*

La numerología es un tema supremamente vasto. Tiene que ver con las matemáticas, con las estructuras, con las mediciones, con la creación, con las bases, con la ciencia, en fin, no existe casi nada que no contenga números. Y lo que nos ocupa con los números en IRB es la comprensión de que hasta las letras, los sonidos, los colores, tienen su base en los números.

La numerología es una herramienta para tomar conciencia de la estructura de lo que vemos y luego desidentificarnos de esto y así poder darnos cuenta de lo que somos desde el origen en perfección absoluta. Solo podemos cambiar aquello que reconocemos; por lo tanto, la numerología nos brinda la conciencia de cómo podemos cambiar lo que conocemos.

Ya hablamos, por ejemplo, sobre la importancia de los lenguajes en la formación de los Mantras; además, conocemos los nombres de cada una de nuestras Capas de ADN, que están todas basadas en el alfabeto hebreo. Según Kryon: "El significado literal de los nombres hebreos no es esencial para comprender los nombres de las Capas del ADN, y en algunos casos su significado en hebreo es distinto"; refiere que el idioma hebreo es el "lenguaje básico de la Tierra" y "la intención es que cada nombre se oiga como una frase hablada, hilada junta para que tenga un significado completo en hebreo". Luego agrega: "El significado de la palabra hablada hebrea reside en su energía, y por lo tanto, estos nombres hebreos deben ser dichos u oídos en hebreo".

Las letras hebreas no son simplemente herramientas de un lenguaje, sino que cada letra representa un tipo diferente de luz, una clase distinta de energía; contienen un número y hasta un color. Cada hebra de ADN, cada Capa, tiene una manera de tejerse, vibración que fue alguna vez descifrada y decodificada en las letras hebreas. El alfabeto hebreo está conformado por tres letras madres, conectadas al fuego, el aire, el agua y la tierra; siete letras sencillas que se conectan a los planetas antiguos y doce letras dobles que van conexas a la división en partes iguales de la banda celeste sobre la cual trazan sus trayectorias el Sol, la Luna y los planetas. Podemos ver claramente que estas veintidós letras resumen un tejido cósmico macro y por lo tanto son la clave para conectar los hilos o hebras con que deseemos hacer contacto.

Nuestro interés en este caso se dirige, como lo enunciamos, a las Capas de ADN, cada una de las cuales tiene un nombre en hebreo, con sus letras correspondientes. Estas combinaciones que se dan en forma de letras también pueden ser percibidas más allá de los sentidos, con color y sonido. La música de IRB, más específicamente la Danza Hindi, ha sido compuesta y canalizada con base en la estructura de notas y colores que fue asignada a cada elemento y a cada planeta con esta poderosa información y tiene implícita la métrica sagrada. Dicha pieza la encuentra en el primer CD del álbum *Activación Divina Índigo*, en el enlace http://bit.ly/IRB_Musica

Los trece Mantras también tienen una composición numérica y tonolumínica muy especial.

Desde hace más de cuatro mil años se tiene clara la noción de que el mundo está compuesto de un código, un lenguaje que lo mismo se articula como una forma, un número o una sílaba. La trama sobre la que se teje cualquier cosa, incluso lo invisible, la esencia, es la sílaba. Todo se forma por medio de agregaciones de números entre estas moléculas sonoras. Existe un pasaje misterioso: "Esto que para los hombres es un número, para los dioses es una sílaba", escribe Roberto Calasso, escritor y editor italiano.

Vamos de manera muy ligera a explicar lo que en esta nueva energía significan los números. Lo primero, es comprender que no existen números positivos ni negativos, mejores o peores. Porque como hemos dicho a lo largo de este libro, nada es ni bueno ni malo, y en este caso los números tampoco, simplemente son, existe la manera de relacionarnos con ellos y eso no los hace más ni menos; todo es energía y somos nosotros, como cocreadores de nuestra realidad, quienes les damos la intención para lo cual pueden funcionar en este nuevo universo creativo.

IRB se asienta en la energía maestra del 44, lo que le permite desarrollarse en el sagrado símbolo del infinito, el 8. Contiene en sí el número 13, al igual que el 58, que al descomponerse nos retorna al 13 y, como ya lo dijimos, nace en la base del 4. Con la esencia del 44 y del 13 construimos pensamiento a pensamiento, ladrillo a ladrillo, permitimos el movimiento del cambio mientras permanecemos en perfecto balance con la Verdad Divina solidificando la plataforma de luz. El número maestro 44 nos conduce a completar un ciclo hacia el infinito del 8. Con la vibración del 8 entramos al lugar en el que la creación unifica las polaridades: 'como es arriba, es abajo'. Esta configuración nos da acceso al Portal del Infinito, acompañándonos más allá de las limitaciones que hemos creído tener hasta ahora. Es un número que va más allá de lo que conocemos, es pura energía atómica espiritual.

IRB abre un portal en forma de tetraedro dorado de poder, para acompañarnos hasta el punto de partida en la Verdad de nuestro Ser, que es el creador de la manifestación instantánea, dejando atrás la manifestación hecha por las limitaciones y entrando en la creación cristalina. Se abren y se cierran portales, y estamos en medio de todo eso, la creación consciente, con intervalos de pensamiento de trece segundos; unificarnos con la esencia más elevada de nuestro Ser en abundante creación desde el corazón. Todo el cielo, conocido y desconocido, entra a través de este portal, sintonizándonos con lo único real y verdadero que es el Amor, desde un corazón libre de escombros, libre de las definiciones y paradigmas hasta ahora aprendidos.

El sonido del 13 es el sonido de lo natural, y el más natural de los sonidos es el silencio, el que nos conecta con el universo interno, con el pulsar de la sangre, el latido del corazón, el sonido de la respiración, que se convierten en música. El índigo conduce al gris neutral, el cual nos pide que entremos. El gris dice que podemos sentarnos y descansar. El área gris es neutral, libre de comentarios, presión y estrés. Existimos multidimensionalmente y somos puntos centrales, una intersección de flujos y experiencias dimensionales influenciando a otras experiencias estelares y celulares. El número 1 es una singularidad dentro de 'Todo lo que es'. El 'Uno' se busca a sí mismo a través del espejo como reflejo del mundo que lo rodea. El 1, acompañado del 3 —13— es el que ofrece la oportunidad de sobrepasar cualquier limitación que nos hayamos impuesto aun sin saberlo. Nos permite entrar en la unicidad oculta en lo profundo de nuestro Ser, en el CPC. Este lugar, el centro del Ser, no tenemos que llenarlo con pensamientos ni anhelos, porque representa el 'vacío' de todo lo que somos; allí existen la plenitud Divina y la conclusión, no hay necesidades. Es como vaciar un vaso que experimenta su máxima capacidad. Cuando algo está lleno y completo, el siguiente paso es vaciar; luego hay un llenar de nuevo, y luego otro vaciar...

Como lo expresamos, todo en la Tierra y en el universo está definido por una configuración numérica. Toda creación puede ser 'explicada' por los números. Las corrientes de estas secuencias numéricas ponen en sincronía un nuevo nivel de comprensión que ayuda a entrar en balance a cada Ser. Los números en cualquiera de sus expresiones sincronizan el cuerpo y la mente para que puedan comandar las manifestaciones más elevadas de la luz fotónica. Cada mezcla de números está para satisfacer las necesidades de cada Ser, ofreciéndole la proporción necesaria de partículas de luz y partículas numéricas. A medida que el cerebro se adapta a estas nuevas energías se produce una vibración que permite elevarse hacia la ecuación POAK. Los números y los humanos van de la mano. Desde el principio del tiempo conocido hemos sido definidos por una ecuación numérica, ya sea la edad, la fecha de nacimiento, el peso.

Cuando en nuestro diario vivir nos encontremos con series numéricas repetidas, detengámonos un instante y permitamos que su energía nazca a través de nosotros. Es momento de manifestar. Todo y cada número dentro de nuestro universo personal activa el subconsciente hacia un nuevo patrón de configuraciones del ADN.

Cada uno de los Mantras de IRB está asociado, reitero, a una combinación numérica diferente, y voy a hablar un poco de cada número o secuencia separadamente, sin incursionar en la complejidad de lo creado para ellos. Es importante sintonizarse con cada número en el concepto de la nueva energía, así como hacer a un lado todo lo negativo que hasta ahora en la vieja energía nos hacía creer que poseían, para cambiarles ciento por ciento la connotación y su vibración que nos alejaba de la más pura Verdad Divina, en la que todo es Amor.

EL 0 Y SUS SECUENCIAS: nos recuerda el 'gran vacío', lo que está a punto de ser creado, lo que aún no ha nacido, pero que todo lo contiene. Nos permite entrar en dimensiones más elevadas, cambiando percepciones de tiempo limitantes. Es el que es preciso atravesar para crear, pues contiene la creación en sí. Es la vibración del absoluto que nos permite ser conciencia en fusión, ser Uno con el universo. Es el centro, que se manifiesta en nuestro Punto Cero, donde la creación es posible, pues a todo sostiene y ama incondicionalmente desde la neutralidad perfecta. Es un mandala intrínseco que nos posibilita caminar en su interior, permitiendo llenarnos y vaciarnos como un reloj cósmico universal.

EL I Y SUS SECUENCIAS: el del Todo. Acompañado de sí mismo, el I I, da la oportunidad de despertar a la maestría y convertirnos en la verdadera luz. El 11 es el número de los maestros —Kryon, por ejemplo, porta el número 11 en su esencia—. El 11:11 en el reloj es una estructura molecular codificada que recuerda y activa al maestro de luz que siempre hemos sido. Cuando lo veamos, en ese instante, permitámonos hacer un alto y ser conscientes del pensamiento, de su poder creador; en ese momento, fusionémonos con la totalidad.

EL 2 Y SUS SECUENCIAS: significa la más elevada secuencia de creación en balance perfecto. Todas las palabras, pensamientos, obras e intenciones echan raíces y crecen. Nos permite acoger los opuestos, sin más polaridades, comprendiendo que en su más pura esencia todos estamos completos. Hagamos a un lado el concepto de dualidad y de duda cuando estemos ante él.

EL 3 Y SUS SECUENCIAS: este es el número de la Trinidad, que se activa dentro del tetraedro en la estructura del ADN. Ya hemos hablado de este número el cual nos permite, además, conectarnos con seres espirituales altamente evolucionados, maestros, ángeles, Cristo interno —quienes igualmente forman parte de nuestra misma esencia y no están separados, son una manifestación propia en una dimensión superior, esencias dimensionales y niveles de conciencia que se reflejan en nuestra Capa 12 de ADN—. Es la antena de comunicación más poderosa e impecable.

La energía del 33 es la santidad en todas sus elecciones. El cuerpo y la mente en perfecto acuerdo con la evolución de espíritu. Dentro de este número no se da la indecisión. Es una activación de la secuencia de ADN que nos permite entrar en la esencia de la luz. Nos ponemos cara a cara con aquello que representan la luz y la materia oscura y la materia gris. Sin instrucciones, sin negaciones, sin poder alejarnos de lo que es la Verdad. El 33 nos monta en la conciencia de la renuncia, hace que nos despojemos hasta de lo más básico de nuestra naturaleza.

EL 4 Y SUS SECUENCIAS: el cimiento de la Luz Viviente y eterna. Nos abre a la totalidad de posibilidades. Es la manifestación en la densidad de la Tierra. Es la varita que con el toque desde la esencia más elevada de nuestro Ser pone a la vista los más altos potenciales de luz para que sean manifestados en el aquí y en el ahora.

EL 5 Y SUS SECUENCIAS: la manifestación del movimiento, del cambio. Permite la visión del Ser, abre el ojo de nuestra mente. Es la estructura sagrada de nuestra glándula pineal.

EL 6 Y SUS SECUENCIAS: la vibración del 6, por eones, ha sido repelida y asociada a 'la Bestia'. En esta nueva energía de Amor, donde todo es acogido y reverenciado, el 6 nos conecta con la Tierra y su abundancia. El 6 nos permite honrar a Gaia y sintonizarse con la verdadera esencia del número por medio de la suavidad y la armonía, al convertir cada uno de nuestros pasos en el camino sagrado que crea una nueva construcción para la humanidad.

EL 7 Y SUS SECUENCIAS: de este número puedo hablar en su máxima profundidad, pues tanto en la vieja como en la nueva energía soy un 7 por todas las aristas de mi geometría y mi matemática. El 7 es la vibración del trabajador de luz, del creador espiritual. El 7 trabaja para la luz, por la luz y con la luz. Los que somos 7 comemos, bebemos, pensamos y hablamos la luz. A los que resonamos en la frecuencia del 7 no se nos permite desviarnos de los límites de la luz ni por un segundo de pensamiento fugaz. El 7 nos retorna al hogar, a ese lugar donde los milagros son algo cotidiano, donde podemos volar y bailar en las estrellas sin importar la forma en la que estemos manifestados. El 7, más que un número, es un lugar donde la maravilla, la magia y los milagros se ven como sucesos naturales. El 7 es el estado natural de Ser.

EL 8 Y SUS SECUENCIAS: otro número asociado íntimamente a IRB. Su vibración abre el Infinito, transportándonos más allá de cualquier limitación. Es un número que nos permite volar. Es energía atómica espiritual, fuente pura de energía. Es éxito, prosperidad. Es la sintonía pura con nuestra herencia Divina. Es un camino cuántico que, sin importar la dirección, nos permite saborear el merecimiento y la abundancia universal.

EL 9 Y SUS SECUENCIAS: el número del renacimiento, de la maestría, el máximo de los indivi-duales, del cual ya hemos hablado ampliamente y que significa culminación cósmica y personal, para entrar al próximo nivel de Amor, del corazón, de Espíritu y del servicio a la evolución planetaria mediante la autosanación; escalar automático hacia el próximo nivel de luz; entradas y salidas, todas, en el mismo aliento. A través del 9 se da un salto cuántico hacia los dones desconocidos.

EL 13, además de lo que ya hemos dicho, nos permite salirnos del patrón limitante del tiempo. El día de veinticuatro horas, sesenta minutos, sesenta segundos, y años de doce meses, fueron creados para confundirnos y limitarnos. El tiempo se puede doblar, moldear, estirar y contraer. Podemos esculpir cada una de nuestras creaciones. Como cocreadores, el 13 nos permite convertirnos en maestros del tiempo, desde su naturaleza holográfica; crear libremente la vida desde el Amor infinito que nos convierte, como humanos, en la llave que abre la puerta para acceder a la más alta vibración de luz.

EL 44, adicional a lo expuesto, es lealtad. Lealtad a la Luz. Firmeza de principios, no dejarse confundir, no darle poder a la manipulación externa, que es miedo. El 44 es creencia sin límites de lo que verdaderamente se Es: Amor. Encierra el poder de *Amen Ptah*, que significa 'ser firme', por lo tanto, es el poder de la acción.

EL 58, dentro de la tabla hebrea de los setenta y dos nombres de Dios, corresponde al *Shem Ha Mephorash*, que es a su vez el nombre de la Capa 13 y, como dice Hurtak en *Los 72 nombres sagrados de Dios*, este nombre sagrado bendice y gobierna la creación humana en todos los misterios internos de la vida al igual que protege la evolución del ADN, fin último de la Capa 13. Además, es la combinación del 5 y el 8, que genera el movimiento del autovalor, el merecimiento, el empoderamiento desde quienes somos en el origen. Es constante evolución, movimiento sin fin, poder ilimitado.

El balance

Poder mantener la totalidad de lo que somos sin desequilibrarnos a pesar de someternos a una serie de fuerzas que se contrarrestan entre sí, puede llegar a ser desgastante.

La enfermedad es un síntoma del desequilibrio, estar en extremos nos desequilibra. Estar en balance no es monotonía, no es uniformidad, es actuar y accionar desde lo que somos, no reaccionar a lo que sucede en lo externo.

El día es un complemento perfecto con la noche, el yin con el yang, y así podemos darnos cuenta de que cuando se acoge la totalidad, el balance se manifiesta. Al elegir uno u otro, tomar partido, caer en el juego de los opuestos, es cuando nuestro Ser se siente incompleto y el balance ya no es armónico, lo que puede provocar el rompimiento molecular de cualquiera de nuestras partes.

Invito a realizar un ejercicio: tomemos una esfera perfecta, puede ser una pequeña pelota unicolor, sin marcas. Observémosla unos segundos. Ahora rotémosla con los ojos cerrados y luego volvamos a mirarla. ¿Creemos en este momento que podemos rotarla a su posición original? Es prácticamente imposible notar el efecto de la rotación; esto sucede no tanto porque la esfera sea simétrica y no tenga variedad en su totalidad ya que es totalmente uniforme, sino porque es algo muy similar a lo que le sucede a nuestra imagen en el espejo, que si quisiera tomar nuestro lugar en el mundo real nadie podría notarlo, pues nuestro cuerpo es aparentemente idéntico con respecto a la imagen reflejada. Este tipo de simetrías o igualdades marcan la geometría sagrada con la que está creada toda la plantilla del universo.

El universo, como lo conocemos, nos presenta simetrías que controlan el balance y la estabilidad de la naturaleza. Una simetría física con la que estamos bastante familiarizados es la existencia de cargas eléctricas tanto positivas como negativas. Al igual que todos los objetos que nos rodean, tenemos partículas invisibles al ojo humano, con carga eléctrica positiva y negativa. El balance entre estas cargas nos permite ir por la vida sin electrocutarnos con el entorno, el cual está compuesto, entre otras cosas, por energía eléctrica. Este balance de cargas opuestas es lo que permite que todo funcione y fluya en armonía dentro del universo.

No a todas las simetrías las podríamos rotular como 'perfectas', aunque en el concepto paradigmático de IRB todo sea perfecto.

En el arte las obras gozan de un balance dado por los grandes maestros a través de su creación. Sin embargo, no todo lo que tiene que ver con balance tiene que ver con simetrías exactas, esto es parte del cambio de paradigma. Lo que podríamos llamar 'imperfección' de ciertas simetrías es solo una característica de la perfección en muchas propiedades de nuestro universo. Un rostro humano, por ejemplo, por más bello que sea, jamás es del todo simétrico, su belleza radica en el balance de su composición. Esto nos demuestra que la importancia no está en la igualdad, sino en el balance apropiado para crear.

Por lo tanto, el balance que propone IRB no es un orden lineal simétrico; es, por el contrario, romper con la ilusión del orden, aceptar al mundo tal y como es: una imprevisible totalidad, donde el origen y el resultado divergen y no existe una fórmula para resolver el sistema, donde el caos es parte del orden y donde el origen es la chispa que genera la creación. El balance es la neutralidad que acoge los opuestos para ser completo y solo se crea en la completitud.

Cuando el cuerpo físico, mental o emocional entran en desbalance aparecen el conflicto, la pobreza, la enfermedad, el estrés y cualquier manifestación típica de los grandes manipuladores. Esto se debe a que el ritmo y el sonido propios desentonan o se desarmonizan. Existe una sesión en IRB llamada Equilibrio, la cual precisamente logra recuperar en la persona el balance de su propio ritmo y hacer por sí misma un salto cuántico que la retorna al entusiasmo por la vida. Estas sesiones son altamente recomendadas para personas en estados de depresión, adicción, problemas sexuales o duelos profundos. Cuando una pareja entra en conflicto después de haber estado supuestamente muy enamorada, es porque el ritmo de cada uno ha desentonado del otro. Siempre, en terapias de pareja, recurrimos a esta sesión como parte del proceso, con excelentes resultados.

El Rayo Índigo

Las primeras personas que trajeron al planeta el concepto de 'niños índigo' fueron Carroll y Tober, en 2001. La vibración índigo simplemente ha estado dormida y por eso IRB viene a despertarla. Desde hace tres o cuatro generaciones el número de niños índigo se ha incrementado paulatinamente hasta la generación que está ahora en la infancia, la gran masa crítica que vibra totalmente en la frecuencia índigo. Los niños índigo son la conformación del futuro en el ahora, ellos son nuestro presente, y como adultos podemos sintonizarnos con su propósito a través de iniciarnos en IRB.

Muchos trabajadores de la luz ni siquiera saben que han venido a sostener esta frecuencia; algunos de ellos portan el índigo o el índigo-violeta, siendo su misión la de preparar el camino y generar conciencia en la gente de que este portal se ha abierto. Los índigo-violeta son como un puente de entendimiento entre la vieja vibración y la nueva, ayudando en el proceso de la transición vibracional ya que tienen el don de trabajar con las dos partes. Los adultos que tenemos la frecuencia índigo en el campo energético portamos las características de un niño índigo y debemos preparar el camino; a mí, particularmente, como una índigo adulta, me ha correspondido abrir de lleno el portal hacia una nueva educación, para reaprender cómo funcionan las cosas en el plano físico, desde lo espiritual, a partir de lo ilimitado de la expresión.

Un gran porcentaje de los niños índigo son considerados un problema, sobre todo en los colegios o escuelas, debido a que el sistema de educación existente y convencional pretende amontonarlos y les exige ajustarse a las normas; como no lo hacen, los diagnostican con trastorno por déficit de atención e hiperactividad (TDAH), y adicionalmente los medican para que dejen de pensar, expresarse y moverse. La indivi-dualidad de estos niños es tan fuerte que rechazan ese tipo de ajustes. Lo importante para ellos es recuperarles su conciencia grupal a fin de que puedan activar su poder Divino de crear, cambiar y formar la nueva Tierra. Son niños muy especiales, con características a veces difícilmente manejables por los adultos que no se abren a entender la transparencia y la autenticidad que ellos traen consigo. De ahí la importancia de que los adultos se sintonicen con la frecuencia índigo y logren un balance en esta vibración.

ES EL MOMENTO para que todos vibremos bajo el índigo. La forma en que cada uno de nosotros experimentemos esta frecuencia depende de la flexibilidad ante lo nuevo y la amplitud de nuestra visión del mundo. Si insistimos en permanecer fijos en una estructura filosófica, científica o religiosa, veremos que muchos ámbitos de nuestra realidad pueden estallar, o por el contrario, comprimirse por completo y de repente. Muchos de quienes han estado absolutamente lejanos o apartados de estos temas tal vez descubran de un momento a otro apertura a nuevos conocimientos, un infinito amor por sí mismos y su entorno, y un propósito de vida que no habían intuido antes, que ni siquiera sospechaban pudiera existir en este lado del velo. Esos son, tal vez, quienes ahora más se atrevan a conectarse con su esencia índigo.

El índigo es sinónimo de espontaneidad, de autenticidad. Lo espontáneo no sigue reglamentos porque es una expresión de la conciencia y la conciencia es Amor infinito, por lo tanto, el único capaz de transformar los programas de manipulación que se han escrito en nuestro ADN y liberarlo hacia nuevos estados de conciencia y frecuencias de alta vibración.

El Rayo Índigo nos permite desaprender, nos libera de las barreras de las normas, del 'no puedo', de los miedos. Nos permite despertar del trance hipnótico del holograma que nos han construido, para elaborar desde la conciencia el holograma en el cual queremos seguir viviendo, desde el recordar al ciento por ciento quiénes somos realmente en nuestra verdadera magnitud e infinidad y para qué fuimos creados. Cuando hablo de despertar del trance hipnótico del holograma que nos han construido, vuelve a mi memoria la tan bien escrita trilogía *Los juegos del hambre*, obra de la que hicimos referencia en el tema del holograma: el poder del Rayo Índigo se asemeja a esa flecha directa y certera que al finalizar el tomo II su protagonista lanza para romper el andamiaje de la manipulación y la guerra a la que los doce distritos han sido sometidos hasta el momento, para dar nacimiento al decimotercer distrito.

El Rayo Índigo activa la intuición que desde el corazón sabe tomar decisiones espontáneas conducentes a la libertad, abarcándolo todo y no identificándose con nada, solo en perspectiva de unidad, moviéndose con el flujo de la sabiduría. Es un modo de ser y de saber que el lenguaje es incapaz de expresar. Es abarcar los opuestos para simplemente amar, desde el centro, desde la neutralidad.

Simultáneamente a estar canalizando la frecuencia, sintonía, información y todo lo que comprende IRB, Roger, mi compañero de camino, de corazón, mi alma gemela, mi socio, estaba leyendo *Caballo de Troya 9. Caná* —Benítez, 2011—. Una noche, compartiendo información, me dijo:

—Espera un momento, ¡para!, quiero que escuches esto.

Comenzó a leerme un apartado del libro que explica el gran milagro, jamás contado por los evangelistas, en el que Jesús sanó a casi setecientas personas, y las características que se presentaron ese día. Según las describe con gran detalle Benítez, en los cielos apareció una luz azul celeste metálica que destacaba entre la masa nubosa, pero no era una estrella. Todo quedó en absoluto silencio y el lago se rizó. Luego, salió otra luz azul, gemela, que pareciera tener vida. Después de un silencio que enmudeció a todos los presentes, se generó un tercer rayo, esta vez blanco, que impactó a los dos anteriores. A continuación comenzaron a descender millones de luminosos puntos azules, hasta que absolutamente todo quedó azul: las calles, las casas, la gente, la ropa, los animales, las manos, los pies… ¡Nevó azul!

La sensación experimentada por quienes vivieron la escena era de incontenibles ganas de llorar —en este momento usted, amable lector, puede estar experimentando eso mismo—, incluso brotaron lágrimas del Rabí, como llamaban los discípulos a Jesús. Finalmente, todo fue cubierto por una gran oscuridad y los sonidos naturales volvieron a escucharse. Esto recayó en seiscientas ochenta y tres personas, que, en cuestión de segundos, fueron totalmente sanadas de todo tipo de enfermedades, desde cuadriplejías, desórdenes genéticos 'incurables', hasta de lo que se creía eran demonios y posesiones en aquella época. En unos párrafos más adelante, Jesús habla del arte y la belleza de la creación y acerca de que ya no hay que mirar la letra de la ley, sino su espíritu, y estableció una palabra para el arte que amé desde ese mismo instante: *bellinte*, que quiere decir 'belleza más inteligencia'; así es la creación, la creación de Dios, que según describió, era un Dios azul que practica la religión del arte en la cual todo es presente porque el futuro no existe y todo se consagra al Uno, regalando vida e inmortalidad. Nos dio entonces una nueva concepción de un padre benéfico y no justiciador.

Al escuchar este relato, que para unos es novela y para otros es el cambio del curso de la historia, ¡yo misma quedé 'azul'! Todo coincidía con esta información. Las grandes sanaciones tienen que ver con el Rayo Azul y con la infinita Compasión. Jesús sanaba cuando sintonizaba su voluntad con la voluntad del creador, del artista, del Todo, desde el más puro Amor y la infinita Compasión. El sonido entra en una profunda reverencia que logra la manifestación de la Presencia y, en la conexión con la Sabiduría, el Ser simplemente se sintoniza con la parte del CPC donde su holograma se encuentra en perfecto balance; activa su POAK. Jesús es el máximo exponente del POAK en la Tierra. Algo que he sentido, cuando experimento sanaciones realizadas a través del proyecto de IRB, son unas infinitas ganas de llorar, y no me queda más que confesarles que así quedé cuando Roger terminó ese relato.

La cordierita o iolita

En esos días, de canalización profunda, me encontraba en Miami atendiendo uno de los seminarios internacionales en los que participo. Asistir a este tipo de eventos es una de las experiencias de servicio que más me conectan con la esencia superior de mi Ser. Por lo tanto, para mí son momentos muy profundos de conexión a la gran inteligencia universal, desde donde todo me es dictado.

Pues bien, en uno de ellos me llegó la idea de un zafiro de agua azul y nombre 'iolita'. Como conté al inicio de este libro, tuve la fortuna de entrenarme con Katrina Raphaell en el arte de los cristales, por lo cual me consideraba una erudita en el tema; sin embargo, ese nombre y la esencia de este cristal que llegaba a mí en esos momentos, me eran totalmente desconocidos. Compartí la información con Roger, quien continuaba la lectura de *Caná* y justo en ese momento pasaba por las páginas donde se narraba que el maestro reunió a todos sus discípulos, les pidió que se arrodillaran, y dirigiendo su mirada y sus brazos al azul del cielo todo se volvió silencio. Solo se escuchó su gran voz consagrando a sus discípulos y a Él mismo, a la voluntad de Ab-bà —así llamaba Jesús al Padre—. Al terminar la oración de consagración, depositó en la mano izquierda de cada uno de sus discípulos una piedra azul, una iolita, y en ese instante una bandada de pelícanos —para ellos el pelícano era el símbolo del Amor total y desinteresado— los sobrevoló.

Esto para mí fue la confirmación de que todo lo escrito en este libro es el resultado de años de entrega a la aceptación de mi misión y que el Universo, Dios, el Ser, la Presencia, la Fuente, como lo queramos llamar, estaba confirmando a través de este mensaje la sincronía y el poder que IRB trae al planeta, retomando las verdaderas enseñanzas —que fueron tergiversadas por las religiones en el transcurso de los años—, desde la visión de lo nuevo y del poder ilimitado de hacer realidad el Amor.

Sin embargo, a pesar del momento magno que estaba viviendo, mi curiosidad no encontró una opción diferente a la de corroborar la información con alguien que para mí sabe mucho de cristales; de hecho, es la persona que siempre me ha proveído los cristales más hermosos que tengo en mi colección: Ernesto Pereira, uruguayo de nacimiento, colombiano de vida, amigo entrañable, compañero de camino. Le escribí, entonces, preguntándole acerca de la 'iolita' y a los pocos minutos me refirió todas las características de la piedra, prometiéndome que me tendría una a mi regreso a Bogotá.

Lo que aprendí acerca de la iolita es que es una piedra preciosa, de tonos azules, algunos violáceos y otros con tendencia al gris, que evocan un profundo índigo. Dicen que los vikingos la utilizaban como polarizador con la finalidad de encontrar el sol en días nublados, para una navegación segura en alta mar. Esta metáfora me parece hermosa: nos muestra la luz en medio de la oscuridad. En la Antigüedad se le conocía como 'zafiro de agua', término abolido en la actualidad, pero así me fue revelada.

En *La biblia de los cristales* —Hall, 2007—, encontré la siguiente información:

Su principal atributo es la visión. Activa el tercer ojo y facilita la visualización y la intuición. Estimula la conexión con el conocimiento interno. Es usada en ceremonias chamánicas y asiste en viajes fuera del cuerpo. En contacto con el campo áurico, la iolita da una carga eléctrica que energiza el campo y alinea los cuerpos sutiles. Ayuda a entender y soltar las causas de las adicciones, y a expresar el verdadero yo. Purifica los pensamientos. Ayuda a liberar discordia en las relaciones, ya que anima a tomar responsabilidad por uno mismo, supera también la codependencia en las relaciones. Utilizada en sanación, crea una fuerte constitución, reduce depósitos de grasa en el cuerpo, mitiga el efecto del alcohol y ayuda a la desintoxicación y regeneración del hígado. Esta piedra trata malaria y fiebres, sinusitis y problemas respiratorios, porque ayuda a eliminar bacterias y alivia migrañas [...]

Después de leer lo transcrito, entendí por qué se me había entregado la iolita como parte de IRB y soñaba con llegar donde Ernesto para poder acceder a la mía, sentirla, trabajarla y conectarme con la información que tenía para mí. Al día siguiente de llegar a Bogotá, mi primera visita fue a mi amigo uruguayo, quien tal como había prometido, tenía una selección de iolitas para mí, en una cajita que decía: *Cordierita*. En ese momento, fue como si ella y yo hubiéramos tenido un *dejà vu* a la época del maestro, a ese instante descrito por J. J. Benítez, y la información que me llegó fue la frase tan repetida una y otra vez por el sacerdote en la misa: "Yo soy el cordero de Dios que quita el pecado del mundo. Dichosos los llamados a esta cena. No soy digno de que entres en mi casa, pero una palabra tuya bastará para sanarme". En ese momento, todo se volvió azul en su pequeña tienda para mí. Lloré, y en ese instante la comprensión sin más cuestionamientos vino a mí para quedarse.

La cordierita, como ahora prefiero llamarla, es la gran compañera, esa que no requiere de sacrificios, ni de matar un cordero más, para que los pecados del mundo sean sanados, porque no hay pecados, solo decisiones que nos permiten experimentarnos dentro de nuestra propia creación, y ella está allí para compartir el banquete, la celebración, la unidad, para 'liberarnos' del karma en un nuevo concepto de creación pura desde el Amor. No hay nada que sanar, únicamente hay que encontrar la esencia donde estamos sanos, y ella está ahí para recordárnoslo, para ampliar la luz cuando nos encontremos a oscuras, para recordarnos que el creador dentro de nosotros es azul, es arte, es *bellinte*. Por eso, ella es parte fundamental de la iniciación en IRB, por lo menos hasta el momento en que exista físicamente en la Tierra, porque está a punto de extinguirse, en señal de que se activa en nuestro ADN y su presencia física ya no será más necesaria.

Capítulo XXII
Los cuatro Pilares de Activación

No hay muchos caminos. Hay muchos nombres para el mismo camino y,
este camino es Conciencia.

Osho

El Amor

Hay diferentes actitudes posibles hacia el amor: puedes comértelo, te lo puedes tomar, lo puedes respirar, pero también puedes vivir en él. Aquellos que
se lo comen se quedan en el plano físico y nunca encuentran satisfacción, ya
que se conforman con placeres bajos. Los placeres de los que lo beben son
menos crudos, pero siguen estando confinados a las delicias y satisfacciones
del plano astral. Los filósofos, escritores y artistas que han logrado alcanzar
el plano mental son aquellos que respiran el amor; el amor es su fuente
constante de inspiración. Solo los que viven en el amor, en la sutil y etérea
dimensión del amor, realmente lo poseen. Para ellos es la luz de la mente y el
calor del corazón, y así derraman esa luz y ese calor sobre todos los que los
rodean. Aquellos que viven en este amor poseen la plenitud.

Omraam Mikhaël Aïvanhov

Cuando se acaba la diferenciación del tú y el yo, cuando fluimos en
la absoluta Unidad, nos integramos, es ahí cuando comprendemos
el Amor infinito y desde su esencia tenemos el poder de transmu-
tarnos en él sin perdernos. Este no es el amor desde el sentimiento; dicho Amor va más allá de todo lo imaginable y lo concebible;
jamás forma raíces, porque se identifica en la raíz, en el tallo, en la

rama, en la flor, en la hoja, en el Todo. No necesita poseer, porque al ser Uno con el Todo, nada le pertenece, sencillamente es parte de ese Todo o de esa nada. No sufre, porque solo acepta y entrega su más pura esencia en cada instante. No genera apegos, no discrimina, no es selectivo; trasciende géneros, especies, dimensiones, distancias y tiempo. Ese Amor del que estamos hablando vive, es y se manifiesta en todo momento con todo y todos los que lo rodean, sin excepción alguna, comenzando por nosotros. *El Amor no es una emoción, es una energía.*

Cuando se vive y se respira en la energía del Amor ya nada importa, nada se busca, todo lo es. Se vive aquí y ahora sabiendo que lo único permanente es la evolución, la manifestación, la creación, el infinito, y que se elige eso que se llama alegría mucho antes de experimentarla, pues está en el Campo y simplemente la elegimos para vivirla en el eterno presente, desde la conciencia plena. Es el motor que nos permite trascender los paradigmas, en el entendimiento claro de que no existen errores —hayan sido cometidos de manera voluntaria o involuntaria—, solo experiencias, solo hay que saber crearlo todo desde el corazón.

En el verdadero contexto de lo que es, el Amor es el balance mismo, el equilibrio en el Todo, el ser y no ser, la parte y el todo; es el Uno, la Sabiduría y la Compasión, la Presencia y la Conciencia; es la manifestación de todas las posibilidades, es la sincronía, es la perfección. El Amor es entusiasmo, es espontáneo, y la espontaneidad es la música del espíritu; el Amor es inspiración en la unidad, es desapego, es el silencio entre pensamiento y pensamiento. El silencio es Conciencia y la Conciencia no necesita pensar, porque simplemente sabe.

El Amor sintoniza nuestro ADN más allá de los mundos de la ilusión y canta en resonancias superiores, en octavas mayores, vibra en las más altas frecuencias. El Amor nos sintoniza con la Verdad, por lo tanto, nos hace libres, nos permite acceder a nuevos niveles de Conciencia infinita que nos facilita activar la totalidad del ADN para permanecer sintonizados en la vibración de la libertad, la salud y la riqueza, que llevan a la felicidad. El Amor es el único láser que faculta ver la 'realidad' de manera diferente.

> AMARSE A UNO MISMO ES EL PRINCIPIO DE UN ROMANCE
> PARA TODA LA VIDA.
>
> OSCAR WILDE

¡Ama quien eres, ama lo que creas desde quien eres, ama la evolución que te convierte en cada instante en quien siempre eres. Cuando amas, eres amado; cuando este devenir sucede, eres Amor!

Y si quieres activar un profundo Amor por ti mismo, realizar un encuentro mágico y profundo contigo mismo, para reconocerte, soñar, crear y que ningún límite impuesto te detenga, te invito a realizar el Taller de IRB "¿Tienes claro cómo te gustaría que te amen? Ámate a ti mismo".

La Presencia

Más allá de las mil y una formas de vida que se manifiestan en esta dimensión y que constantemente aparecen y desaparecen, existe el vacío donde todo es creación. La Creación es Conciencia, que se manifiesta en vida y esta jamás desaparece; no nace ni muere, es una e infinita y está siempre presente. A lo largo de este libro hemos hablado de la palabra 'Dios' y de las cargas que contiene por estar íntimamente asociada a religiones, a normas, a leyes, a condiciones. También hemos comprendido, al llegar a estas páginas, que somos parte de aquello que llamamos Dios y que básicamente es lo que somos, sin importar el nombre que le queramos dar; podemos llamarlo Esencia, Ser, Vida, Conciencia, Infinito, Vacío.

Y todo lo que vemos como creación manifiesta es el infinito que ocupa lo finito, es ese espíritu que se encierra en lo físico, es esencia en todas las formas que llenan, visible o invisiblemente, lo que denominamos vacío.

Todo tiene su existencia en el Ser. La Presencia es la conciencia de Ser, de permanencia impoluta. Solo estando presentes en el aquí, en el ahora, podemos sintonizarnos con ese estado, con la parte del Campo que contiene la información total de quienes Somos. El silencio es el vehículo que nos permite escuchar la quietud del Ser, el Ser como la experiencia misma que nos eleva al gozo y a un estado de contento permanente. El Ser que es conciencia jamás se entiende a través de la mente, porque es una experiencia directa, única e indisoluta. El mayor obstáculo para experimentar esta unidad, esta conexión con el Ser, con la Presencia, es la mente, que genera emociones, imágenes, creencias e interpretaciones perceptivas. El ruido mental impide encontrar el estado de quietud y silencio necesario para experimentar la Presencia, la cual no es otra cosa que estar presente.

Por eso la Presencia es parte fundamental de IRB, que sin embargo no propone vivir en retiro para poder experimentar cada uno de sus Pilares, sino vivir en la cotidianidad con conciencia pura de cada uno de ellos.

Vivir en Presencia nos permite reconocer conscientemente cada evento, sin el velo de la ilusión del tiempo y del ego, con el fin de experimentar permanentemente la conciencia del instante presente en constante conexión con el poder de la Presencia interior. Solo la Presencia nos permite dar pasos sagrados que nos conducen a activar conscientemente el poder del Ser que realmente Somos, para permanecer sintonizados con la parte del CPC donde generamos los potenciales ilimitados, desde una nueva percepción de la realidad, destinados a la creación común de la nueva Tierra.

Mantener nuestra conciencia en el instante presente es un estado del Ser, no del hacer, así es que la Presencia nos permite experimentar cualquier tipo de momento desde la gratitud que nace de la conciencia de la aceptación. No hay ni apego ni rechazo, solo gratitud e integridad, porque todo es Amor. La conciencia del instante presente no es una idea que crea la mente, no es un pensamiento más, es una vivencia en sí misma, una experiencia, una actitud, una manera de ser que no implica ningún tipo de esfuerzo, sino por el contrario, nos permite responder a las situaciones desde lo que sucede en cada instante, sin reaccionar, sin interpretaciones, solo actuando desde la Totalidad del Ser, desde lo que verdadera y libremente se es. La Presencia es la puerta perfecta de acceso a la Totalidad. El Mantra *Phowa* nos permite hacer conciencia permanente de esta Presencia.

La Compasión

La Compasión, antes que nada, es el camino que nos conecta con el Todo. Cuando estamos en estado de Compasión jamás nos sentimos separados, ella nos permite activar la Unidad y crear para el Todo. La Compasión va íntimamente ligada a la aceptación y la aceptación está compuesta de paciencia; no pueden coexistir separadas, como nada puede hacerlo.

La verdadera Compasión no tiene nada que ver con lo que llamamos lástima; no se trata de compadecer a alguien porque sufre, es en realidad tomar las acciones necesarias para dar ejemplo o enseñar a otros a establecer un estado supremo del Ser en el que la persona deje de victimizarse dentro del deseo de sufrir y pueda sintonizarse con su felicidad plena. Y enseñar no significa desplegar un repertorio de palabras y retóricas en cada momento del día, sino hacerlo desde el ejemplo y la coherencia, conservando tanto los ojos físicos como la vista que va más allá de los sentidos, abierta, para hablar desde el corazón irradiando el amor que lleva a la Compasión y permite realzar en el otro su dignidad de ser humano frente a la grandeza del universo sin límites de la vida. La Compasión implica poder enseñar la liberación de la dualidad sobre las ilusiones; es ilimitada, por eso coexiste con el Infinito.

Esto tampoco implica involucrarse en el proceso del otro para que cambie, sino ser un instrumento puro de servicio, a disposición de los demás cuando sea necesario. En la vieja energía se creía que la labor de un maestro espiritual era la de dar hasta la última gota de sangre y sudor para que los demás tomaran conciencia de su vida. Esto activó programas en el ADN como: 'Todo lo espiritual debe ser gratuito', 'El maestro se debe a sus discípulos', 'Los trabajadores de luz no pueden cobrar', 'El dinero no es acorde con una vida espiritual', lo cual ha hecho que personas con grandes dones desarrollados —que todos tenemos—, se dediquen a trabajar duro en oficios que no aman, solo para poder subsistir, y por ello dedican muy poco tiempo al engrandecimiento y reconocimiento de la luz en el Ser, menguando el tiempo lineal a lo que verdaderamente han debido hacer. Todo eso constituye un programa de manipulación, del cual nos saca por completo IRB. Y quiero recordar una vez más que la manipulación ha estado ahí simplemente como vehículo para que nos reconozcamos a nosotros mismos; en ningún momento para ser rechazada u odiada, porque volveríamos a meternos en la frecuencia del miedo y crearíamos más de lo mismo. Así es que infinita gratitud y Amor por ella y por sus artífices.

La Compasión comienza por nosotros mismos. Cuando descubrimos que estamos plenos de herramientas y conciencia para transitar nuestro sendero comenzamos a ser ese instrumento de luz que da ejemplo y los entramados que están alrededor ascienden con nosotros a la nueva vibración de merecimiento, donde el sufrimiento no es más una opción de vida.

La simple pena, o llorar por los demás, no es Compasión. De hecho, muchas veces hasta puede esconder orgullo. Para que sea verdadera Compasión es preciso tener la certeza de saber que todos poseemos la infinita Sabiduría de conectarnos con nuestra esencia suprema como vehículo de transporte al paraíso que merecemos. Compadecerse de alguien no es hacer lo que ese alguien puede hacer, es brindarle las herramientas para que lo logre por sí mismo y jamás tenga que volver a depender de nadie para lograrlo. Es algo similar a lo que el viejo adagio de "enseña a pescar, en lugar de dar el pescado" nos explica. Esto requiere tener en cuenta todas las existencias, todas las manifestaciones de vida en la igualdad y permitir a todos, incluso a los seres que creemos no sensibles —por no ser humanos—, despertarse a sí mismos en el acto de compartir.

Cuando el Maestro Jesús sanaba desde la máxima Compasión, lo que sentía por el leproso, ciego o moribundo no era lástima. La Compasión experimentada por este ser extraordinario era elevar la frecuencia de quien le pedía sanación, a la frecuencia del Padre, donde se reconocía en su máxima perfección y podía encontrarse a sí mismo totalmente saludable. Así pues, el reconocernos en nuestra esencia Divina, en nuestro verdadero origen, y ayudar a que el otro se reconozca de la misma forma, es permanecer en estado de perfección.

El ser humano es una integración de sistemas. En esta dimensión, por ejemplo, somos un sistema dentro de otros como la familia, los vecinos, el barrio, la ciudad, la provincia, compuesto a la vez por sistemas como el físico, el emocional, el mental, el espiritual y muchos más que no vamos a entrar a detallar. Es decir, somos un microcosmos en el macrocosmos y el macrocosmos de nuestro microcosmos interno. Cuando algo cambia en alguno de esos sistemas, al estar interconectados, de una u otra forma todos son afectados, tal y como nos lo presenta la película *El efecto mariposa*, escrita y dirigida por Eric Bress y estrenada en 2004, la cual nos ilustra la idea de que cualquier tipo de variación puede acabar generando una gran huella.

Cuando la Compasión se activa en la totalidad de los sistemas, se actúa desde la vibración o la frecuencia necesaria y desde el lenguaje requerido, pues aunque Somos Uno la diversidad habla en diferentes lenguajes, lo que, en lugar de separarnos, nos completa. Sin embargo, por eso IRB plantea el lenguaje desde el corazón, porque es el único universal, y el Amor su mejor vehículo de comprensión. En la escena de sanación que realizó el Maestro Jesús masivamente, relatada por Benítez en *Caná*, vemos que ese es el mayor acto de Compasión jamás realizado, capaz de transformar realidades sin palabras, sin nada externo, más allá de una pura y fuerte conexión con el ser supremo de cada quien, donde el origen de su POAK es activado al ciento por ciento. La Compasión no requiere de palabras, sino de actos supremos.

El soporte más eficaz que podemos realizar para elevar desde la Compasión absoluta cualquier ser en la humanidad a un plano en el que la 'sanación' en todos los aspectos exista, es ser ese vehículo de contacto con la parte suprema del Ser de cada quien, tanto a nivel indivi-dual como grupal, para que al ser activado ejerza su poder de guía según su momento evolutivo y su propósito, encendiendo la luz siempre presente. Este es el acto de mayor Compasión que puede manifestarse en la vida cotidiana para bien de todos los seres.

Entre más puro, claro y firme es el contacto con la esencia más elevada de cada quien, en la que todos Somos Uno en la Luz Viviente y el Amor, más suprema y completa es la Compasión como vehículo donde la luz enciende para iluminar la densidad que mantiene a muchos seres sumidos en el sufrimiento, donde la carencia es parte de la ilusión.

La acción unificada es comunicar totalmente con el mundo donde estamos viajando, donde estamos viviendo. Cada momento es nuevo, entero, total; en unidad. Cada elemento de este mundo es digno de respeto. Un pino crece en una roca. Invisibles gotas de rocío dan vida a un desierto. No hay separación, no hay idea de grande o de pequeño, no hay búsqueda ansiosa, no hay miedo. La acción unificada es olvidarse de sí mismo y "dejar pasar toda la arena del Ganges entre sus dedos". Estar en unidad con las personas que practican la vía y con las que no la practican, estar en unidad con lo que encontramos, sin dualidad.

Principio budista

El Mantra *Kwan Yin* está íntimamente ligado al Pilar de la Compasión.

La Sabiduría

La Sabiduría es como despojarnos de la mente para dejar que aparezca la intuición de la verdadera realidad que está en la Presencia y no en la interpretación de la ilusión. Esta intuición se desarrolla como Sabiduría hacia todo lo que Es, hacia la totalidad, sin generar ninguna expectativa. Cuando despertamos a esta comprensión somos libres: libres de conceptos, de límites, de creencias densas, de separación, de culpa, libres para crear desde la GranDiosidad de quienes somos y no desde el control que creemos que tenemos. Somos parte del universo que controla la totalidad, no el universo que la controla.

Sabiduría no tiene nada que ver con conocimiento. El conocimiento es un cúmulo de conceptos almacenados en la mente. La Sabiduría, en cambio, es acción, es creación. La Sabiduría libera e ilumina la mente; es gozo; es abierta, clara e ilimitada; no nace ni muere, es intemporal y no condicionada, abarca la totalidad. Cuando se incorpora la experiencia del espejo de la mente, la Sabiduría permanece en nosotros de manera duradera, porque deja de oscilar entre la alegría y el sufrimiento condicionados por el gusto y el disgusto, se comprende la profundidad que existe detrás de todo y que el Todo es libre, libre de conceptos rígidos y preestablecidos, libre de creencias falsas, libre de las sombras de las experiencias vividas.

A la Sabiduría se llega sintonizándonos más allá de los pensamientos. Su esencia atemporal, la conciencia, hace presencia justo en ese espacio vacío que se encuentra entre los pensamientos, detrás de los pensamientos y que conoce los pen- samientos. Cuando en la Presencia tomamos conciencia de ese espacio reconocemos todo lo externo e interno como un juego libre, ahí es donde podemos experimentar la Verdad y donde está la Sabiduría.

La Sabiduría es la comprensión misma, más allá del ego; es lo primero que surge de un estado de conciencia radiante que no es perturbado por nada ni por nadie, que simplemente sucede. Es la aceptación iluminada de la no realidad de todo lo externo, es la no dualidad, la totalidad de la información que habita en el 'vacío'; es fluir, es cambio constante e infinito.

Además, es la comprensión absoluta de que el sujeto, el objeto y el suceso son aspectos de la misma totalidad y están infinitamente interconectados, generándose mutuamente conciencia y evolución. Es el entendimiento de la perfección en todo; es no juzgar, no criticar, no querer cambiar, solo fluir en una danza interminable de acontecimientos en el dulce devenir de lo que Es. Es la imperturbabilidad, la paz. Es permitir que los pensamientos, las emociones, las acciones y las palabras que le siguen a este estado transformen los hábitos reactivos que terminan por querer controlar para perpetuar el sufrimiento y el apego, que al final, son la misma cosa.

El sufrimiento es la diferencia entre lo que sucede y las expectativas que teníamos del suceso. La expectativa es adelantarse al suceso, no vivir en el presente, llenar la mente con pensamientos adivinatorios que nos desintonizan del presente y bloquean por ende la sabiduría con la cual él se puede vivir. El apego, por su parte, es pretender que todo permanezca igual incondicionalmente, como si fuera propio, pretendiendo evitar la evolución, el cambio, la transformación, y al ser testigo de la imposibilidad que esto implica emerge el sufrimiento como parte de esa expectativa irreal de lo que es.

Sabiduría es saber que tenemos el poder de acceder a la información necesaria en el momento en que la requiramos, sin pretender acumularla, porque siempre está ahí. Querer apegarse a una información es negarse la posibilidad de que esta evolucione y entonces se convierte en simple conocimiento que dista mucho de la Sabiduría, aquella que permite permanecer sintonizados con esa parte del CPC en el que no existen velos, filtros ni obstáculos que tergiversen esa información.

La Sabiduría es la contenedora de todas las cosas, habita en todo, es la madre de la creación que convierte el potencial del espacio en la realidad más emocionante. El Mantra *Buddha* es un sintonizador poderoso para permitir abrirnos al Pilar de la Sabiduría.

Capítulo XXIII
Trascendiendo paradigmas

El pasado y el futuro obviamente no tienen realidad propia. Lo mismo que la Luna no tiene luz propia, sino que puede solamente reflejar la luz del Sol, así el pasado y el futuro son solo pálidos reflejos de la luz, el poder y la realidad del presente eterno.
Su realidad es "prestada" del ahora.

Eckhart Tolle

Dejar de humanizar a Dios

Existe una mitología con respecto a Dios anclada en todo el planeta. Está en todas partes, en cada dogma y en cada religión, por más que difieran la una de la otra. ¿Cómo poder imaginar a Dios, la fuente creadora del universo? ¿Cómo imaginar un poder que está en cada ser, en cada aliento de vida? ¿Cómo poder imaginar algo que no tiene comienzo ni fin? ¿Cómo describir al universo entero en una exigua fracción de tiempo? ¿Cómo imaginar a un Dios padre, el que existe en la totalidad, en lo eterno, y que se manifiesta en cada partícula, en cada ser?

Se ha educado al ser humano con el mito que le endilga a Dios la naturaleza humana, o sea, sus sentimientos limitantes; así entonces, Dios tiene sentimientos: castiga, recompensa, se pone bravo, se ofende, a Dios le gusta o le disgusta esto o aquello...

La física cuántica no discute consigo misma, es perfecta en su sistema y es el planteamiento absoluto de la unicidad que no se puede negar. La energía que por eones hemos llamado Dios es la única no polarizada, porque es la propia singularidad donde todo se crea. Al nacer en este planeta nos educan llenándonos de conceptos limitantes que nos alejan de la energía de Dios, pues nos incitan a trabajar permanentemente para llegar a Él, como si estuviera separado y lejos de cada uno de nosotros, es en ese instante cuando nos ponemos el velo del olvido y nos separamos de la esencia donde no hay dualidad porque todo es Amor, somos Dios, somos Amor. No es posible llegar a Dios, porque querer llegar a Él es manifestar que está lejos, que está separado; es negar nuestra esencia Divina e indivisible. Somos parte del Todo, por lo tanto, manifestaciones del mismo Dios, no importa el nombre o el rótulo que le pongamos. Vamos a hablar de Dios, porque es el título del paradigma.

El paradigma dice que debemos portarnos de X o Y maneras a fin de ser más aceptables para la Divinidad, y la mayoría de los dogmas nos inculcan la creencia de ciertos comportamientos como el sufrimiento, el sacrificio, el aislamiento, la pobreza, la enfermedad, para hacer votos que nos permitan llegar al paraíso. Todos estos dogmas coinciden en lo mismo, en decir que el ser humano está hecho a imagen y semejanza de Dios; la creencia nos inculca que Dios es como un humano, en lugar de que los seres humanos podemos ser idénticos a Él, es decir, reconocer nuestra naturaleza Divina. Hemos humanizado a Dios, atribuyéndole características propias de la naturaleza humana tal y como nos lo han hecho creer los viejos paradigmas; la naturaleza humana impuesta en Dios.

¿Cómo nos ha mostrado el viejo paradigma a los seres de luz, como los ángeles, por ejemplo? Les hemos puesto rostro humano, color de piel, alas, y les hemos dado nombres. El viejo paradigma todo lo etiqueta para poder entenderlo desde la mente lógica. Ello también forma parte del paradigma. En la Conciencia simplemente hay energías que son parte de la totalidad, las cuales, en su misión, se hacen presentes y hasta se manifiestan por medio de canales que las logran interpretar. Les ponemos nombres para poderlas entender y a lo mejor son la esencia más elevada de cada Ser que las manifiesta para llevar un mensaje de evolución desde el Ser que lo encarna. Kryon, por ejemplo, en una de sus canalizaciones, a través de Lee Carroll nos dice que "Él" es simplemente una energía del otro lado del velo, a la cual se le ha dado un nombre para que la humanidad reconozca la energía de eso, si bien incluso es diferente cada vez que se presenta, a medida que su canal limpia sus filtros, es decir, la pureza de Dios cambia en las canalizaciones. Dentro de la totalidad no existen entidades individuales. Solo energías y niveles de conciencia. La energía que llamamos Miguel, Gabriel, Uriel o Rafael, a la cual le hemos dado connotaciones de fuerza, género masculino, sanación, alas, espada, llamas y colores azul, blanco, dorado o verde, es solo una forma para poder entenderla. Cualquiera de los arcángeles conocidos en esta dimensión son parte del Todo, perfectos como el Todo. Cada vez que uno de ellos 'habla', lo hace por todas las energías angélicas y siempre son mensajes singulares de Amor; nunca están en conflicto consigo mismos, igual que la física no entra en conflicto con ella; solo pretenden mostrarnos atributos específicos existentes dentro de cada uno de nosotros y que a veces se encuentran dormidos pero que, al reconocerlos en ellos, podemos activar en nosotros desde la Unidad más evidente.

Ninguna entidad angélica tiene conflicto con otro ángel, maestro o esencia lumínica, porque es parte del resto de huestes angélicas, de comités espirituales, al igual que de usted y de mí. Nada está separado. No existe algo independiente. Quienes hemos encarnado como humanos nos hemos manifestado dentro de un cuerpo físico y tenemos nombres que nos diferencian unos de otros, mas en la esencia más elevada de nuestro Ser Todos Somos Uno. Todos los mensajes provienen de la Fuente, donde Todos Somos Uno. El mensaje resuena en el cuerpo físico porque la parte Divina del ser humano es parte del Todo, y a la vez que recibimos también damos e irradiamos el mensaje. Y solo si estamos limpios de filtros, de velos, de obstáculos, de limitaciones, podemos resonar con este mensaje. Precisamente IRB permite eliminar estos filtros y velos para poder tener una conexión pura y clara con la esencia más elevada de nuestro Ser, en la que Todos Somos Uno desde la Luz Viviente y el Amor, para sintonizarnos con la parte del CPC donde todos los potenciales infinitos están disponibles para cada quien.

Creer en el conflicto es parte del mismo paradigma: nos hemos enfrentado por defender creencias, religiones; se han formado 'guerras santas'. ES EL MOMENTO de saber que no existe la polaridad en Dios. No hay ángeles caídos. Todas estas historias hacen parte de una vieja energía y un viejo paradigma surgido como parte de la humanidad, como herramienta para poder comprender la oscuridad y la luz, que tampoco son dos cosas separadas. No hay división en el Amor, de modo que tampoco hay división en la Luz. El Amor es puro, es la fuente de la creación, por lo tanto, no hay conflicto. Todas las historias mitológicas se han creado como fuente de entendimiento, o mejor, de manipulación, pues al llenar nuestro cerebro 'lógico' de ideas preconcebidas negamos la capacidad de sentir para conectarnos con el Uno desde la Fuente infinita del corazón, la única capaz de mantenernos fusionados con la información total del cosmos.

Trascender los viejos paradigmas implica aceptar que formamos parte de un Todo indivisible, perfecto, majestuoso y esplendoroso, no dividido, no polarizado; se acaba la lucha contra el diablo, contra el mal, contra la oscuridad; no hay lucha. En el ser humano físicamente hay dualidad, y esa es la dualidad que por las creencias está implantada en la vieja rejilla con la que hemos formado la Tierra en la cual vivimos; con la nueva energía crística que desciende por medio de IRB se descubre el Amor puro y Divino de Dios, Amor nunca polarizado.

ES EL MOMENTO de dejar de humanizar a Dios y comenzar a Divinizar al humano. Solo si trascendemos los viejos paradigmas, las viejas creencias, la vieja energía, los mitos manipuladores, podemos acceder a la información del Uno para vivir en Amor, Presencia, Compasión y Sabiduría.

El significado de responsabilidad

La responsabilidad es algo muy diferente de lo que la educación desde el viejo paradigma nos ha entregado, aunque la vamos a seguir llamando así. El término no cambia, se pretende comprender de manera diferente es su significado y su aplicación práctica en el presente. La responsabilidad no es lo que hemos hecho durante la vieja energía, cargar con todos los pesos del adulto, con las culpas de otros y las nuestras, autocastigarnos y sabotearnos por todo aquello que pensamos nos corresponde hacer y no queremos realizar, incluyendo el limpiarnos de 'pecados' que ni siquiera hemos cometido. Ser responsables es, en realidad, entender que producimos los resultados devenidos de cada uno de nuestros pensamientos y cada una de nuestras palabras, emociones y acciones. Cuando entendemos esto, dejamos de ser víctimas de las circunstancias y creamos un cambio si no estamos satisfechos con los resultados obtenidos.

Somos responsables, sin duda, del espectro de quienes somos. Si algo bueno sucede, somos responsables por eso. En el viejo paradigma nos inculcaron: "Si algo malo sucede, es su culpa. Si algo bueno sucede, es gracias a Dios". En este instante, lo invito, amable lector, a que haga un alto en la lectura y viaje por sus recuerdos. Piense en todo aquello que hasta ahora conscientemente ha logrado, todo aquello que ha sido capaz de hacer, todo aquello que en algún momento le generó inarmonía y usted fue capaz de transformar, algunos momentos en los que una enfermedad o malestar le aquejaron y logró superar; piense en circunstancias que le parecieron dolorosas en su momento pero luego, al sobreponerse a ellas, entendió que era lo mejor que podía haberle sucedido. Piense: ¿si eso no hubiera pasado, cómo sería ahora su vida? Medite en esos puentes que, si bien le causaron una sensación inicial de pánico, se atrevió a cruzar; en situaciones en las cuales, aunque la tentación fue muy fuerte, mantuvo su integridad. Ahora, la pregunta es: ¿Quién hizo todo esto? Pregúntese: "¿Fui yo?". La respuesta es: "¡Sí!". Es hora de que diga: "¡Lo hice! ¡Y lo hice porque en mí está el poder Divino!".

En nosotros está la capacidad de reescribir los atributos de nuestra personalidad, transformar cualquier cosa que haya sucedido, incorporar los resultados de la experiencia en nuestro ADN y cambiar la perspectiva de lo sucedido desde el Amor, para traer toda la conciencia de cualquier experiencia de vida y presentarlas a la conciencia actual de modo que nos permita resolver cualquier tipo de circunstancia; para traer la fortaleza, los dones, cuanto pensábamos no tener; y al comprender que toda la información es parte del Todo y somos el Todo, todo es posible en nosotros aquí y ahora.

ES EL MOMENTO de asumir responsabilidad por esto, de ser responsables por las cosas buenas sucedidas en nuestra vida y aun por las que hemos creído malas, porque en el nuevo paradigma y cuando se reciba a IRB en la vida la creación de todo nuestro mundo es enteramente responsabilidad nuestra, sin velos, sin filtros, sin interferencias.

En la vieja energía no se ha parado de criticar hasta a la propia Conciencia. ¿Cuántas veces nos hemos puesto a pensar que lo sucedido ha sido nuestra responsabilidad y que si requerimos un cambio somos nosotros quienes debemos generarlo, pues no depende de nadie más el hacerlo? ES EL MOMENTO de detenernos a mirar lo que hemos hecho, de asumir responsabilidad por todo, de celebrar nuestras creaciones, felicitarnos porque lo merecemos y cambiar todo aquello que no nos conforta, porque no lo merecemos. ES EL MOMENTO de Divinizarse y responsabilizarse.

Crear desde el presente

Como lo dijimos en la primera parte de este libro, el miedo es una hipótesis trasladada al futuro. Siempre que pensamos en el futuro lo hacemos en el presente, en realidad lo único existente. Entonces, elijamos en el presente lo que puede suceder en el futuro. Reescribimos el drama del pasado almacenado en nuestras células y que nos está dando energía para que se repita; si ese presente que vivimos en el pasado no fue agradable, ¿qué sentido tiene seguirlo trayendo al presente, si no queremos que siga en el futuro? El presente es quizás el regreso de un futuro que hemos creado en el pasado y ese pasado no es más que el presente vivido en otro momento, con la información de ese momento.

ES EL MOMENTO de hacer ese cambio de información en nuestras células; no lo borremos, no lo reprogramemos desde lo sucedido, porque entonces dejaríamos abandonada nuestra responsabilidad en los resultados que ocasionó. Solo debe verse desde la maestría, desde lo que experimentamos y, al entender que ya no debemos ensayar más de lo mismo, abandonar la repetición de la experiencia y diseñar lo nuevo, desde la maestría de lo aprendido. No hay que borrar ni reprogramar nada, únicamente crear lo que queremos crear, llevando la información de IRB a nuestras células. Cuando se le tiene miedo al futuro por temor a que pase esto o aquello, estamos escribiendo para ese futuro exactamente lo mismo en lo que estamos pensando. Sin embargo, si el miedo nos embarga por lo que intuimos puede suceder en el futuro y no nos permite cambiar el potencial en el cual estamos pensando, podemos entonces acceder a ese futuro y modificarlo antes de vivirlo, para lograrlo es necesario que accedamos a esa nueva percepción, no desde el miedo, sino desde nuestra parte creativa.

El miedo hace que se paralice todo aquello que como Ser Divino vinimos a realizar en calidad de protagonistas del plan. Esto es realmente una falta de responsabilidad, por lo tanto, transformemos el paradigma del miedo y escribamos desde el Amor cada momento nuevo en nuestra vida, cada instante presente, renazcamos cada segundo. Cada instante es una oportunidad para crear una experiencia mágica, no la detengamos desde el miedo, empoderémosla desde el Amor y la Luz Viviente que es. Parte de nuestra nueva responsabilidad, dentro del nuevo paradigma, es también ver a Dios en todos los demás, pues si Dios es todo, cada uno de nosotros somos Dios. Dejemos entonces de pensar como humanos limitados.

Invertimos más tiempo y energía rechazando lo que no queremos que suceda, que focalizándonos en crear lo que por Voluntad Universal venimos a realizar.

Una vez comprendamos que podemos crear todo desde nuestra Divinidad, es preciso dejar atrás el concepto del tiempo lineal, ese que nos paraliza en el pasado o nos hace temer del futuro. Y eso implica casi que volver a comenzar a escribir, aprender a redactar, a pensar y hablar de manera diferente, pues todo está en el presente. Cuando decimos que algo 'era' o 'será', ninguna de las dos cosas es cierta, porque siempre 'es'; en el momento en que lo es, siempre es presente. Cuando vivimos en el 'es' nos sintonizamos con nuestra propia eternidad.

Tenemos el poder de modificar nuestro futuro y el de nuestro planeta si juntos creamos un potencial colectivo diferente. Estamos viviendo en un sinfín de potenciales colectivos resonantes en el miedo, y al evadir nuestra responsabilidad cocreativa nos acercamos a ellos sin siquiera darnos cuenta. Creer en esa esencia suprema de nuestro Ser, vivir conscientemente en comunión con ella y operar nuestros potenciales desde ella, nos permite elegir los potenciales más lumínicos para nuestra existencia e irradiar de esta forma a quienes nos rodean. Aprender a recibir sus mensajes y confiar en ellos, es parte esencial de esta nueva información. Cuando modificamos su rejilla, su entramado, modificamos el entramado que nos interconecta con todo lo que forma parte de nuestro mundo, así que cuando asumimos la responsabilidad de cocrear desde la conciencia cocreamos para la Totalidad.

Para poder 'escuchar adecuadamente' las instrucciones de nuestra esencia suprema es necesario tener menos ruido en nuestra cabeza, estar en estado de paz, en nuestro centro, y recibirlas desde el corazón. La mayoría de las veces estos mensajes se manifiestan mediante los sueños; aunque no seamos conscientes de ellos, al otro día, al estar en estado de vigilia, sabemos cuál es el camino correcto para cocrear lo dispuesto antes de dormir. Sin embargo, no tenemos necesidad de esperar a dormir para recibir los mensajes en el sueño. La Meditación que Activa la Paz en tu ADN, la Meditación de Infinitos o simplemente escuchar la música y los Mantras de IRB logran exactamente el mismo efecto del sueño y lo sintonizan —después de la iniciación que se recibe en el seminario donde se imparten las bases de esta enseñanza—, con esa esencia y esa conexión que nos permite observar la nueva realidad con la facilidad dada por la responsabilidad de ser los cocreadores de cuanto manifestamos. Ahora bien, parte vital del éxito en el resultado está en soltar el control del resultado, igual que no se tiene necesidad de reflexionar acerca de cuándo caminar, comer, respirar, sudar… solo permitir que el futuro esté constantemente actualizando las potenciales desde el presente en Presencia y en Conciencia. Esto quiere decir, generar conciencia de que nuestro pasado, presente y futuro son tres realidades simultáneas, transcurriendo a velocidades diferentes.

A partir del presente podemos cambiar la forma de ver el pasado y traer la información desde el futuro para crear este presente. O sea que el presente es el Punto Cero en el cual converge toda la información generada por el infinito del espejo, y cuando accedemos a él creamos sin límite, como lo refleja un espejo ante otro espejo.

El secreto habita en el punto central, donde todo reside desde la más pura y amorosa convivencia. Ese centro, ese presente, es la Capa 13 de ADN, que dirige la orquesta de todas las realidades convergentes en nuestro Ser y fija para el presente, actualiza cualquiera de los futuros potenciales y es el compositor de nuestro pasado. Por eso la importancia de la responsabilidad en una alta frecuencia vibratoria de resonancia. Sin un director de orquesta en sintonía con la conciencia de Amor, Presencia, Compasión y Sabiduría, nuestro organismo deja que las células hagan su música en solitario, volviendo a la separación y al desorden. Y vamos mucho más allá. Como cuando creamos desde el CPC, que es la Capa 13 del ADN colectivo, el orquestador cuántico donde todos Somos Uno, es muy importante la responsabilidad de que cuanto creamos para nosotros lo creemos para el colectivo. Cuando creamos potenciales para el colectivo opuestos a los nuestros nos volvemos nuevamente responsables del desorden planetario, y como hemos sido educados en competencia, mientras la competencia exista en lugar de la cooperación se mantendrá el desorden planetario. Si nos desinteresamos del balance planetario, volviendo a caer en las garras del lado oscuro del ego, nuestro cuerpo reacciona antes que el planeta, nos sintoniza de nuevo con la enfermedad, reflejo del desequilibrio. Recordemos entonces el principal axioma de este postulado: "El tiempo y el espacio son solo ilusiones de nuestra propia percepción".

Cambiar las tradiciones

Todo aquello que funcione bajo la vieja energía, bajo los límites, bajo los miedos, bajo las imposiciones, bajo las reglas que imponen creer en algo que no es, a hacer algo que no se siente, es preciso dejar de hacerlo, de pensarlo, de hablarlo... y hasta de sentirlo. Cuando somos niños dependemos de que alguien nos dé de comer, nos asee, nos vista, nos lleve. Al crecer lo podemos hacer solos y a nuestra manera; en ese momento, solemos conservar con nuestro propio estilo todo aquello que nos brindaron con agrado y resonaba, y en definitiva todo aquello que no nos gustó procuramos cambiarlo. En la época de la adolescencia nos rebelamos contra todo. Queremos escuchar nuestra propia música, vestirnos a nuestra manera, dejarnos el cabello a la altura y con el color que marquen una diferencia con la tradición familiar. Esto quiere decir que cuando crecemos nos conectamos con nuestra esencia y vivimos de acuerdo con nuestro criterio. Muchos son, en cambio, los que desafortunadamente se quedan viviendo bajo el criterio de otros; solo quien se atreve a ser diferente, a cambiar el paradigma, logra conectarse con la evolución.

Le pregunto, lector, entonces: ¿Jugaría en este instante, a la edad de hoy, los mismos juegos que practicó en el patio de su casa cuando era pequeño? ¿Estudiaría el mismo libro de álgebra que estudió hace años? ¿Cree que tendría sentido hacerlo?, si ya lo aprendió no habría por qué quedarse en la misma lección, ¿verdad? ¿Cuál, entonces, es su realidad actual?

ES EL MOMENTO de establecer un nuevo sentido común espiritual Divino, desde la madurez actual, evitando tradiciones que nos detienen en el pasado sin sentido. La energía ha cambiado, las viejas ceremonias y rituales puede que sean deliciosas, pero ya no son necesarias. Probablemente, en cientos de años eso que establezcamos hoy tampoco va a ser necesario. Por eso hay que viajar libre de equipaje, sin anclas, sin paradigmas, sin ataduras, para poder vivir siempre el presente, que está lleno de la sabiduría ancestral y la autenticidad de lo que no ha llegado. Comencemos, pues, a recordar el futuro para manifestarlo de lleno en el presente.

Estamos creando una nueva Tierra y somos los pioneros, los colonos, sin guerras, sin abusos; somos los indígenas y aborígenes sabios que iniciamos un nuevo comienzo desde una nueva energía. IRB proporciona las herramientas necesarias para ser el protagonista del inicio de estos nuevos veintiséis mil años de historia, y para lograrlo es preciso cambiar las tradiciones, reescribirlas, o mejor aún, abolirlas, pues cuando nos quedamos haciendo lo mismo por tradición seguimos cortándole las puntas al pernil sin saber por qué lo hacemos. Es necesario madurar, desde la autenticidad del niño. Responsabilizarnos con la frescura de lo nuevo. Las tradiciones son de los humanos, la Divinidad no impone tradiciones.

No hay de qué protegerse

¿Sabía que una bombilla para producir luz debe alternarla, que se encienda y apague cada medio segundo? Aunque creamos que la luz es continua, se forma de la combinación de luz y oscuridad. Los viejos paradigmas nos han grabado en la mente que la oscuridad es tenebrosa y por lo tanto debemos protegernos de toda esa energía oscura. E s tan fuerte el concepto que hasta aquellos que han dedicado su vida a 'sanar', a dar su apoyo a quienes requieren recuperar su vitalidad a través de la luz y del beneficio de lo que hasta ahora hemos llamado amor, hablan de protegerse para no enredarse con las densas energías con las cuales llegan sus pacientes, y el temor de verse contagiados de sus enfermedades les hacen implantar una serie de rituales de 'protección'.

El olvido de quienes realmente somos ha sido tan grande, nos impide ver la realidad tan a la vista, que se vuelve imperceptible.

¿Hemos visto alguna vez al Sol preocupado de protegerse porque se acerca la noche? ¿No hemos visto que tan pronto él 'sale' la oscuridad se desvanece? ¿Nos hemos dado cuenta de todo lo que tenemos que hacer para oscurecer una habitación cuando es de día?: bajar persianas, tapar rendijas... y aun así, en cualquier hueco por donde la luz se cuele, ahí no hay oscuridad. En cambio, para iluminar esa misma habitación cuando está oscura basta encender una lámpara, una vela o un bombillo, y todo queda a la vista.

El miedo ha sido infundido para separarnos de nuestra verdadera naturaleza Divina. El Amor ilumina todo a su paso. Cuando pensamos, hablamos, sentimos y obramos desde el Amor no tenemos que luchar contra nada, porque aceptamos esa oscuridad como parte de la realidad y aprendemos a dar luz continua, permitiendo que la misma oscuridad sea parte de generar luz, como lo hace una bombilla. No hay lucha, solo se fluye, se acepta y se ama. Una vela no se protege, solo se enciende e ilumina, transformando la oscuridad en luz. Seamos luz, mantengámonos en las más altas vibraciones de Luz Viviente, para que la luz nunca se apague. Si la luz es viva, y eterna, da luz por siempre.

Y por otro lado, gracias a la oscuridad de la noche podemos vislumbrar las estrellas. Así es que hay cosas que solo se ven con la luz, pero hay luces espectaculares que solo brillan en la oscuridad. Por eso existe una intensidad para cada situación, únicamente la totalidad es perfección y la perfección no es equiparable a protección.

Cuando te proteges, te pones un escudo para que eso a lo cual temes no penetre en ti. Eso que temes rebota en tu escudo y se devuelve con más fuerza. Es probable que a ti no te toque, pero lo estás multiplicando para el mundo, que igual es tu hogar, y en lugar de dejar de verlo, cada vez se acrecienta más. Por el contrario, cuando eres consciente de la Verdad de quien Eres, no temes, el Amor irradia desde el centro de tu Ser y transforma todo lo que toca. El beneficio es doble: acrecientas tu Luz y tu Amor para transformar en lugar de rechazar, y al irradiar desde la resonancia de la Verdad cumples con el servicio de iluminar lo que estaba oscuro.

Ver de manera diferente

En los tiempos de Copérnico se pensaba que el Sol giraba alrededor de la Tierra. Luego se demostró que el Sol es una estrella situada a más de cuatro y medio años luz de la Tierra, y la Tierra, junto con otros planetas, es la que gira alrededor de este astro. Sin embargo, a pesar de conocer esta realidad, aún decimos que el Sol sale por el este de la Tierra y se oculta por el oeste, como si siguiéramos creyendo que el Sol se mueve alrededor de nosotros. ¿Cómo cambiaría el día si nuestra percepción del alba y el ocaso fuera diferente? ¿Nos hemos puesto a pensar si esto realmente es una verdad o es falso? Cuando hablamos de que el Sol sale o se oculta es totalmente falso, así lo hayamos creído cierto toda la vida. Esta es una visión desde la perspectiva limitada de estar ubicados en la superficie del planeta Tierra.

Corremos a observar una puesta del Sol, pero no somos conscientes de ser nosotros los que nos estamos moviendo y quienes dejamos de observarlo. Día a día, esperamos de nuevo que él salga para levantarnos y comenzar nuestra labor diaria. ¿Cómo cambiaría la realidad si sentimos ese movimiento constante que nos hace poder ver su 'salida' o su 'ocultamiento'? Pues bien, esa es una de tantas realidades que suceden en nuestro día a día y que están disfrazadas por los viejos paradigmas, o simplemente por la manera como las seguimos percibiendo. La verdad no consiste en que el Sol salga y luego se oculte, y aun si pareciera que nuestra realidad es la misma aunque cambie la manera como percibamos o describamos esta puesta del Sol, y aunque parezca poco relevante, esa realidad puede cambiar mucho al percibirla desde otro punto de vista, pues nos hace partícipes de una realidad o de una verdad totalmente diferentes. ES EL MOMENTO de aceptar que solo apartándonos de nuestro limitado punto de vista, permitiéndonos salir al espacio, veríamos que el Sol no sale ni se oculta, sino que brilla permanentemente.

Existe una parte de nosotros que ve todo desde un punto de vista superior. Es como el helicóptero que monitorea el tránsito, o la emisora especializada en indicar qué vías están habilitadas para llegar mejor y más rápido a nuestro destino, evitando trancones e inconvenientes.

Cuando andamos de manera lineal desde nuestro sistema de creencias, tomando la vía que siempre hemos recorrido sin escuchar las guías de quien está viendo la totalidad del mapa, nos podemos enredar y quedarnos en trancones innecesarios. ES EL MOMENTO de tomar conciencia de esa parte más elevada de nuestro Ser y operar desde ella, sintonizándonos con la parte del CPC donde existe el potencial de luz que estamos queriendo manifestar.

Es tan sencillo, que todo cuanto queremos realmente crear se vuelve posible en el sinfín de posibilidades que tenemos. Para lograrlo es necesario ver de manera diferente lo que hemos visto siempre. No podemos cambiar los acontecimientos, pero sí la manera como los vemos y los asumimos en nuestra vida. Todo es cuestión de perspectiva. Podemos reescribir también nuestra historia al percibirla de manera diferente desde el presente que nos ocupa. Cambiemos nuestra perspectiva, ampliemos nuestra visión, demos un paso atrás y contemplemos la totalidad, dejemos de ser marionetas en manos de quienes han querido manipular nuestra Divinidad. Solo en conexión con el Todo podemos crear sin límites. Cuando cambiamos la forma de ver las cosas, las cosas que vemos cambian de forma.

Cuando permanecemos en conciencia sagrada obrando desde la totalidad de quienes somos, desde la parte más suprema de nuestro Ser, donde todos Somos Uno en el Amor y la Luz Viviente, nunca corremos el riesgo de confundirnos de camino y mucho menos de inducir al error a nadie, pues siempre se nos es asegurado el mejor presente en cada instante y tenemos la plena certeza y confianza de que todo está sucediendo acorde con nuestra máxima creación para el más alto bien. No hay rotulación de positivo y negativo, ya que a partir del cambio de visión desde lo supremo aceptamos que cuanto sucede es absolutamente perfecto. Perfección es otro paradigma digno de ser cambiado, cuando vemos de manera diferente. Cuando juzgamos lo perfecto desde nuestro sistema de creencias preconcebido cabe la rotulación de bueno o malo, bonito o feo y un inacabable listado de polaridades.

En la unidad todo es perfecto, aun aquello que en algún momento juzgamos dañino, en un presente siguiente lo entendemos como parte del proceso hacia el resultado más perfecto. Cuando estamos en sincronía con la esencia más elevada de nuestro ser la resonancia es siempre el más alto bien, sin importar el empaque con el que venga. IRB nos permite mantenernos en completo balance con esta sintonía y recordar que podemos producir cambios surgidos de la estructura del objeto, pero no a partir de que el objeto cambie, porque el objeto es básicamente atemporal.

> LAS COSAS SON TAL COMO SON. NO SON LAS OPINIONES QUE TENEMOS SOBRE ELLAS.
>
> PRINCIPIO ZEN

No hay nada que sanar

Dentro de la perfección de lo que somos en nuestro origen, no existe nada qué sanar. Somos sanos, somos perfectos, tenemos

acceso a toda la información. Solo basta activar nuestra conciencia a este saber para trasladarnos con IRB, esa nave espacial que
nos permite movernos por nuestra multidimensionalidad al lugar
apropiado para cada estado de conciencia en el momento preciso
requerido.

Es el uso inadecuado de nuestras principales herramientas: pensamientos, palabras, emociones y acciones, sintonizadas en el miedo,
las que producen desequilibrios en nuestro cuerpo físico. La enfermedad es solo una alerta que se activa para entrar de nuevo
en conciencia de lo que estamos pensando, diciendo, sintiendo y
haciendo. Cuando nos conectamos con el Ser Amor todo lo que
producimos mantiene el equilibrio de nuestra perfección. No hay
nada qué sanar, sino mucho qué ordenar. Este es tal vez el mayor
paradigma que debe trascenderse, a fin de conectarnos con la
perfección Divina de quienes realmente somos en el origen y así
comenzar a disfrutar del POAK y del CPC.

¡Y así es!

EL AMOR ES AZUL

Espero que haya disfrutado plenamente la primera lectura de este su libro. Le recomiendo leerlo mínimo cuatro veces, garantizándole que leerá cuatro libros diferentes, ya que con cada lectura su vida dará un salto cuántico de conciencia y su nivel de comprensión será totalmente distinta al de la lectura inmediatamente anterior.

También le sugiero que lo mantenga siempre a mano; es un libro muy poderoso que, una vez lo lea, se convierte como en parte de su conciencia y de su apertura de comunicación con niveles dimensionales superiores, por lo cual le sugiero que cuando esté en algún aprieto, cuando no tenga claridad sobre algún asunto o simplemente quiera recibir el mensaje apropiado de su Yo Infinito acerca de su día, lo abra al azar, con la intención de comprender el momento; le aseguro que se sorprenderá de la sabiduría que cada mensaje encierra para usted en ese momento específico. Con cada lectura el libro se adapta a su esencia y se convierte en parte de usted mismo, así que trátelo como a una prenda íntima.

Epílogo

Todo lo referido en este libro está escrito para sentir, utiliza el lenguaje como llave que abre la vibración a la metáfora y va más allá del entendimiento racional rígido. Cada palabra es un código, letra a letra, que transfiere información en frecuencias que el lenguaje no puede limitar. Este texto no se puede aterrizar porque está hecho para elevar, y si lo termina de leer muy seguramente es porque está preparado para ser decodificado y activado en dimensiones superiores de profundidad y por lo tanto de expansión, así que su conciencia es la que entiende, más allá de lo que su ego pueda interpretar. Nada de cuanto lea, sin importar dónde está escrito; nada de lo que escuche, sin importar quién lo diga, puede aceptarse sin previo discernimiento.

Sienta su veracidad por usted mismo y experimente la sincronía con su propia esencia. Llévelo a su corazón antes de juzgarlo. Atrévase a ponerlo en práctica y, si resuena con su esencia, acójalo; si no, déjelo pasar.

NO IMPRESIONARÁ A NADIE SI DECIDE SEGUIR ESTE CAMINO
Y TAMPOCO DECEPCIONARÁ A NADIE SI DECIDE NO SEGUIRLO.
SE TRATA DE UNA DECISIÓN QUE DEBE TOMAR BASÁNDOSE EN EL
DISCERNIMIENTO ESPIRITUAL DE SABER DÓNDE SE ENCUENTRA EN ESTE
MOMENTO
EN SU PROPIO CAMINO.

KRYON

Apéndice

Gracias a mi amigo Ernesto Pereira, quien en infinitas oportunidades de mi vida en esta experiencia terrestre ha sido el vehículo para acceder a la información que requiero en los precisos instantes de sincronía, han llegado a mis manos estos papiros originales, escritos en las cinco lenguas sagradas que activa IRB en el ADN, y como llegaron antes de que este libro se acabara de imprimir, quiero compartirlos con usted, lector, porque los sentí como llave maestra a la apertura de todo lo que viene y todo lo que ha sido, en este mismo instante: la unión de lo ancestral con la evolución, de lo sacro con lo manifiesto, de lo invisible dentro de lo visible. Espero que los disfrute tanto como yo cuando él, con infinita generosidad, los puso en mis manos.

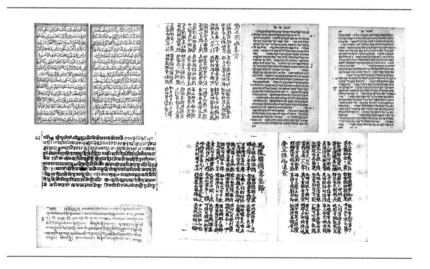

1. Manuscritos egipcios

Sura del Corán, original del siglo XVII, decorada con tinta de oro

2. Textos hebreos de colección

Hoja de Biblia, de una Torá, impresa en Amberes en 1580

3. Manuscritos sánscritos
Manuscrito de India, original de 1850

4. Manuscritos tibetanos
Textos sagrados, originales del siglo XVIII

5. Textos chinos

Textos sagrados, originales del siglo XVIII

Como cierre de estos tesoros, encontramos un trozo de una Biblia que data de 1640, en la que se narra cómo estaba conformado el collar de Aarón, con doce piedras preciosas, que nos deja entrever la llegada de la tribu trece con la piedra 13 que IRB reconoce en la cordierita.

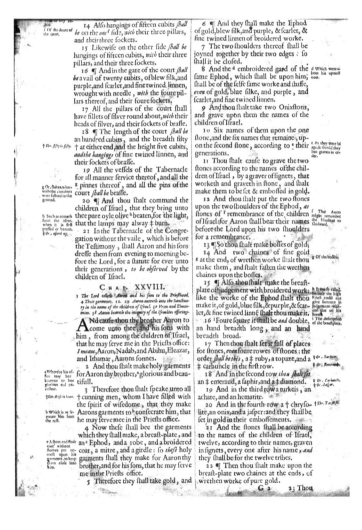

Testimonios

Ahora quiero dejarlo con algunos testimonios muy importantes que le abren una visión aproximada de lo que IRB está haciendo por la humanidad y por la vida indivi-dual de cada quien en este *momentum* planetario.

Por privacidad de todas las personas maravillosas que nos han compartido su sentir, sus experiencias y su evolución a partir de implementar las diversas herramientas de IRB, solamente pondremos sus iniciales. Deseo de todo corazón que al leer estas evidencias usted pueda reflejarse en ellas y se anime, como muchos ya lo están haciendo, a tomar la decisión de no darle más largas a la felicidad y a la capacidad de crear su vida desde su GranDiosidad.

Son miles de testimonios los que recibimos día a día, con lo que prácticamente podría editarse un inmenso número de libros. Por ello, decidimos seleccionar unos cuantos, de distintos temas y variadas aplicaciones cotidianas, no sin antes darles las gracias a quienes nos escriben a diario y no vean en este libro reflejados sus comentarios; igual los llevo en mi corazón y celebro desde lo profundo de mi Ser su bienestar y sus aportes. Gracias a todos por haber decidido encarnarse en este momento planetario tan importante y estar decididos a crear un nuevo estilo de vida sustentado en el Amor, la Verdad, la Visión, la Conciencia, la Luz Viviente, la Sabiduría, la Presencia y la Compasión.

Acerca de este libro

¡Gracias, Ximena, por compartir lo que eres conmigo y con el mundo entero! Gracias por todas las enseñanzas transmitidas a través de tus libros y personalmente. Gracias porque mi vida hoy es otra... llena de magia y amor, en sintonía con seres como tú en la frecuencia de IRB. Muchas bendiciones. Decreto que esto es solo el comienzo de todo el bien que se hace realidad.

BPD

He leído muchos libros en mi vida, he recorrido muchos caminos, he practicado muchas filosofías, pero jamás había tenido en mis manos un libro como IRB *Transforma el miedo en Amor*: no solo porque reúne el resumen de todo lo valioso que ha sucedido en este planeta, sino porque su propuesta hacia lo nuevo es magistral. Me habla con una claridad pasmosa y es como si de mis ojos hubieran caído todos los velos que me impedían comprender lo que me faltaba para dar ese salto al vacío. Ojalá la humanidad entera lo leyera y lo aplicara. ¡Gracias por el día en que, paseando por una calle de Buenos Aires, saltó a mis ojos desde la vitrina de una librería y me llamó como un imán poderoso, era lo que estaba necesitando, justo en este momento de mi vida!

LL

El libro lo estoy empezando y me encanta, disfruto verlo, sentirlo, por la manera como está redactado cada capítulo me dan ganas de leer más y más. De verdad: ¡gracias, gracias, gracias Ximena por haber llegado a mi vida y por todo: los videos, los CD, el libro, las meditaciones, los #XimenaResponde, que también veo de vez en cuando! ¡Estoy inmensamente feliz!

YVC

El libro de IRB hizo clic en mí; yo había escuchado algunos *Sound Cloud* y visto la página de *Facebook*, pero el libro me aterrizó y me convenció de hacer el Seminario de Iniciación. Hoy en día lo uso para hacer consultas específicas y, cuando quiero recibir algún mensaje, lo abro aleatoriamente... Es fantástico.

JPD

Estoy por iniciar la segunda lectura del libro. A medida que voy profundizando en IRB, cobra un sentido distinto y suelo repasar o consultar pasajes puntuales.

CMR

Con la lectura del libro me ocurre que cuando escaneo las letras hebreas de las Capas, siento que algo en mi corona se activa.

AE

Este libro tiene algo especial. Lo tengo en físico y también en digital, porque me gusta tenerlo siempre conmigo y prefiero tenerlo a la mano, en mi celular, siempre. Al físico, cuando llegó a mis manos y lo abrí por primera vez, le salieron chispas. Mi hija, que tiene 9 meses, juega con él y lo abraza todo el tiempo. Cuando llora y no logro calmarla se lo pongo para que juegue, lo abraza y se calma. Creo que su información va más allá de las letras que están escritas. ¡Gracias, Ximena, por traer esta nueva información al mundo!

VL

Vivencias con los Mantras y la música

Los Mantras son superrelajantes; no sé qué sucede, no entiendo, pero cuando los puedo escuchar antes de irme a trabajar generan en mí una actitud y energía de salir con toda a cumplir mis compromisos. Los he colocado desde el cuarto de estudio para que se escuchen por todo el apartamento, pues además armonizan los espacios.

ALO

El CD de *Semillas Simiente* del álbum *Activación Divina Índigo*, es mágico, los Mantras me sirven para inspirarme; lo uso especialmente cuando requiero escribir algo, realmente eleva la energía, trae calma.

JD

Me concentro fácilmente en lecturas, labor del colegio y actividad física; se respira un ambiente tranquilo en el apartamento, las plantas crecen con rapidez, el gato se balancea, los visitantes me manifiestan el sentirse muy a gusto y no quisieran irse porque experimentan armonía; cuando trabajamos en equipo somos más productivos, fluyen las ideas, hay cordialidad y nos sentimos felices.

SIP

Durante una semana completa hemos escuchado mi hija y yo el álbum de *Activación Divina Índigo* y hemos visto resultados como: dormir más relajadas; la relación entre las dos ha mejorado increíblemente; las plantitas, preciosas, se abrieron, reverdecieron; tengo un grupo de cinco autísticos que cuidamos con mi hija y los niños han mejorado sus comportamientos.

YW

Tanto en mi casa como en mi oficina los Mantras permanecen todo el tiempo puestos, día y noche. Las plantas en la casa están verdes, brillantes, florecidas, es como si agradecieran el ambiente en el que crecen, nunca habían estado tan bellas. En la oficina, desde que permanecen puestos no hay conflictos, los problemas se resuelven de una manera mucho más tranquila y rápida, es como si la cordialidad y el amor entre los compañeros se hicieran cada vez más notorios.

NG

Me atreví a proponerle a mi pareja que hiciéramos el amor mientras sonaba de fondo la Danza Hindi; a partir de ese momento, ambos queremos que siempre suene. La conexión entre los dos fue poderosa, salieron chispas de luz de nuestros cuerpos y ambos experimentamos un mismo ritmo; conectados el uno con el otro, nuestras respiraciones, la entrega, el orgasmo... fue algo que nunca habíamos experimentado. ¡Gracias por tanto!

AZ

El álbum *Momentos de Conexión* me transporta a otros mundos, la paz que imprime en mi ser es indescriptible. Me encanta dormirme con el *track* de activación de ADN, y la larga, la de sincronización cuántica, es *Amazing*.

AG

IRB en la vida cotidiana

Utilicé un Mantra para un tema de relación, de esas complejas, con la intención de activar la ley del espejo, y la verdad sentí que transcurrió muy bien una conversación difícil.

MPG

Les cuento algo que me pasó hoy: debía devolverme desde Medellín a Montería y estaba preocupada porque tenía que hacerlo sola; entonces en la mañana medité y activé mis cuatro pilares; sentí que mi viaje era placentero, seguro, y me llamó un amigo que está acá con la familia para decirme que dos de sus hijos no irían y por eso había cupo para mí, fue maravilloso, así que viajo con ellos. Todo sale magnífico y sin siquiera controlarlo; solo en conciencia de mis Pilares suelto el control y todo fluye a la perfección.

PH

Tuve una linda experiencia esta semana, porque mi hija entró al jardín y, bueno, ha estado llorando... El vienes la dejé y me quedé meditando en la Capa 6 para subir la frecuencia... terminó calmándose y disfrutando su día... No había sucedido en tres semanas.

TH

Para mi salud estoy trabajando las Capas 1, 6 y 9, más *Lay-oo-Esh* y *Phowa*. La experiencia ha sido excelente; me siento con mucha energía, no me duele nada, y lo mejor: no siento cansancio cuando termina el día.

AMC

Anoche estaba atareada en un informe que debía presentar y se me bloqueó completamente el teclado, no pude seguir trabajando a pesar de que hice de todo para desbloquearlo. Entonces escuché los Mantras y logré tranquilizarme, me fui a dormir y activé mi Capa 8, no quise añadirle más ingredientes a mi receta, me concentré en que mi computador amaneciera perfecto. Hoy, cuando me levanté, lo primero que hice fue encender el equipo, y como nos dice Ximena, por arte de magia funcionó y logré terminar el informe.

MR

Doy testimonio de lo poderoso que es IRB, ¡y claro!, Ximena, que es GranDiosa. El viernes pasado tenía vuelo Bogotá-Neiva con escala y cambio de aerolínea en Bogotá. Cuando percibí la demora en Barranquilla puse en mi foco que a pesar de cualquier circunstancia alcanzaría a irme en el vuelo para Neiva. Asimismo, pronuncié *Amen Ptah* y todo fue poderoso, ¡todo es todo!, todo se resolvió favorablemente y alcancé a viajar a Neiva en el último vuelo, sin contratiempos. A diferencia de mi vida anterior, estuve sereno y con la idea clara de que volaría a Neiva esa noche. Como dice Ximena, pruébenlo, compruébenlo y compartan.

JAV

Escuché en mi celular los mantras *Amen Ptah* y *Gabriel*, además los pronuncié antes de reunirme con un posible socio, quien al final de la reunión aceptó serlo. El lunes firmamos contrato.

HAC

¿Y qué con la meditación de la paz?

Mañana termino mi tercer mes de la meditación que activa la paz en mi ADN. Es maravillosa y GranDiosa. Allí hay mucha información que ahora comprendo más como iniciada de IRB.

Me quedan cortas las palabras al hablar de los grandes milagros que han pasado en mi vida. Mi matrimonio estaba en crisis, ahora nos reencontramos con mi esposo y sentimos al terminar la meditación unos abrazos deliciosos, además dormimos verdaderamente como es. Dejamos el estrés. Muy feliz con Ximena, Roger y todos sus aliados.

EAH

En seis días termino el décimo mes de estar haciendo la meditación de la paz. La paz interior se vuelve permanente en la vida, esta serenidad contagia a quienes te rodean, todo funciona en armonía, la alegría te atrapa y ves todo con lente positivo. La realidad es la calma plena, nada te altera. Eres feliz, muy feliz.

IPV

Me separé hace cinco meses de mi esposa y me sentía muy deprimido, pero hace un mes inicié la meditación de la paz y no sé qué pasa, pero me siento mucho más tranquilo. Sigo con dolor adentro, pero cada vez se suaviza más. Se despertó la compasión por mí mismo y por mi esposa. ¡Gracias, Ximena!

RR

Hacer la meditación de la paz es volver a la calma, al sosiego, donde mi mente sale de su rutina del día a día, calla, agradece y disfruta estos momentos de silencio, presencia, tranquilidad y paz.

GG

Con la meditación de la paz he aprendido a estar más presente en mi vida, ahora identifico rápidamente cuando mi mente está en el pasado o en el futuro para disfrutar el instante.

RG

Hoy amanecí con malestar, sentía muchos retorcijones y el estómago me sonaba, me sentía con desespero e intranquilidad. De repente se me vino a la mente realizar la meditación de la paz de IRB y puse como intención sanar mi cuerpo. Mientras estaba haciendo la meditación hubo un momento en que empecé a sentir mucho escalofrío, sentí que las luces se me fueron casi al punto de desmayarme; en ese momento me senté y continué la meditación. Al finalizarla, sentí mi cuerpo liviano y el dolor de estómago se me fue pasando, ahora me siento tranquila.

Quiero agradecerte, Ximena, por poner al alcance de todos esta gran meditación, porque su poder es inimaginable. Desde hoy empezaré a hacerla seguido trece días durante trece meses.

DA

Con la meditación de la paz en IRB siento expansión total, muchísima luz, la frecuencia es bastante alta y mi cuerpo vibra y se siente libre. Salí de mi casa y los vecinos me decían: "Estás botando chispas, ¿por qué brillas tanto?". Exterioricé y contagié amor.

LDD

Me sentí de nuevo en casa, como si de ahí viniera, es asombroso sentir esa paz; hoy me dieron ganas de llorar y sentí que alguien me abrazaba, lloré como niña pequeña. Me siento renovada, viviendo el eterno presente y comprendiendo que la experiencia humana es maravillosa.

BA

Con esta meditación he sentido fluir armonía y equilibrio en mí y en mi entorno. Me he sentido menos estresada. He aplicado otras fórmulas de Mantras (Capas) para situaciones puntuales y

me ha dado buenos resultados. Como dijo 'Xime', "hay que probar". ¡Funciona!

XP

Nunca había meditado y estaba muy reacia a comenzar esta meditación. Un día me vi en un problema económico muy grave y estaba en profundo desespero. Una amiga me insistió en que hiciera la
meditación de la paz a ver qué pasaba, que necesitaba serenarme
para poder crear soluciones. Por la confianza que tengo en ella,
me lancé a hacerla. Fue raro para mí, meditar de pie, sentir vacío,
me sentía rara. Pero cuando terminé había una paz muy profunda
en mí, algo que nunca había sentido. No había pasado media hora
de haberla terminado, cuando recibí una llamada muy importante
de una persona, dándome una solución al problema. No tengo ni
idea de qué pasó, solo sé que a partir de ese momento la hago
todos los días, no solo los trece que indican las instrucciones, el
ambiente en mi casa es otro y creo que ahora fluyo con cualquier
situación; hasta un problema de salud que tenía, desapareció. Aún
no entiendo, pero quiero dar las gracias.

KR

Como profesional de la salud y formado en una corriente absolutamente pragmática y basada en resultados, me atreví a probar
esta meditación en mis pacientes y en mis grupos de estudio y los
resultados que el balance ha generado en todos ellos es altamente
sorprendente. En muchos de ellos ya he podido quitar los fármacos y espero en muy poco tiempo poderlos suprimir del todo.

JG

De algunos talleres

Deseo desde lo más profundo de mi corazón y mi alma darle gracias a Dios por darme la oportunidad, así como a mi empresa y sus directivos, de estar en Koradi, y por haber puesto también a usted, Ximena, en mi camino. Mis días han cambiado, estoy cambiando y practicando lo aprendido, todo está saliendo muy bien, y lo más importante es que con pasión lo practico en mi vida personal, laboral y en mi núcleo familiar; es tanta mi pasión, la fe y la creencia, que veo cambios sobre todo en mi hermana y mi madre. ¡Sí se puede! Pienso estar presente en cada taller mensual y voy a realizar tanto los que me faltan como los que están disponibles en la plataforma.

MCD

Mi querida Ximena: me pones a sentir, ahora trato de no pensar tanto. Hoy solo digo: ¡gracias, Padre, por poner en mi camino personas tan maravillosas! Por igual, el llanto y la risa han sido dos manifestaciones maravillosas de la presencia de Dios en mi vida. También doy gracias porque ustedes me ayudan a cumplir mi propósito de vida mejorando su calidad, para poder influir en la de otras personas siendo fuente de amor, y eso solo lo logramos cuando transformamos el miedo y podemos expresar nuestro máximo potencial que es el Amor.

Hoy es mi cumpleaños, y me siento tan renovada y agradecida que se ha iniciado una nueva etapa en mi vida, llena de Amor, Presencia, Compasión y Sabiduría. Gracias por ser parte de este proceso de transformación. Cada taller es como un cofre que se abre y me brinda nuevas herramientas para cada paso desde la conciencia, en mi vida.

CA

He dormido plácidamente, en un relax absoluto; despierto, y siento que aún no ha concluido, como si hubiese descargado una montaña. Gracias, Xime, equipo, IRB, amigos, este taller acerca de la importancia de meditar ha roto en mí todos los paradigmas existentes acerca de la meditación. Meditar las veinticuatro horas del día, esté despierta o esté dormida, ¡guaff!

CFG

La meditación del Taller de Glándula Pineal fue espectacular; a pesar de ya no estar viendo la llama, permaneció en mi entrecejo todo el tiempo y se iba expandiendo y comprimiendo con una gama de colores maravillosos; en ocasiones se volvía ovalada, su borde dorado y su centro rojo púrpura... y luego, cuando muero, llega una variedad de imágenes. Inicio el día plena de paz, amor, y con un día lleno de luz, con un sol radiante, a pesar de estar lloviendo.

YB

Agradezco infinitamente este maravilloso regalo del universo y sobre todo a Ximena, quien con su amor y la luz de su corazón nos entrega las poderosas herramientas de IRB y, a través de su maestría, amor y luz, nos sincroniza y conecta directamente con la Fuente para hacer de los milagros parte de nuestra cotidianidad, reconociendo nuestra GranDiosidad. Que esto se vuelva cotidiano, y que se haga sin esfuerzo y de manera divertida, es lo que más amo.

CHA

Quiero decirles cómo es que se está transformando mi manera de percibir la compasión; aprendí en mi familia y durante gran parte de mi vida lo de la caridad, no la compasión... Es increíble empezar a ver en el otro la búsqueda de la verdadera Compasión, que lo eleva y me eleva a su magnificencia... ver en el otro lo que estoy buscando-logrando... las palabras son más largas que lo que sucedió... que fue a la vez sencillo y profundo. Quería decirlo, casi que gritarlo... Sí, es cierto; no sabía, ahora sé y lo siento en mí: ¿caridad o compasión? Recién estoy aprendiendo; me enseñaron a dar y en el fondo de mi ser como que me sentía culpable de la pobreza o carencia del otro, la percepción era la de que debía ser el salvador y así actuaba, daba casi que incluso lo que no tenía. Eso es caridad, dar limosna en la calle o en lugares. Compasión es percibir al otro como otro yo, ver su realidad, su esencia divina, y si veo carencia, contribuir para que esa persona encuentre el camino de descubrir su conocimiento de sí, y la acción para lograrlo es valorarlo como a mí mismo, y así, lo que dé sea para facilitar que esa persona crezca por sí misma. Bueno, enseñar a pescar, no dar el pescado... porque ya sentimos al otro un ser como yo en su divinidad. Grandioso este taller de GranDiosidad.

JG

Mi experiencia hoy, al salir del Taller de Comando Garganta: necesitaba llegar pronto al apartamento; en la estación de Transmilenio había mucha gente, demasiada. Pronuncié *Amen Ptah*, y tal cual lo manifesté, apareció la primera ruta; al bajar, pasó la siguiente ruta en las mismas condiciones; llegué rápido, como nunca antes. Es poderosa esta información.

SIPV

Me encuentro con la boca abierta... viendo el cambio de mis compañeros en el Taller del Dinero, y eso solo en la primera semana. En esta semana, sobre todo hoy, las cifras en las que estamos vibrando, ¡wow!, antes no cabían en mi cabeza... y ver cómo ahora no solo caben, sino que se manifiestan con una facilidad impresionante... A mí y a todos los felicito por estos logros tan grandes, que todos vibremos en la frecuencia de la riqueza y la felicidad que nos proporciona IRB con este taller, como dice Ximena: "¡Poderoso!". Y lo mejor es saber que los juegos duran un año y la práctica y los resultados nunca terminan.

FB

Gracias al Taller de Sexualidad la comunicación con mi esposa ha mejorado mucho. Hoy pusimos en práctica el lenguaje de conexión con las canciones... Les cuento que me gusta cocinar, y cuando me siento satisfecho sexualmente mi creatividad florece. Mi energía es la mejor. Mi interés por todo aumenta, mis días son orgásmicos. Mientras preparaba el almuerzo, escuché la canción que ella tiene para indicarme que desea mi energía sexual... sonreí e inmediatamente mi mente, mi cuerpo, mi alma, iniciaron el proceso de preparación... comimos, bailamos y allí dimos rienda suelta a nuestra liberación. Ha sido mejor cada vez. Nuestra respiración, nuestro foco, nuestra compenetración... los ejercicios han sido liberadores y llenos de aprendizaje personal; conocer mi cuerpo es lo mejor, despierta más amor hacia todo lo que me rodea.

FAB

De verdad agradezco su presencia consciente en mi vida, me están acompañando a quitarme un limitante manipulador y eso se siente ¡grandioso! ¡Gracias, Xime, tienes una misión hermosa! Hoy inicié el Taller de Sexualidad y cuando estaba haciendo la meditación ¡wow!, reconocí el poder que tiene mi caja pélvica, sentí la energía condensada en esa zona y le devolví el valor que en algún momento por falsas creencias propias o ajenas le había quitado... ¡Y pues claro!, ahora entiendo por qué es un manipulador.

RR

¡Qué privilegio tan grande el que siento al estar aquí presente, aprendiendo de todos ustedes! He tenido una semana maravillosa de aprendizaje a partir de sus testimonios, de autoconocimiento y placer físico. Yo era una persona que me sentía invisible, que me negaba al placer, no disfrutaba de mis relaciones sexuales, eran dolorosas y lo único que tenía en mente era: "quiero que esto termine ya"... Esta semana ha sido mágica, voy por la calle y veo cómo ahora me miran, me siguen con la mirada, eso me hace sentir la diosa que soy, siento como toda esta energía que en mi caja pélvica está vibrando, he tenido orgasmos explosivos y en ese momento siento cómo mi cuerpo se expande con el Todo, ha sido maravilloso. Gracias por Ser. Los honro y los amo infinitamente.

KB

Acerca de los grupos élite y la plataforma

Las actividades de trabajo en grupo, chats y *YouTube* me están ayudando a salir de mi zona de confort. IRB me renueva la conciencia de que somos seres ilimitados y me da herramientas para usar en mi vida diaria. Una conclusión que he sacado es que mi objetivo no es descubrir la actividad a la que me voy a dedicar, sino descubrir quién soy.

MZ

El ponerme al día en las tareas de los ejercicios y compartirlos con el grupo logra definitivamente mayor interiorización y comprensión de los resultados, mayor acto de conciencia hacia los procesos que estamos viviendo y la sensación de satisfacción por sobreponerme a las circunstancias que a veces dejo que me opriman, y vencer mis propias excusas.

AC

Ximena: escuchar tu voz tan sabia, arruga mi corazón, suelto lágrimas; desde que comencé en IRB reflexiono en mi cambio absoluto, es tener conciencia de mi presencia y certeza de quién soy y qué elijo para mi vida y para cada ser humano que se cruza en mi camino. La riqueza abunda en mi vida y agradezco cada minuto, cada experiencia me enseña a ser GranDiosa y honrar a cada persona que se cruza en mi camino, todo se alinea a la brevedad, la vida se aliviana en su totalidad y amo profundamente de manera infinita. ¡Los amo, Ximena y Roger!

MD

Estar en estos Grupos Élite de cada taller se ha convertido para mí en mi elíxir diario. Tenerte para el grupo por un mes seguido en un chat privado, es realmente un privilegio. Te admiro y te honro; no sé cómo haces para respondernos a todos los que preguntamos constantemente, con tanta sabiduría, paciencia y amor. Con todo lo que haces a diario... y siempre encuentras el espacio para acompañarnos, guiarnos y hacer que cada vez reconozcamos más claramente los seres grandiosos que somos. Tu misión es realmente hermosa y no me canso de agradecerla.

CY

Saber que el taller que adquiero estará de por vida en la plataforma, con mi acceso privado, para poderlo repetir cuantas veces quiero, leer los comentarios de otras personas que lo realizan, poder escribir los míos, es un regalo que nunca antes había tenido. Me enriquece profundamente y me parece muy generoso de su parte. Es como un Grupo Élite permanente. Me siento exclusiva. Cuantas veces he preguntado algo, siempre he obtenido tu respuesta y tu guía. No me canso de darte las gracias. Siempre accesible y humilde. Te admiro mucho.

YM

Sobre el Seminario de Iniciación

La iniciación del gran seminario es como un *Big Bang*. Te lo dije en ese momento durante el seminario porque he visto que mis células cambiaban, pero no me di cuenta de cuánto; "es un reseteo", te dije, "una gran puesta a punto". Pero allí no alcancé a dimensionar la magnitud en 3D... Punto Cero es el *Big Bang* de nuestro Ser, de nuestros universos interiores y exteriores, esos universos que nuestros cinco sentidos pueden captar, y los que los otros sentidos que tenemos alcanzan a recibir también aunque no vean.

EVC

Es definitivo: con IRB no hay imposibles. ¡Gracias, gracias, gracias! ¿Por qué? Por todo y por todos. Es difícil sintetizar todos los logros vividos desde la iniciación. Mi vida cada momento de cada día es reflejo de tanta maravilla. Soy feliz y siento que vivo mi propósito de vida en cada instante y con cada situación, sea del tema que sea. ¡Todo es perfecto! El proceso ha sido hermoso y los resultados son coherentes con eso.

VP

He estado muy juiciosa con el agua, todas las botellas las estamos rellenando como dijiste y poniéndoles mantras... hemos tomado mucha agua. También he estado repasando los Mantras y he hecho la meditación del Campo Punto Cero, la de la Verticalidad y Horizontalidad y la de Compasión. Siento que salí del seminario con unas gafas que me muestran de forma evidente los miedos de las personas, incluyendo los míos, que los estoy transformando de una manera bastante rápida.

MPG

Xime: ¡Gracias por esa experiencia de vida que es el Seminario de Iniciación en IRB! Primero, la frase que más siento acorde con lo que vivencié es: *IRB - Pensar diferente para crear diferente.*

Lo que claramente he podido experimentar estos días, después del seminario, es mejor claridad en mi conciencia y en la manera de valorar las situaciones. Cada día voy repasando conceptos que eran claros, pero que con IRB más que entenderlos los vivo, y ni siquiera puedo explicar esa vivencia con palabras. He estado más reflexiva sobre mis acciones y atreviéndome a desafiar conceptos y creencias que no había querido revaluar. Se me ha facilitado estar sintonizada con el aquí y el ahora en Presencia. Estoy poniendo mi intención en recuperar la sintonía del Amor y en transformar los miedos y ansiedades, hay días que lo logro y otros que no, pero soy más consciente de que cuando entro en esos estados, son cada vez más cortos, menos densos y muchísimo menos frecuentes.

He practicado la meditación del Campo Punto Cero: lo máximo. Mi rencuentro con mi niña interior y el retorno a mi centro son absolutamente inmediatos; visualizo el rayo índigo y estoy activando mi caja pélvica con resultados maravillosos.

CR

Para mí, el Seminario de Iniciación en IRB fue una experiencia maravillosa que me llevó a transformar el miedo en Amor y lo que he logrado es SER diferente, obteniendo más paz, confianza y certeza de que todo lo que ocurre en la vida es una sincronía; estoy siendo más observadora y responsable de mis creaciones, emociones, pensamientos y actitudes.

He practicado el Mantra *Kwan Yin*, que me encanta, y resueno mucho con él, veo resultados muy contundentes a nivel salud. He dedicado mayor tiempo a estar más conmigo misma, practicando mucho el silencio y abstrayéndome del ruido externo.

Los quiero mucho y mil gracias por transformar seres humanos en seres de luz; bendiciones para ustedes y para Koradi.

NB

Desde que me inicié en IRB veo la vida con mucha más conciencia. Es realmente un salto cuántico. La vida parece magia. Basta con pensar en algo para que todo se dé. Hasta los inconvenientes se solucionan de una manera poderosa. Muy rara vez me salgo de mi centro, y si lo hago soy consciente de ello y me regreso de inmediato.

AD

El paso siguiente a la iniciación: Master Mindfulness I

Soy un manantial de lágrimas de felicidad y agradecimiento. Pocas palabras tengo ahora, solo mi ser para reagradecer estar y ser con ustedes. Todo es hermoso y la vida me ha puesto en manos de una mujer índigo que llegó como en un portal sencillo. ¡Gracias, gracias!, la pantalla del celular está inundada del amor que ustedes han desencadenado en mí. ¡Gracias!

JG

Hoy me siento diferente respecto de mi conciencia. Es como cuando uno actualiza el celular o el computador, que lo apaga y luego lo prende con una versión actualizada del *software*. Empiezo a reconocerlo y es como si la conciencia (el vacío) no dejara casi llegar pensamientos al cuenco.

AC

La noche de la segunda iniciación fue mágica. Primero, en la preparación con Nancy, viendo las estrellas, pude ver una rejilla de luz que aparecía y desaparecía, como si estuviera vibrando. Esta rejilla se formaba con las estrellas, como si estuvieran unidas por un filamento de luz. Cuando Xime nos tocó la cabeza, sentí que me había untado aceite, porque empezó a caer por toda mi cabeza. Hoy, por primera vez en muchos años, pude descansar hasta mediodía. He estado con la llorona alborotada y me siento totalmente maravillada con la vida, con mis hijos, mi esposo, mi casa, con poder comer, poder ver. Con todo lo simple, ahora me parece maravilloso. En agradecimiento total. Siento que soy otra, o como si otra persona estuviera dentro de mí, porque volví a la vida, o mejor, creo que desperté y veo todo con otros ojos. Veo lo bendecidos que somos al estar en esta Tierra, en este momento; todo es perfecto. Soy una con Todo, soy Todo. Y por esta razón siento el dolor de las personas, con la misión de llevar luz y compasión a cada ser que elegí encontrarme en esta dimensión para seguir elevando nuestra conciencia como humanidad, poder trascender y estar en otras dimensiones, siempre como ser de luz. Los honro infinitamente. ¡Gracias a todos por estar en servicio y llevar este mensaje! ¡*Namasté*!

MM

Es definitivo que en IRB no hay imposibles. ¡Gracias por todo y por todos! Es difícil sintetizar todos los logros vividos desde la iniciación. Mi vida cada momento de cada día es reflejo de tanta maravilla. Soy feliz y siento que vivo mi propósito de vida en cada instante y con cada situación. ¡Todo es perfecto! El proceso del *Master Mindfulness* ha sido hermoso y los resultados son coherentes con eso.

VP

Somos como una nueva "raza", tranquilos. Solo estamos cambiando uno de los mundos: este. El universo celebra por nuestra conciencia. Somos muchos más que nosotros. Hay una legión no encarnada trabajando juntos. Cuando me viene el síntoma de pecho cerrado, respiro, los busco a ustedes, cierro los ojos —o no—, veo todo lo que somos y me río de mí y de mis miedos. Confieso que es un ejercicio, no me sale espontáneamente aún. Es como que reemplacé la alarma por un sistema de 'monitoreo' que me dice: "Tranquila, eso es miedo, transfórmalo y avanza".

VC

Les comparto que me siento absolutamente agradecida de que sean parte de mi vida, compañeros de Maestría en Conciencia Plena. No logro expresar con palabras todo lo que estoy sintiendo, todo lo que significó para mí cada experiencia que compartimos en nuestra graduación, y el cierre fue grandioso: la segunda iniciación. ¡Gracias, Xime!, de solo pensarlo brotan las lágrimas de amor y alegría. Ayer, a pesar del cansancio físico, elegí pasar el día con una persona que significa mucho para mí, esa persona es mi madre, una mujer GranDiosa, maravillosa, la miraba y veía toda su luz, su amor, y agradecía inmensamente ese momento... Luego de nuestra segunda iniciación, siento dentro de mí un gran vacío, un silencio absoluto, amor infinito por todos y por todo, siento cómo mi corazón está palpitando más fuerte, quiero abrazar a todo el mundo, soy una persona que acciona todo el tiempo, pero hoy siento que la inacción es la mejor acción, deseo estar en silencio, me siento lista para servir al mundo. Maestros: nuestra misión de vida apenas comienza; ¡gracias a todo el *staff* de Koradi!, ¡los amo infinitamente, gracias!

KI

La magia del retiro de iniciados

Hoy amanecí con absoluta gratitud por este fin de semana mágico, en absoluto amor, felicidad, expansión. Cada retiro es grandioso y no existen palabras para describir lo que se siente por la infinidad de experiencias sentidas e interiorizadas en unión, desde el alma, con seres maravillosos como todo el equipo de Koradi y cada uno de mis compañeros, que son mi familia, a los cuales amo y honro infinitamente, porque siento que de verdad hay una unión verdadera. Solo hay amor, no hay imposibles. Ya quiero volver a verlos. Un abrazo desde el fondo de mi corazón.

AEN

¡Gracias! Estoy en un estado, en una frecuencia, que sencillamente cualquier ser que allí llegase compartiría, no hay cómo describirla, tienes que tomar acción y vivirla, es sencillamente algo que considero todos deberían atreverse a otorgárselo, vivirlo, experimentarlo, les aseguro que jamás desearán conformarse a quedarse en lo que hasta ahora hemos logrado.

CM

Solo puedo decir: ¡gracias!, la experiencia de este fin de semana fue GranDiosa, me siento conmovida aún por todo lo vivido y feliz por haber sido capaz de manifestar este encuentro, en el que la entrega auténtica y espontánea hizo que fuéramos un solo ser. Los siento en mi corazón y los amo. A todos, los honro y envío un fuerte abrazo por hacer de este un hito en nuestra vida.

CM

Hoy amanecí como un payaso, sonriendo a todo, disfrutando el frío y todo lo que me rodea. En el retiro pude reiterar que cuando tomo la decisión de separarme de la disciplina en meditación y ejercicios, pierdo expansión y mi conexión se nubla, es como un *carwash*. En este caso, es *human wash*: el lavadero, Koradi, el agua es IRB. Y quedé viendo lucecitas en mi entorno como luciérnagas.

Familia: ¡gracias infinitas por amarme y aceptarme con toda mi esencia!

FAB

El retiro para mí es ese escenario perfecto para lanzarnos al vacío y poder realmente expandirnos.

AHC

Aplicando toda la información de IRB

Xime: he sentido una paz y una armonía infinitas practicando el *Sharanagati*. Desde que estuve en la Sincronización Cuántica contigo mis pensamientos tienen un efecto 'autocorrector', como el de un chat, y en su mayoría han sido reeditados o cambiados. Es maravilloso, pues aunque pueda haber uno que otro pensamiento pesimista o no tan agradable, llega, de inmediato, otro más sutil, más amable, más amoroso, y casi que la 'carrera' entre los pensamientos y las ideas locas de la mente van siendo un triunfo para los nuevos propósitos, para la energía amorosa y mágica con la cual hemos nacido y que nos costó reconocer que así es. ¡De tu libro ni hablar, maravilloso!, y lo mejor es que tuve el honor de oír la narración anticipada de este por parte tuya.

IRB nos está quitando los velos y máscaras que nos habíamos puesto antes de entender que la vida es un juego para disfrutar de una manera loca y amorosa.

JE

Para mí IRB es una herramienta que por primera vez está al servicio de la humanidad para ser usada de forma consciente, me ayuda a equilibrar fácilmente los diferentes aspectos de mi vida y así lograr la felicidad infinita, activamos mecanismos que usamos permanentemente de forma responsable y nos permite trascender todos los bloqueos y limitaciones conscientes e inconscientes.

NSBA

Quiero compartirles mi experiencia del 'webinario', y lo que ha sido esta información para mí. Sin duda, cada vez que me conecto con ella algo sucede, algo poderoso y lindo. Siento que el universo quiere que me acerque a IRB... y aquí estoy, ¡es un gran regalo! Una noche empecé a pensar en lo que había visto en el Taller de Comando Corona y no recordaba el nombre del canal que tenemos en la parte superior de la cabeza... dije: *Phowa* y ¡pum!, llegó clarísimo el nombre: *Antakarana*, y empecé a sentir la energía allí arriba... Fue lindo y lo agradecí en ese momento. Luego me conecté con la información de un audio de Xime que llegó perfecto con las charlas que estoy dando... El ejercicio del espiral... Y bueno, es magia... magia que me alegra poder entregar a otros de alguna manera... Y el Mantra *Kadosh* el jueves fue grandioso, todo el mundo conectado conmigo, fluyó perfecto. Ese día también sentía miedo porque debía manejar un poco lejos y el tráfico aquí me genera sentimientos de angustia, temor de estrellarme, etc. Ese día iba manejando y no me acordaba de cómo se pronunciaba YHVH... rápido busqué en el chat... lo vi y empecé a decirlo... sentí paz, tranquilidad, el miedo se fue... sentí en algún momento Amor en mi corazón, Amor del universo hacia mí... ¡Fue muy lindo! Solo hay agradecimiento y, bueno... disciplina... acción. ¡Gracias infinitas!

HT

Hola Xime, desde que comencé a escucharte he compartido con mi familia y mis amigos tus audios de *SounCloud* y los videos de *YouTube*. La verdad es que a las personas con las que lo he hecho les ha encantado y te siguen escuchando. Resulta que ayer una amiga quiso compartir esto también, en especial por los niños índigo; recordó que una compañera en su extrabajo le contaba cosas de su niña y pues ella pensó que la charla acerca de los niños índigo le iba a servir un montón, y así fue. La mamá está realmente emocionada porque dice que por fin encontró algo de su hija con lo cual identificarse. Además, comenzó a seguirte en *Facebook*. Está muy agradecida porque dice que alguien pensó en ella. La mamá de la niña le preguntó a mi amiga que cómo hace para incluir a su hija en este conocimiento. Yo le dije que por el *hashtag* #Ximenaresponde y *Facebook* podía preguntarte, y obvio, a través de tus maravillosas consultas personalizadas.

NZ

IRB como proyecto de vida

IRB me ha dado las herramientas para transformar esos miedos que no me permitían creer en mí, en esa GranDiosidad del ser humano, y de esa Divinidad que hay dentro de mí, que me permite ser creador de todo lo imaginable en esta 3D, y de poder tomar conciencia del camino hacia la iluminación.

Los cambios que he logrado me han permitido llevar una vida más feliz y con más conciencia, haciendo que me ame primero para poder amar y aceptar a las personas tal y como son, aceptar que la Verdad es una sola, que lo que cambia es la forma en que la veamos, de soltar el control, y un poco el desapego; este cuesta, es todo un proceso.

JVS

IRB me ha dado herramientas que me han ayudado a ver la vida diferente, sobre todo a encontrarme conmigo misma, a aceptarme, a conocerme, a superarme, a saber quién soy, qué quiero en mi vida y cómo lo puedo lograr.

JB

Cuando decidí comenzar el cambio en IRB simplemente supe que este era el camino. Fue un imán para mí, más allá de toda razón y explicación. IRB me llamó y yo a ella. Durante diez años estudié, aprendí, me convertí en maestra de varias técnicas de sanación y en facilitadora de otras tantas disciplinas de armonización y equilibrio. Siempre que estamos listos para dar un paso más en la evolución, llega cómo hacerlo. A todos nos llega un próximo peldaño, un paso más de evolución, y yo lo encontré en IRB. Pero en este caso no es un peldaño, IRB es una autopista cósmica

por donde circula información, luz divina que nos pertenece a cada uno, a todos, por eso nos "llega". Nuestra misión:
desconectar el piloto automático.

Simplemente IRB es lo que yo siempre sentí, que somos libertad
pura. Nada qué sanar, nada qué perdonar. No quería cambiar nada,
simplemente encontré 'afuera' lo que sabía. Conecté con esta otra
yo. Somos perfectos, podemos tenerlo todo, todo está dado para
cada uno, somos tesoro puro, muy pocas entidades hoy tienen el
coraje de reconocérselo a la gente (hasta donde yo conozco es
IRB). Recuerdo haber pensado todo esto a mis 12 años ya, lo sabía,
pero ¡claro!, con 10 o 12 años, y con poca confianza y mucha fantasía, ¿a quién se lo iba a decir?, ¿cómo les iba a comentar que yo
hablaba con el universo y nos comunicábamos? IRB Es mi espejo.
Está en mi campo. IRB es mi cómplice universal. Yo soy IRB. IRB vive
en mí. Somos una.

VC

Siento que IRB me da herramientas, que estas funcionan y, principalmente, que "todo es perfecto", he tenido mayor conciencia y
consecuentemente tranquilidad y aceptación. Siento además que
somos una gran familia y eso lo valoro mucho.

Realmente, cuando tomé la decisión de entrar a IRB, me vibró;
sobre todo, transformar mis miedos.

PP

IRB me brinda confianza, perseverancia, y me ha permitido
comprender para qué estoy viviendo esta experiencia presente
en la Tierra.

SP

Cuando somos paz, creamos paz, e IRB llega para amplificarla, multiplicarla desde conceptos revolucionarios. Por ejemplo, "no hay nada que sanar" en un mundo donde la medicina masiva empareja en vez de prevenir, donde las terapias alternativas nuevas tienen tantos ritos y creencias como las viejas, en el que se busca la solución afuera de sí. Un día... estuvimos listos/as para IRB y su osadía. "Nada que sanar, eres suficiente, eres dios/a". En la Edad Media, por mucho menos nos hubiesen quemado inmediatamente. Hoy nos animamos a "subvertir" el *statu* quo para instalar un círculo virtuoso animándonos a reconocer nuestro poder. Y entonces, pensamos que cosas como estas nos son ajenas, así como pensamos que nos son ajenas las guerras lejanas.

EC

* * *

De cada taller, de cada meditación, de cada #XimenaResponde, de cada audio, de cada video, de cada herramienta, llegan y llegan y no paran de llegar un sinfín de testimonios, con los cuales podríamos editar un copioso volumen. Sin embargo, la finalidad de este capítulo no es darle a conocer, amable lector o lectora, todo lo que sucede con cada persona que decide sintonizarse en la poderosa frecuencia de IRB, sino más bien inspirarlo a que tome acción en su vida y comience por lo que en su corazón resuene, pero ¡comience! ES EL MOMENTO de reconocer quién Es, de retornar a su origen, de escuchar la Verdad latente en su ADN, de actuar y crear como el GranDios que es y salir de todas las manipulaciones autoimpuestas que solo habrán estado presentes hasta que dé el paso y se reconozca.

Vaya a www.ximenaduquevalencia.com, entérese de mucho más y manténgase actualizado dentro de una comunidad que solo tiene la finalidad de acompañarlo en el camino que inicia, en el que luego sigue y en el que al final se convierte. Y si desea profundizar más acerca de cualquiera de los productos de IRB, por favor diríjase a este enlace: http://bit.ly/Productos_XDV_IRB

Vivo dispuesta siempre en Amor y Servicio para que cruce la frontera de sí mismo. ¡Bienvenido a la existencia!

¡Namasté!

Glosario

3D. ABREVIACIÓN DE TERCERA DIMENSIÓN. La tercera dimensión ha hospedado a la vida humana durante siglos. La energía tridimensional humana tiene una voz, lo cual significa que tiene un lenguaje y este hace viable la dualidad porque fomenta la definición, el intelecto que define cada cosa. Definir cosas significa tratar de entender con la mente lo que siente el corazón, es minimizar la esencia en palabras e intentar elegir entre las polaridades de los opuestos, esenciales para la sociedad, de yin/yang, arriba/abajo, adelante/atrás, grueso/delgado.

ADAM KADMON. El Hombre arquetipo; la Humanidad. El 'Hombre celeste' no caído en el pecado. Los cabalistas lo relacionan con los diez *Sephiroth* en el plano de la percepción humana. En la *Kabbalah*, Adam Kadmon es el Logos manifestado. Es el primer ejemplar, el hombre *ideal*, y simboliza la 'Luz del Mundo'.

AMRITA. Palabra sánscrita que literalmente significa 'sin muerte'; es el nombre que recibe el néctar de los dioses, o ambrosía.

ANTAKARANA. Es un símbolo antiquísimo de sanación y meditación que ha sido usado en el Tíbet y la China durante miles de años, al que se le ha adjudicado un poder energético muy grande. Es también la parte de la anatomía espiritual que conecta el cerebro físico y el Yo Superior para la unión del Yo Infinito. Es esta conexión la que debe desarrollarse para poder crecer espiritualmente. Es el puente a la multidimensionalidad.

ÁTMICA. La conciencia átmica, que impregna a todo ser vivien-te, es llamada también *brahman*. Cuando está individualizada se le llama conciencia, y el hinduismo se ha referido a ella como *Jiva*. Cuando la conciencia átmica está encerrada en un cuerpo, se convierte en un individuo. El individuo, el *atma* y la conciencia son uno y lo mismo.

Las personas pensamos que somos diferentes por-que nos han impuesto diferentes nombres. Si quitamos los nombres, únicamente queda la conciencia. Hay una sola conciencia átmica en todas las personas, solo que asume distintas formas.

AVATAR. Es la encarnación terrestre de un dios. Esta pa-labra también se utiliza para referirse a maestros muy influyentes, que marcan historia en nuestro planeta.

BARDO. Término tibetano que significa literalmente 'estado in-termedio' o 'estado de transición'. Cuando pasamos de una vida a otra, después de desencarnar nos quedamos en el bardo por un tiempo, mientras elegimos la experiencia siguiente. Es el espacio 'vacío' entre pensamiento y pensamiento, entre palabra y palabra, entre sensación y sensación; es la quietud que antecede y sucede a cada acción; es el espacio donde habita la Sabiduría, plena de información sin interferencia.

BLUEPRINT. Plano Azul Original. Es el holograma espiritual de Dios. Es la trama de pautas energéticas inseparables, la huella Di-vina manifestada en cada ser. David Bohm la define como el orden plegado implícito que existe en estado no manifiesto y que cons-tituye la base sobre la cual descansa toda realidad manifiesta.

CUÁNTICO. En su significado más esencial, es cualquier can-tidad entera o semientera que identifica total o parcialmente el estado de un sistema físico, como un átomo, un núcleo atómico o una partícula elemental. Cuando hablamos de física cuántica nos referimos a la ciencia que estudia los fenómenos desde el punto de vista de la totalidad de las posibilidades; analiza aquello que no se ve y explica los fenómenos desde lo no visible. Contempla lo no medible, las tendencias, por ejemplo la no localidad y el indeterminismo de las partículas. En ese campo de lo no medible estamos los seres humanos, que somos parte de esa cuántica. Pertenecemos al universo. Estamos hechos de átomos con infinitas posibilidades.

Como se menciona en este libro, el vacío es un concepto, una idea; el vacío en sí no existe. La materia no es estática, ni predecible. El átomo no es una realidad terminada y permanente, es mucho más maleable de lo que el ser humano cree. El 'vacío' es meramente conceptual y representa todas las posibilidades. Dentro de los átomos y las moléculas la materia ocupa tan solo un lugar.

CUBO METATRÓNICO. Es un acelerador cuántico que despierta leyes eléctricas de dimensiones superiores y por lo tanto procesos de transmutación y cura. En geometría sagrada es la 'Fruta de la Vida', un componente de la 'Flor de la Vida'. Está compuesto de trece círculos. Si cada círculo se considera un 'nodo' y se conecta con el siguiente mediante una única línea recta, un total de setenta y ocho líneas resultan creadas. Así, el cubo de Metatrón es un cuerpo geométrico directamente obtenido de la Fruta de la Vida; dentro del cubo se pueden encontrar otros cuerpos, como los dos modelos dimensionales de los cinco sólidos platónicos. El cubo de Metatrón se considera también un glifo sagrado y en la vieja energía se utilizaba para dibujarlo alrededor de un objeto o persona con la finalidad de protegerlos de los demonios y los poderes satánicos.

CHAMANES. Son personas a quienes se les atribuye la capacidad de modificar la realidad o la percepción colectiva de esta, de manera que no responden a una lógica causal. Esto se puede expresar finalmente, por ejemplo, en la facultad de curar, de comunicarse con los espíritus y de presentar habilidades visionarias y adivinatorias. Son generalmente los sabios o los ancianos de una tribu, que portan las tradiciones ancestrales de su especie.

CHEMTRAIL. Es un fenómeno consistente en estelas de condensación que aparecen en el cielo, diferentes a las dejadas por un avión, compuestas por productos químicos para causar algún tipo de daño a la población. El término *chemtrail* es una abreviación del inglés *chemical trail*, que traducido literalmente significa 'estela química'.

DIOS. Es la palabra que se le ha asignado a un Ser supremo al que las religiones monoteístas consideran el creador del universo. Se trata de una deidad a la que diversas religiones rinden culto y alaban. Este vocablo proviene del concepto latino *deus* y se escribe con mayúscula inicial cuando se refiere a la mencionada idea de Ser supremo en religiones como el cristianismo, el judaísmo y el islamismo, entre otras. En este libro usamos dicho término para definir al ser humano como una partícula Divina que proviene de la esencia suprema que no está separada.

ÉLITES DE PODER. Son grupos de seres que conforman sociedades secretas, ocultas, desde donde ejercen el control mundial residente en unos cuantos magnates o personajes poderosos de las esferas económicas, políticas y de la realeza mundial, los cuales desde siempre han controlado a la humanidad ejerciendo el poder. Estas sociedades ocultas de élite son llamadas también *illuminati*. David Icke habla ampliamente de este concepto en sus más de veinte exitosos libros.

EL LIBRO DEL CONOCIMIENTO: LAS CLAVES DE ENOC®. Es un 'libro-código' parafísico, un texto sobre experiencia de conciencia superior que explica cómo es que la raza humana está conectada con una estructura evolutiva superior de inteligencia universal más avanzada. El vínculo se establece por medio de sesenta y cuatro áreas de ciencia futura, el fundamento de un estudio actual que es parte de un programa continuo de desarrollo humano cubriendo un amplio espectro de confirmaciones científicas independientes. La sinopsis describe cómo *El Libro del Conocimiento: las Claves de Enoc®* nos prepara para el cambio paradigmático que afectará todos los aspectos en las dimensiones sociales, psicológicas y espirituales de la vida.

ENERGÍA KUNDALINI. A la energía Kundalini también se le conoce como el poder de la serpiente, que es un portal hacia la elevación de la conciencia. Nace del centro energético localizado en la base de la columna vertebral y cuando se despierta sube, como una serpiente, por todos los centros energéticos del cuerpo, produciendo cambios en el ser que promueven la evolución espiritual. Cuando la energía Kundalini llega a la parte superior de la cabeza, la coronilla, se produce una experiencia mística única, que algunos han descrito como un estado de trance profundo en el cual la conexión con el mundo espiritual se hace evidente.

EONES. Es una medida de tiempo en la escala geológica. Básicamente expresa un largo período, generalmente mucho más largo que una era.

FISICALIDAD. Por lo general pensamos el conocimiento como lo relacionado con hechos; a su vez, como algo basado en una realidad física e independiente. En consecuencia, es natural para nosotros decir, por ejemplo, que cuando vemos algo rojo, hay una base física para tal declaración, de modo que existe algún hecho físico de la materia que hace que una manzana sea roja y no azul. Ciertamente, si no pensáramos en las cosas de esta manera, nos sería difícil decir algo sobre cualquier cosa. La fisicalidad nos proporciona un sustrato sobre el cual basar nuestras interpretaciones. Es, como diría Kant, una condición necesaria para posibilitar la percepción. La fisicalidad nos ofrece, además, un medio de clasificar entre las que podrían ser llamadas interpretaciones 'correctas' y 'percepciones erróneas', entre la realidad y el espejismo. Aunque su traducción literal no está aprobada por la Real Academia Española, es utilizada en filosofía para referirse a la cualidad de físico —tangible—. Puede verse más al respecto en http://reaprender.org/blog/2012/01/07/introduccion-al-conocimiento-conectivo-fisicalidad/#sthash.tdLkZ2Bl.dpuf

GEMATRÍA. Es un método de desciframiento e interpretación de la Torá basado en la asignación de números a las letras hebraicas; altera el orden de estas en una palabra, ya que cada carácter hebreo tiene un valor numérico. Cuando la suma de los números de los caracteres que componen una palabra da el mismo resultado que la suma de los caracteres de otra palabra, que no es la misma, se percibe una analogía entre ellas y se considera que tienen una conexión entre sí. La palabra 'gematría' se convierte en 'geometría de la palabra'. En el judaísmo se le llama a esta interpretación, por medio del sistema numérico, 'el postre de la sabiduría'.

HOLÓN. Algo que es a la vez un todo y una parte. Según Arthur Koestler, en su libro *El espíritu de la bóveda*, el holón es un sistema o fenómeno que es un todo en sí mismo, así como parte de un sistema mayor. Cada sistema puede considerarse un holón, ya sea una partícula subatómica o un planeta. En un ámbito no físico, las palabras, ideas, sonidos, emociones y todo lo que puede identificarse es a la vez parte de algo y además puede verse como algo que a su vez tiene partes. Según el filósofo norteamericano Ken Wilber, a partir de la idea de que el cosmos está compuesto de holones —totalidades/partes—, descubrir lo que comparten los holones puede ayudarnos a ver lo que tiene en común la evolución en todos sus dominios: físico, biológico, psicológico, espiritual, etc., así como las pautas que ellos tienen en común.

KARMA. La palabra 'karma' significa 'acción' y se refiere principalmente a las acciones físicas, verbales y mentales. Cada acción deja una huella o impresión que con el tiempo produce sus correspondientes resultados. Comparable a un campo de siembra, las acciones cometidas son como las semillas que en él se plantan. Las acciones virtuosas son las semillas de la felicidad futura, y las perjudiciales, las del sufrimiento. Estas semillas producen su efecto cuando se reúnen las condiciones necesarias para su germinación. Además, desde que se realiza la acción original, hasta que maduran sus consecuencias, pueden transcurrir varias vidas en lo que se ha considerado tiempo lineal.

KRYON. En el primer libro canalizado por Lee Carroll, *Libro I. Los tiempos finales*, se nos explica que Kryon es enviado por un grupo de maestros extrafísicos que conocemos como "La Hermandad". Kryon y su grupo 'llegaron' a la Tierra en 1989 para la Convergencia Armónica, cuando se realizó una medición de la energía y del potencial futuro de la humanidad. Como los resultados fueron positivos, el grupo de Kryon vino a modificar la rejilla magnética del planeta para apoyarnos a los humanos en nuestro camino hacia la iluminación. Es un ser del servicio magnético y su entidad es de servicio; nunca ha sido humano, por lo tanto, no es un maestro ascendido. Más que un Ser, es una conciencia de Seres que transmiten el concepto de unidad y totalidad.

LADY GAIA. Para los griegos es la personificación de la Tierra. Es la gran madre, la primitiva Diosa Madre griega, creadora y dadora de la luz a la Tierra y todo el universo; los dioses celestiales, los titanes y los gigantes nacen de su unión con Urano —el cielo—. Su equivalente en el panteón romano es *Terra*. Y en la nueva energía es la esencia sagrada del planeta, la diosa viva que está en la Tierra; personifica el planeta como instrumento de evolución de la raza humana actual.

LA DOCTRINA SECRETA. Es un libro, o mejor, una colección de varios tomos que sintetizan la ciencia, la religión y la filosofía. Es una de las principales obras de Helena Blavatsky y habla sobre el pensamiento científico, filosófico y religioso. La obra original fue publicada en 1888. Uno de sus volúmenes trata la cosmogénesis y está compuesto principalmente de estudios sobre la evolución del universo, mientras que el segundo se dedica a la antropogénesis. Los dos volúmenes presentan un resumen de la teosofía, movimiento que ayudó a fundar Blavatsky y que fue dirigido por Osho durante más de veinte años. Un tercer volumen ha sido publicado por la Sociedad Teosófica después de la muerte de Blavatsky y se compone de una colección de artículos suyos. Los títulos de los seis volúmenes son: *Cosmogénesis; Simbolismo arcaico universal; Antropogénesis; El simbolismo arcaico de las religiones, del mundo y de la ciencia; Ciencia, religión y filosofía; Objeto de los misterios y práctica de la filosofía oculta.*

LLAMA TRINA. La llama trina, o chispa Divina, es la semilla de lo Divino dentro del ser humano. Es la semilla del Cristo interno y del Buda interno. La llama trina se representa en el centro energético o *chakra* del corazón, encarnando las mismas cualidades de amor, sabiduría y poder que se manifiestan en la Divinidad, en el corazón de la Presencia —Yo Soy— y en el corazón del Ser Superior. Esta chispa Divina es el pasaporte a la inmortalidad.

MERKABAH. El *Merkabah* es un vehículo interdimensional representado en forma isométrica, compuesto por tres tetraedros estrella superpuestos uno sobre otro, pero que al observarlos o dibujarlos se ven como si fuese uno solo. Cada uno de los tres está compuesto de dos tetraedros simples, uno que apunta hacia arriba y es masculino: tetraedro Sol, y otro que apunta hacia abajo y es femenino: tetraedro Tierra. A su vez, cada uno de los tetraedros estrella tiene una clasificación y una dirección de movimiento. El primero gira en dirección de los punteros del reloj y es femenino; el segundo gira en contra de los punteros del reloj y es masculino. El tercero es neutro y no gira, se mantiene detenido. Es un concepto que trajo Drunvalo Melchizedek y asentó como información concreta de evolución a esta dimensión.

MERKANA. El *Merkabah* está siendo reemplazado en la Era Cristalina con el objetivo de evolucionar hacia el *Merkana* cristalino para una mayor capacidad de integración de luz. Un mayor influjo de luz tiene lugar en este momento en el planeta y esta luz es coherente y cristalina por naturaleza. Tal es la naturaleza de las dimensiones superiores, que es naturaleza verdadera. Entonces, a medida que la luz cristalina se incrementa y la energía se expande, también lo hace el vehículo de ascensión hacia un icosaedro estrellado de veinte puntas.

NAMASTÉ. Los orígenes de la palabra *namasté* son muy remotos, ya que proviene de la ancestral cultura hindú. Uno de los tantos idiomas que se hablan en la India es el sánscrito, el cual, como ya vimos en este libro, es una de las lenguas sagradas que nos abre la conexión a la información infinita del Absoluto. Los hindúes utilizan la expresión *namasté* como forma de saludo y despedida, así como para dar gracias, para pedir, o como muestra de respeto generalmente acompañándola con el gesto o mudra de juntar las palmas de las manos en forma de oración, colocándolas en el centro del pecho.

Namasté es palabra compuesta: *namas* significa 'saludo' o 'reverencia', y proviene etimológicamente de *nam*, que quiere decir 'postrarse' o 'inclinarse'; por su parte, el sufijo *té* es un pronombre personal, bastante parecido al equivalente en español, por cierto, que significa 'a ti'. Por eso, los significados más hermosos que podemos darle a esta mágica palabra es: 'la Divinidad en mí, honra la Divinidad en ti', 'honro el lugar en ti donde el universo entero reside', 'honro la Luz, el Amor, la Verdad, la Belleza y la Paz dentro de ti que también están dentro de mí, porque somos Unidad, somos lo mismo, Somos Uno'. A partir de ahora, querido lector, cuando escuche o pronuncie el vocablo *namasté*, recuerde que estará participando conscientemente en el proceso de evolución espiritual que esta palabra tan especial busca estimular en nuestro interior.

NIÑOS ÍNDIGO. Un niño índigo manifiesta características físicas, emocionales y psíquicas diferentes y especiales respecto de lo que se considera un niño 'normal'. Catalogado y medicado en muchas ocasiones como niño hiperactivo, la realidad es que sus capacidades extrasensoriales y telekinésicas suelen revelar un patrón de comportamiento por lo general poco documentado. Este patrón tiene unos factores únicos y singulares que obligan a los padres a cambiar su manera de tratar y de criar a estos niños, a fin de ayudarlos a conseguir el equilibrio y la armonía en su vida, así como a evitar la frustración. Sin duda estos niños representan un porcentaje elevado de los que nacen actualmente en el mundo. Nacen 'sabiendo' quiénes son y cuál es su misión, por eso debemos reconocerlos, respetarlos por sus cualidades excepcionales y orientarlos desde el amor y no desde el control. Estos niños nos muestran la evolución humana; son más inteligentes que muchos adultos a su edad; vienen a romper los sistemas obsoletos y los paradigmas limitantes. A través de IRB podemos, como adultos, ascender a su frecuencia.

OVNI. Objeto volador no identificado.

RAYO ÍNDIGO. Es la luz que tiene que ver con la conciencia de los niños índigo y con la formación de la Tierra. Cuando el Rayo Índigo entra en balance en la totalidad de nuestro ser, nos permite desaprender para liberarnos de las barreras de las normas, del 'no puedo', de los miedos; despertar del trance hipnótico del holograma que nos han impuesto para desde la conciencia construir el holograma en el que queremos seguir viviendo, desde el recordar al ciento por ciento quiénes somos realmente en nuestra verdadera magnitud e infinidad y para qué fuimos creados. Es el que contiene en sí las verdades más ocultas sobre el universo, la naturaleza de Dios y el destino átmico, entre otras cosas; el que nos permite develar las claves ocultas, capaces de otorgar gran poder y sabiduría. Proclama los grandes secretos a toda la humanidad y su voz resuena para aquellos que se dispongan a escucharlo. El Rayo Índigo contenido dentro de IRB —Indigo Ray Balancing— activa la intuición que sabe, desde el corazón, tomar decisiones espontáneas conducentes a la libertad, abarcándolo todo y no identificándose con nada, solo en perspectiva de unidad, moviéndose con el flujo de la Sabiduría. Es un modo de ser y de saber que el lenguaje es incapaz de expresar. Es abarcar los opuestos para, desde el centro, desde la neutralidad, simplemente Amar.

RAZA. Son las etapas por las que pasa una especie a lo largo de su historia. Es preciso señalar, no obstante, que cuando en este libro nos referimos al término 'raza' no se corresponde con nuestro concepto habitual de discriminación racial, ni de alteraciones genéticas, hibridaciones o mestizajes, sino más bien con la expresión 'razas raíz', especificadas por H. P. Blavatsky de la siguiente manera:

La primera raza raíz fue la protoplasmática, individuos totalmente despiertos, Divinos, con cuerpos etéricos; ellos habrían vivido en el antiguo continente de Thule, que se localizó donde actualmente se encuentra el Polo Norte. La segunda raza raíz era la hiperbórea, habitantes originales de Europa. La tercera raza raíz estaba constituida por los habitantes del continente denominado Lemuria, también conocido como Mu; esta raza habría sido aquella en la cual se materializó por completo el hombre. La cuarta raza raíz era la de los habitantes de Atlántida, otro hipotético continente perdido por antonomasia; de elevada estatura, estaban divididos en dos sexos y su avanzada civilización habría dado origen a las conocidas por nosotros. La quinta raza raíz es la humanidad actual, subdividida en las razas humanas que conocemos. La sexta y séptima razas raíces representan estados avanzados de la actual raza raíz, más etéreas, y sus primeras manifestaciones se encuentran en los niños índigo.

RAZA CRÍSTICA. Se refiere a la Raza Adámica, la raza evolucionada en su máxima perfección del Adam Kadmon.

RAZA KORADI. La *séptima raza*, a la que pertenecen los niños índigo, que vienen a transformar el ego, activar lo cristalino y transparente, lograr el balance entre la vieja y la nueva energía.

REGISTROS AKÁSHICOS. Constituyen la memoria universal de la existencia, un espacio multidimensional donde se archivan todas las experiencias del alma, incluyendo los conocimientos y las experiencias de las vidas pasadas, la vida presente y las potencialidades futuras. Este sistema energético contiene todas las potencialidades que el Ser como manifestación espiritual posee, para su evolución en esta vida y su verdadera razón de existir. Dichos registros existen para el plano individual, planetario y universal, con diferentes frecuencias vibratorias. En Egipto se conocen como las *Tablas de Thoth*, en la Biblia como *Libro de la vida*, en el islam como *Tabla Eterna* y en los mayas como el banco *Psi*. El adjetivo *akáshico* proviene de *akaśa*, un término existente en el antiguo idioma sánscrito de la India, cuyo significado es éter, espacio o energía cósmica que penetra en todo el universo, y es el peculiar vehículo que transporta el sonido, la luz y la vida.

RUEDA DEL SAMSARA. Se refiere al concepto de reencarnación en las tradiciones filosóficas de la India, como el hinduismo, el budismo y el jainismo. Se corresponde con el sufrimiento, propio del mundo material, en el que los humanos son los únicos seres reencarnados capaces de distanciarse, mediante la *liberación* y, posteriormente, de separarse, por medio de la iluminación o nirvana. El tiempo necesario para escapar del *samsara* depende de la dedicación a las prácticas espirituales y del karma acumulado desde vidas anteriores.

SEFIROT. Según la Cábala, las *sefirot* —'numeraciones' en idioma hebreo, plural de *sefirá*— son las diez emanaciones de Dios a través de las cuales se creó el mundo. De acuerdo con la tradición cabalística, Yahvéh contrajo su luz infinita en lo que se llama en hebreo *tsimtsum* y creó cada una de estas sefirot.

TAMERA. Tamera es un centro de investigación para la paz, fundado en 1995 en una finca de ciento cincuenta hectáreas cerca de Colos —Portugal—, donde viven y estudian alrededor de ciento sesenta personas, algunas en régimen permanente y otras de forma temporal. En este centro de investigación se desarrollan proyectos de estudio en los ámbitos social, político, tecnológico, ecológico y arquitectónico, entendidos como parte de un todo, cuyo principal objetivo es 'educar para la paz'.

TETRAGRAMATÓN. Representa el nombre sagrado de Dios, que está contenido dentro del Mantra 12 de IRB, uno de los tres que activa el cuarto Comando Nuclear. Dicho nombre, en hebreo, se representa en caracteres cuadrados por cuatro letras que en español equivalen a YHWH, y leído de derecha a izquierda se traduce en muchas religiones como Jehová, Yavéh o Yaweh. Podríamos traducirlo también como 'Llegar a ser', 'La causa de que llegue a ser', 'El existente', o 'El que soy'. Esto implica el cumplimiento de un propósito definido para el bien de la humanidad. Por eso se lo llama "el Dios de toda la tierra", no solo de Israel —véase Génesis 17:1—. Este símbolo en hebreo se ve así:

Para los esotéricos expresa la dominación del espíritu sobre los elementos de la naturaleza: fuego, aire, agua y tierra, y se representa como una estrella flamígera de cinco puntas:

THOTH. Se dice que fue un rey-sacerdote atlante, quien fundó una colonia en el Antiguo Egipto después del hundimiento de la madre patria, y construyó la gran pirámide de Giza, que históricamente se le ha atribuido a Keops. En esta pirámide incorporó su conocimiento de la antigua sabiduría y resguardó registros e instrumentos de la Atlántida. Durante unos dieciséis mil años gobernó la antigua raza de Egipto. En ese tiempo la antigua raza bárbara, entre la cual él y sus seguidores se habían establecido, había sido elevada a un alto grado de civilización. Thoth era un inmortal, es decir, había conquistado la muerte. Su vasta sabiduría lo hizo gobernar sobre las varias colonias atlantes, incluyendo las de América del Sur y Centroamérica. Cuando llegó el tiempo de que dejara Egipto, creó la gran pirámide en la entrada de los Grandes Salones de Amenti, donde puso sus registros y los guardó secretamente con guardianes que eligió entre lo más elevado de su gente.

VIDAS PARALELAS. Las vidas paralelas son un fenómeno que se ha comenzado a estudiar gracias a los relatos e historias de pacientes que han experimentado terapias de regresión, y de Sincronización Cuántica® en IRB, en que la persona a través de su esencia suprema o Yo Infinito vivencia vidas paralelas o esencias de almas multidimensionales en su vida actual y, en algunos casos, las proyecciones de sus vidas futuras. Es la capacidad que poseen algunos seres humanos de reconocer que su Ser o espíritu ha decidido experimentar la vida en encarnaciones simultáneas.

YIN-YANG. Es un símbolo dinámico. Muestra la continua interacción de dos energías y su equilibrio. Es un símbolo que expresa armonía, creando igualdad y acogiendo los opuestos que crean un Todo. Sin el yin no puede existir el yang y viceversa, y sin la interacción de ambos no se genera vida. No existe nada opuesto entre el yin y el yang, son complementarios.

Lao-Tzu, en el *Tao-te-Ching*, escribió: "Todo tiene dentro de sí ambos, yin y yang, y de su ascenso y descenso alternados nace la nueva vida". Cuando una de las dos energías llega a su máxima expresión inicia la transformación en su opuesto: esto es lo que representan los dos puntos en el símbolo. En su máxima expresión, el yang contiene la semilla del yin, tanto como el yin contiene la semilla del yang. El yin es el principio femenino, la intuición, la tierra, la oscuridad, la pasividad y la absorción. El yang es el principio masculino, el cielo, la luz, la acción y la penetración. Podríamos concluir entonces que este símbolo representa el principio generador de todas las cosas, del cual surgen.

Referencias

BACKSTER, C. (2003). *Primary Perception*. Anza, CA, EE. UU.: White Rose Millenium Press.

BENÍTEZ, J. J. (2011). *Caballo de Troya 9. Caná*. España: Planeta.

BLAVATSKY, H. P. (1888). *La doctrina secreta*. Buenos Aires, Argentina: Kier.

BRAUD, W. & SCHLITZ, M. (1997). Distant intentionality and healing: assessing the evidence. *Alternative Terapies*, 3(6), 62-73.

CARROLL, L. (2010). Kryon XII: *Las doce capas del ADN. Un estudio esotérico de la Maestría interior*. España: Vésica Piscis.

CARROLL, L. & TOBER, J. (2001). *Los niños índigo: un libro especial para los que tienen hijos pequeños hiperactivos o con déficit de atención*. Barcelona, España: Obelisco.

COLLINS, S. (2008). *Los juegos del hambre*. EE. UU.: Scholastic Press.

DUHM, D. (2012). *The sacred matrix*. Berghoff, Monika, u. Saskia Breithart: Verlag Meiga.

GARCÍA, J. C. (s. f.). *Los cuentos de hadas en el cine*. Recuperado de http://www.juancarlosgarciaweb.com/biografia_frame.html

GOETNEICK AMBROSE, S. (septiembre de 2004). *Cell Decision*. The Dallas Morning News.

HALL, J. (2007). *La biblia de los cristales*. Madrid, España: Gaia.

HANCOCK, G. (1995). *Finger Prints of the Gods*. Nueva York, EE. UU.: Three Rivers Press.

HAWKS, J. (s. f.). *Paleoanthropology, genetics, and evolution.* Recuperado de http:/johnhawks.net

HOWARD, P. (1999). *The Owner's Manual for the Brain.* Atlanta, EE. UU.: Bard Press.

HURTAK, J. J. (1977). *El Libro del Conocimiento: Las Claves de Enoc.* Los Gatos, CA: EE. UU.: The Academy For Future Science.

HURTAK, J. J. (2005). *Los 72 nombres de Dios.* Los Gatos, CA: EE. UU.: The Academy for Future Science.

ICKE, D. (2009). *Dejando ir el miedo.* (Conferencia). Melbourne, Australia: Recuperado de http://www.youtube.com/watch?-v=u43r9F2sVpw

ICKE, D. (2011). *El mayor secreto: el libro que cambiará el mundo.* Barcelona, España: Obelisco.

ICKE, D. (2013). *La conspiración mundial y cómo acabar con ella.* Barcelona, España: Obelisco.

LIPTON, B. (2005). *The Biology of Belief.* California, EE. UU.: Elite Books.

LIPTON, B. & BHAERMAN, S. (2009). *Spontaneous Evolution: Our Positive Future and How to Get There from Here.* California, EE. UU.: Hay House.

MAJOR JENKINS, J. & MATZ, M. (2005). *El códice azteca: la iniciación espiritual de la pirámide de fuego.* Barcelona, España: Minotauro.

MCTAGGART, L. (2006). *El campo, en busca de la fuerza secreta que mueve el universo.* España: Sirio.

MONTAGNIER, L. (2009). *Las batallas de la vida: más vale prevenir que curar.* Madrid, España: Alianza.

PALMER HALL, M. (1928). *The Secret Teaching of All Ages: An Encyclopedic Outline of Masonic, Hermetic, Qabbalistic and Rosicrucian Symbolical Philosophy.* San Francisco, EE. UU.: H. S. Crocker.

RAMTHA, J. (2003). *The mistery of Birth and Death. Redefining the Self.* EE. UU.: Arkano Books.

SHERMAN, H. (1988). *Conozca su propia mente.* México: Diana.

STRASSMAN, R. (2001). DMT. *La molécula espiritual.* Rochester, Vermont, EE. UU.: Park Street Press.

TALBOT, M. (2007). *El universo holográfico: una visión nueva y extraordinaria de la realidad.* Madrid, España: Palmyra.

TOLLE, E. (2005). *Una nueva Tierra. Un despertar al propósito de su vida.* Colombia: Norma.

WILCOCK, D. (2011). *The Source Field Investigations.* EE. UU.: Penguin.

WINTER, D. (2002). *Psicogeometría.* Argentina: Kier.

Made in the USA
Middletown, DE
09 October 2022

12324151R00205